新时代智库出版的领跑者

感谢国家社科基金"'一带一路'沿线国家信息数据库"重大专项支持
（项目号：17VDL001，项目组长：刘元春）

本丛书为国家社科基金重大研究专项"推动绿色'一带一路'建设研究"
（项目号：18VDL009）、国家社科基金一般项目"新时代中国能源外交战略研究"
（项目号：18BGJ024）的阶段性成果

国家智库报告 2023（21）
National Think Tank

"一带一路"区域国别丛书 16

总主编 刘元春　执行主编 许勤华

中国人民大学
国家发展与战略研究院
National Academy of Development and Strategy, RUC

"一带一路"投资友好指数报告（2022）

戴稳胜　罗煜　著

THE BELT AND ROAD INVESTMENT FRIENDLY
INDEX REPORT 2022

中国社会科学出版社

图书在版编目(CIP)数据

"一带一路"投资友好指数报告.2022 / 戴稳胜，罗煜著 . —北京：中国社会科学出版社，2023.6

（国家智库报告）

ISBN 978 – 7 – 5227 – 1749 – 4

Ⅰ.①一… Ⅱ.①戴…②罗… Ⅲ.①投资环境—研究报告—世界—2022 Ⅳ.①F112

中国国家版本馆 CIP 数据核字(2023)第 060297 号

出 版 人	赵剑英	
项目统筹	王 茵	喻 苗
责任编辑	周 佳	
责任校对	王佳玉	
责任印制	李寡寡	

出 版	中国社会科学出版社
社 址	北京鼓楼西大街甲 158 号
邮 编	100720
网 址	http://www.csspw.cn
发 行 部	010 – 84083685
门 市 部	010 – 84029450
经 销	新华书店及其他书店

印刷装订	北京君升印刷有限公司
版 次	2023 年 6 月第 1 版
印 次	2023 年 6 月第 1 次印刷

开 本	787 × 1092 1/16
印 张	16.5
插 页	2
字 数	215 千字
定 价	96.00 元

凡购买中国社会科学出版社图书，如有质量问题请与本社营销中心联系调换
电话：010 – 84083683

中国人民大学国家发展与战略研究院
"一带一路"区域国别丛书
编 委 会

总　序

中国人民大学国家发展与战略研究院"一带一路"研究中心集中国人民大学国际关系学院、经济学院、环境学院、财政金融学院、法学院、公共管理学院、商学院、社会与人口学院、哲学院、外国语学院和重阳金融研究院的相关人文社科优势学科团队共二十位研究员，组成了中国人民大学国家高端智库领导下的全校"一带一路"研究的整合平台和多学科研究团队，着力于提供"一带一路"倡议的智力支持，为学校"一带一路"研究、区域国别学科和国家安全学科建设作出贡献。

团队围绕"一带一路"建设与中国国家发展、"一带一路"倡议对接沿线国家发展战略、"一带一路"倡议与新型全球化、"一带一路"倡议关键建设领域（基础设施投资、文明互鉴、绿色发展、风险治理、区域整合）四大议题展开研究，致力于构建"一带一路"沿线国家信息数据库，并在大数据基础上，深入分析沿线国家军事、政治、经济、社会和环境变化，推出"一带一路"区域国别丛书年度系列，为促进"一带一路"建设夯实理论基础，提供政策制定的智力支撑。国别报告对"一带一路"地区关键合作64个对象国进行分类研究，规划为文化系列、安全系列和金融系列三个系列。

习近平主席倡导国与国之间的文明互鉴，强调文化共融是国际合作成败的基础，深入了解合作国家的安全形势是保障双方合作顺利的前提，资金渠道的畅通是实现"一带一路"建设共商、共建、共享的关键。当今世界正在经历百年未有之大变局，"一带一路"倡议面临着巨大的机遇与挑战，因此我们首先完成国别研究的安全系列，希冀为"一带一路"合作保驾护航。在国家社科重大项目"'一带一路'沿线国家信息数据库"（项目组长刘元春教授）完成后，数据库将在条件成熟时，尝试以可视化形式在国发院官网呈现。这也是推出国别报告正式出版物的宗旨。国发院积极为国内外各界提供内部政策报告以及产学研界亟需的社会公共研究产品，作为"世界一流高校"为国家社科建设贡献一份力量。

感谢全国哲学社会科学工作办公室的信任，感谢项目其他两个兄弟单位上海社会科学院和兰州大学的协作，三家在"一带一路"建设重大专项国别和数据库项目研究中通力合作、充分交流，举办了各类学术交流活动，体现了在全国哲学社会科学工作办公室领导下的一种成功的、新型的、跨研究机构的合作研究形式，中国人民大学能够作为三家单位合作研究的秘书处单位深感荣幸。

项目执行组长　许勤华

中国人民大学国际关系学院教授

中国人民大学国家发展与战略研究院副院长

中国人民大学欧亚研究院执行院长

摘要：作为我国提出的第一个相对完整并加以实践的全球治理倡议，"一带一路"是落实党的二十大报告要求，推进高水平开放，稳步扩大规则、规制、管理、标准等制度型开放，促进内外"双循环"格局形成的最好抓手，"一带一路"倡议不会因特殊时期的困难而中止，"一带一路"倡议一定会坚定不移地推行下去。作为推进"一带一路"倡议的抓手，投资与产能合作的重要性日益凸显。

本报告认为，全球化是生产力发展与进步的动力与结果，不会因受国际冲击中断；"一带一路"投资对中国与倡议参与国都有重要意义，加强"一带一路"投资是推进"双循环"格局形成的重要手段。研究投资友好指数可以为主权基金和民营企业投资"一带一路"倡议参与国家提供指导或借鉴。

投资友好指数以生产函数为理论基础，依据59个经济、社会发展指标，对加入"一带一路"倡议的151个国家，从宏观环境友好性、人力资源友好性、基础设施友好性、制度环境友好性、金融服务友好性，以及总体上投资友好性六个角度进行计算分析。本研究认为，"一带一路"倡议是践行人类命运共同体的抓手，必将吸引全球各国参与，因此对目前尚未参与"一带一路"倡议的国家也用同样的方法进行计算排序。

经计算，已参与"一带一路"倡议的国家中，投资友好指数得分较高的国家包括新加坡、韩国、卢森堡、阿联酋、新西兰、马来西亚等，宏观环境友好指数得分较高的国家有新加坡、卢森堡、意大利、韩国、马耳他、奥地利等，人力资源友好指数得分较高的国家有印度尼西亚、俄罗斯、科特迪瓦、格鲁吉亚、韩国、乌兹别克斯坦等，基础设施友好指数得分较高的国家有新加坡、韩国、塞舌尔、阿联酋、卢森堡、奥地利等，制度环境友好指数得分较高的国家有新加坡、新西兰、韩国、卢森堡、爱沙尼亚、奥地利等，金融服务友好指数得分较高的国家有韩国、新西兰、泰国、越南、南非、智利等。

　　将得分高与得分低的国家各指数得分进行比较可以看出，经济发展水平、政府收支与债务水平、国际贸易水平三个大方面，严重影响宏观环境友好指数得分，劳动力总数、失业率与劳动不平等性等是影响人力资源友好指数得分的主要因素，一个国家的金融服务水平则与其投资水平和信贷水平两个方面有着密切的联系，基础设施建设影响更为全面。这些也是投资者对投资目标国重点考察的方面。

　　最后对上述六个方面指数得分较高的国家，包括新加坡、马来西亚等十三个国家作了介绍，分析了中国与这些国家展开经济合作、促进经济"双循环"的可行性。

　　关键词："一带一路"；投资友好指数；宏观环境友好指数；人力资源友好指数；基础设施友好指数；制度环境友好指数；金融服务友好指数

Abstract: As the first relatively complete and practical global governance initiative proposed by China, the Belt and Road Initiative is the best tool to implement the requirements of the 20th CPC Report, promote high-level opening up, and steadily expand the system opening up of rules, regulations, management and standards, and promote the formation of the double circulation pattern of internal and external circulation. The Belt and Road Initiative will not be interrupted due to the difficulties of special periods, and the Belt and Road Initiative will definitely be steadily implemented. As a tool to promote the Belt and Road Initiative, the importance of investment and capacity cooperation is becoming increasingly important.

This report believes that globalization is the driving force and result of the development and progress of productivity, and will not be interrupted by international shocks; the investment of the Belt and Road Initiative has important significance for China and the participating countries in the initiative, and strengthening the investment of the Belt and Road Initiative is an important means to promote the formation of the double circulation pattern. The study of the investment friendly index can provide guidance or reference for sovereign funds and private enterprises to invest in countries participating in the Belt and Road Initiative.

The Investment Friendly Index is based on the production function theory, based on 59 economic and social development indicators, and 151 countries participating in the Belt and Road Initiative be calculated and analyzed six aspects which includes the macro environment friendly index, human resources friendly index, infrastructure friendly index, system environment friendly index, financial services friendly index, and overall investment friendly index. This study believes that the Belt and Road Initiative is a tool to implement the community of human destiny, and will attract the participation of countries around the world, so the same method is used to calculate and rank the countries that have not yet participated in the Belt and Road Initiative.

After calculation, the countries with higher investment friendly index scores among the countries participating in the Belt and Road Initiative include Singapore, South Korea, Luxembourg, the United Arab Emirates, New Zealand, Malaysia, etc., the countries with higher macro environment friendly index scores include Singapore, Luxembourg, Italy, South Korea, Malta, Austria, etc., countries with higher human resources friendly index scores include Indonesia, Russia, Côte d'Ivoire, Georgia, South Korea, Uzbekistan, etc., countries with higher infrastructure friendly index scores include Singapore, South Korea, Seychelles, United Arab Emirates, Luxembourg, Austria, etc., Singapore, New Zealand, South Korea, Luxembourg, Estonia, Austria score high in terms of system environment, and South Korea, New Zealand, Thailand, Vietnam, South Africa, Chile, etc. in terms of financial services index.

By comparing the indicators of countries with high and low scores, it can be seen that the economic development level, government revenue and expenditure and debt level, and international trade level have a serious impact on the macro environment friendly score, the total number of laborers, the unemployment rate, and the labor inequality are the main factors affecting the human resources index score, and a country's financial service level is closely related to its investment level and credit level. The infrastructure construction has a more comprehensive impact. These are also the aspects that investors pay close attention to when investing in target countries.

Finally, thirteen countries with high scores in the above six aspects, including Singapore, Malaysia, etc. , have been introduced and the feasibility of China's economic cooperation with these countries to promote economic double circulation has been analyzed.

Key Words："Belt and Road"；Investment friendly index；Macro environmental friendly index；Human resources friendly index；Infrastructure friendly index；Institutional environmental friendly index；Financial services friendly index

目　　录

前　言

　　2022 年 10 月 16 日，在中国共产党第二十次全国代表大会上，习近平总书记所作党的二十大报告中明确指出，应"推进高水平对外开放"，"稳步扩大规则、规制、管理、标准等制度型开放"，"维护多元稳定的国际经济格局和经贸关系"，"一带一路"就是中国高水平对外开放，稳步扩大规则、规制、管理、标准等制度型开放的最好抓手，因此应"推动共建'一带一路'高质量发展"。"一带一路"投资，就是推动共建"一带一路"高质量发展的原动力。

　　事实上，全球化是生产力发展的必然趋势，也是生产力进一步发展的基础条件与要求，是科技发展与经济规律的共同结果。欧美等发达国家引领与支持下的全球化，主观上是这些国家的跨国企业谋求全球利润分配的结果，客观上促进了全球生产力与技术进步，但正因为是利润导向的全球化，因此也给全球带来了若干重大问题。同时，当全球化不再能为发达国家保持全球价值链顶端优势从而有利于其攫取利润时，逆全球化就成为它们的政策选择，并且为了一己之私，西方发达国家不仅出台各种逆全球化政策，还在全球挑动各种纷争，俄乌冲突只是这种纷争的顶峰。这种逆全球化不符合历史规律，也不利于解决全球问题。与欧美等发达国家不同，中国的全球化理念与国内各项政策一脉相承，坚持"发展才是硬道理"，坚持生产力发展导向，秉持开放、包容、合作、共赢理念，顺应全球化趋势，团结一切可团结的力量，为全球经济发展与技术进步、为人类命运共同体的远景目标而努力。因此，习近平总书记提出的人类命运共同体目标引领下的全球化方案必然受到各国人民的欢迎，人类命运共同体必将成为全球化的未来，"一带一路"则成为中国践行人类命运共同体理念的实践。

（一）"一带一路"引领新型全球化进程

1. 全球化是进步与发展的结果与动力

从人类发展史来看，生产力的发展必然伴随着生产要素组合空间的放大，太空时代来临前的人类发展必然以全球化为最终标志。全球化既是生产力发展的必然结果，也是生产力进一步发展的必然要求。

（1）科技发展促进国际分工，推动各国发挥比较优势

科技发展是促进国际分工进而推动全球化的根本动力。科技发展必然促进国内进行重新分工，国内分工充分发展的结果，必然推动资本在全球寻求成本最低的生产要素，进而形成国际化分工。因此，国际分工是国内分工充分发展的必然结果，是不以人的意志为转移的必然趋势。

国际分工角度，自然环境与资源的全球化不均衡分布，也是影响和推动国际分工的重要因素。自然因素是指一国的地理环境、自然资源（包括矿产、土地、人口等）、国土面积等，在基于自然资源的国际分工的年代，其国际分工水平是低下的，因为科技发展水平不足以使全球高效协调资源配置。随着科技的发展，基于科技进步的国际分工，正日益取代基于自然资源的国际分工而成为国际分工的主流模式。

当然，各国经济关系与本国对外开放政策也会影响国际分工。国际分工一旦形成，跨国商品生产与流通促成的全球广泛的经济联系，在此之下的全球范围内的资源高效配置，就一定

成为一股不可逆转的潮流。

科技进步推动下的全球化又有助于各国发挥自己的比较优势。比较优势理论是国际贸易与国际分工的理论基石，比较成本理论已经成为国际贸易与国际经济的基本常识。如果国际经济秩序中分配制度合理，那么一国放弃本国机会成本较高的产品生产，专门从事本国机会成本较低的产品生产，在科技的加持之下，全球经济就可以最大限度地降低综合成本，各国均能取得比独自生产更高的收益。而且科技的发展及其溢出效应，也能使广大发展中国家受益，为其提高发展速度、提升本国国民福祉以及以尽可能快的速度赶上发达国家提供机遇与希望。

（2）全球化有利于实现规模经济

规模经济效益是指边际收益随着边际成本的降低而大幅增加的经济现象。经济全球化的一个内在动因就是跨国企业追求规模经济的实现。一些公司基于冷酷的利益原则，在全球追求利润最大化而进行全球生产组合，从而在推动全球化的过程中形成了跨国企业，成为经济全球化的媒介，跨国集团成为企业实现规模经济效益的有效途径和方法。现代规模经济理论认为，扩大公司规模和生产经营范围可以摊薄边际成本之外的总成本从而降低生产成本，低成本优势又有助于占据更大的市场份额，从而实现利润"1＋1＞2"的效果，这一效果对那些生产批量大、规格差异小、产品需求稳定的公司而言尤其明显。现代经济中很多资本密集型行业对规模效应的需求很高，如果不能达到经济规模，公司的效率就会很低。推进全球化、全球配置市场资源，跨国企业可以扩大公司规模，获得规模经济效益。

具体而言，跨国企业扩大规模有两种方式。一是内源式规模扩大，即公司通过资本积累扩大生产经营规模，具有自身的技术、管理和资本优势。这是企业内部力量的逐步自然扩张。二是外向式扩张，即公司通过联合或兼并将其他公司纳入自己的麾下从而扩大生产经营规模。外向式扩张是扩大公司规模最快、最有效的方式。公司的外部扩张可以通过垂直联合和横向联合来实现。公司垂直联合是指将产品的零部件或加工阶段放入子公司或下属公司，是经营单位向其产品加工和销售各个阶段的延伸。垂直联合可以弥补市场失败，降低交易成本，消除企业外部环境的不确定性。公司的横向联合是指在不同地区生产不同子公司或下属公司的同一商品。在公司实现横向联合后，每个使用相同原材料、技术、管理方法或营销渠道的公司都从竞争对手转变为合作伙伴，提高了公司与原供应商和客户讨价还价的能力。合并后公司的绝对规模增加，产品市场份额增加。以上一切都会产生规模经济效益，最终带来企业利润的大幅提升。

（3）全球化带来了全球繁荣与发展

在获利本能驱动之下，跨国公司在全球范围内高效组合生产要素，推动技术进步与经济发展。随着世界飞速进入互联网时代，传统经济的方方面面均融入了信息技术，传统生产与生活方式发生了翻天覆地的变化。信息交流沟通的便捷让资金瞬息转移，集装箱海运技术极大地降低了原材料国际流通的成本，高铁飞机等快捷运输工具加快了人员等要素的流动速度。在全球任一角落，无论是产业还是行业，无论是国家还是地区，无一不与国际经济有千丝万缕的联系。从产业角度来看，无论是传统产业还是新兴产业，当今全球没有哪个产业能脱离全球产业链独立存在；从行业角度来看，任何一个行业都离不开全球资本平台与全球资源流通的支持，以及全球信息网络的支撑，由此形成全球经济一张网的新格局。从地区和国家来看，小到一个地区，大到一个国家，再到各大洲，任何区域都离不开国际大市场的互联互通，义乌的小商品离不开全球市场，南美的车厘子也需要中国市场的支持，荷兰的 ASML 销往全球芯片生产商。全球经济有形无形地日益融合，推动经济全球化进程。科技进步、信息技术发展已使经济全球化变得不可逆转，这是任何机构或组织、国家或个人都无法逆转或阻止的。从指标来看，一是国际分工方面，跨国公司的海外资产还在扩张，2013—2016 年几个典型的跨国公司中，大众海外资产占总资产的比重从 39.6% 上升到 45.7%。二是跨境分工方面，跨境投资增长趋势性仍在延续。根据贸发会议的最新统计，2016 年全球跨境的直接投资同比下降 2%，为 17500 亿美元，主要是新兴国家的暂时困难，发达国家还增长 5%；预计 2017 年达到 18000 亿美元，2018 年达到 18500 亿美元，说明跨境投资还处于增长趋势。三是国际贸易方面，根据 IM 的预计，2017 年和 2018 年世界贸易都要重新恢复到实际增长超过 4%，也就是说高于 GDP 的增长率，因为 GDP 分别增长 3.7% 和 3.8%。发达国家特别明显，2017 年、2018 年分别增长 4.0%、3.8%，而它们的 GDP 分别增长 2.2%、2.0%，也就是差不多又回归到过去的常态，贸易增长速度等于 GDP 增长速度的两倍。全球化浪潮的席卷取得了科技与经济多方面的进展，也为进一步全球化打下了技术与经济的基础。

2. 欧美的全球化模式给人类带来了严重问题

欧美主导的全球化是服务于资本以获取利润的，其本质就是利润导向下的全球化，这种全球化浪潮给人类带来了诸多问题，涉及人类社会的方方面面，从经济发展到政治治理，从自然环境到社会文化，等等。而且当全球化带来的技术扩散等导致资本获利能力下降时，原先推动全球化的进步力量就会成为阻碍全球化的反动因素。

（1）造成严重的全球环境问题

由于资本推动全球化的目的是赚取利润，因此对环境的关注远远不足，从而造成了严重的环境问题。粮食需求的增加提升了土地的需求量，加大了土地的开发深度，增加了化肥与农药的使用量。耕地扩张侵占了大量森林与草原，森林与草原的减少削弱了生态系统的自我调节能力，破坏了生物多样性。化肥与农药的大量使用造成土壤板结，水土富营养化，破坏环境，破坏生物多样性。生物多样性的减少又激发疾病的暴发与传播，引起了全球生态、环境以及与人类社会的交互作用的紊乱。工业化的发展促进人口集中与城镇化发展，造成土地失衡、水资源紧张、大气污染加剧等问题，对全球环境变化产生了较大影响。

以上还只是讲总体上对地球环境的影响，而全球化的发展还使得这种总体影响的全球分布不均。与全球化相伴的国际分工，全球主要的生产制造业向发展中国家转移，而与制造业向发展中国家聚集相伴的是资源耗费、空气污染、碳排放增加的聚集。发展中国家以少量土地、水与空气资源，承载了全球主要的资源消耗及大气与水的污染，使发展中国家人民的生存环境变得恶劣。发达国家在享受着丰富的商品、清洁的空气与水等的同时，却企图对发展中国家收取碳排放费用。如此不负责任的行为，在发达国家及全球化企业看来居然是顺理成章的。全球化和由此带来的环境问题，已经成为人类可持续发展的重要议题。

（2）阻碍全球技术共同进步

技术进步促进了全球化，为赚取高额利润，资本力量在推动全球化过程中又促进了技术扩散。为了依靠技术赚取更多利润，发达国家成为技术垄断者并带来了技术停滞问题。

全球化的核心精神就是自由流动，对影响生产要素自由流动的各种壁垒进行拆解消除。在推进全球化过程中，发达国家及跨国企业唯独对技术这一最为重要的生产要素做出了不同的规定，对技术保护的规范越来越全面，对技术的保护力度越来越大，形成了企业对技术垄断的全方位保护。这种框架下的技术输出，基本上是技术企业基于利润的需求而主动提出的要求。

技术垄断企业的垄断方式多种多样，技术垄断企业垄断技术的手段至少可以分为三大类（贾利军，2015；何予平、秦海菁，2009）。一是严格的知识产权保护。知识产权保护在关贸总协定中没有明确规则。关贸总协定中涉及的知识产权问题主要是假冒商品贸易。1991年关贸总协定总干事提出了乌拉圭回合最后草案的框架，在美国的单边威胁下，通过与贸易（包括假冒商品贸易在内）有关的《知识产权协议》。《知识产权协议》是一个具有实质性义务，并且漏洞很少的协议，它确定了保护知识产权的最低标准及实施该标准的义务，建立了一个有效的多边争端解决程序。除依靠多边协议外，发达国家还独自不断要求其他国家加强对知识产权的保护。二是技术出口管制。对有些可能对技术垄断形成威胁的国家，提出技术垄断要求的发达国家为确保技术垄断地位，还会对其进行高技术出口管制。比如中国的低工资使中国的产品成本低、价格低，在劳动密集型产品和低技术产品上具有较强的竞争力；而美国科技发达，劳动生产率较高，在高新技术产品上有很强的竞争优势。然而美国对华却实行高新技术出口管制政策，并不惜以严重影响贸易平衡为代价。直至今天，美国仍以国家安全等为借口，限制美国企业对华出口高新技术设备。三是贸易中的技术壁垒。当技术垄断企业开发出新技术后，如果和传统技术相比，这些新技术并不具备明显的商业优势，发展中国家采用传统技术生产的商品具有更强的竞争力，这时，发达国家就在贸易中设置技术壁垒，迫使发展中国家采用垄断企业的新技术，保证技术垄断企业的利润。技术壁垒多以技术标准的形式出现，技术标准有助于提高产品质量、维护产品安全、保障生命安全和保护环境，有增加人类福祉的作用。但在技术垄断企业追求超额利润的要求下，很多技术标准在今天形成了阻碍国际贸易发展的最复杂、最难对付的壁垒，标准越来越高，要求越来越苛刻，检验制度越来越严格。在技术垄断企业的操纵下，发达国家的技术标准既不体现全球福利，也不体现本国居民福利，而是技术垄断企业要求发展国内市场的结果。

垄断的结果往往是停滞，技术垄断也不例外。上述技术垄断的三种形式有些具备合理的成分，并且有些是促进技术与经济发展所必要的工具，其不合理之处在于，它往往超出了技术保护的必要范畴，形成了对技术发展的限制。创新或者说技术发展的一个瓶颈在于，技术发展导致微小领域泛滥，在这些小的领域中存在个别垄断技术的公司或人物，他们既是领军人物，同时也是阻碍发展的人物，后果是近亲繁殖，对其他领域漠不关心或者不了解，这导致需要跨学科的技术发展出现了停滞。因为垄断企业来定义问题，难以获得更广泛领域的意见和信息。美国经济学家泰勒·考恩的著作《大停滞——科技高原下的经济困境：美国的难题与中国的机遇》的面世，在西方掀起轩然大波。考恩在书中提出一个令人咋舌的观点：美国经济已经陷入停滞，20世纪70年代以来的科技创新停滞是最根本的原因。他认为停滞并不只是一场金融危机，而是一代人的偷懒与不思进取，这一时代坐拥18世纪和工业革命以来的生产力成果，却没有创造出同样的创新成绩。考恩指出，美国的高速发展源于过去300年来一直处在物质财富唾手可得的状态中。至少从17世纪以来，美国就享用了无数"低垂的果实"，考恩将其总结为三种：大片闲置的土地、大量的移民和强大的新科技。然而过去的40年间，这些"低垂的果实"已经开始消失。

（3）造成全球范围内的两极分化

全球化改变了世界既往的历史面貌，资本成为最大的赢家，人口占前1%的富豪拥有的财富超过后99%的人口占有的总量，中产者成为最大输家，使得全球第一强国——美国的中产者首次成为人口中的少数。经济上的两极分化引起了政治上的极化现象。经济、政治上的两极分化撕裂了人们向往的全球一体、四海一家、公正民主等价值观念，劳资矛盾、城乡对立、精英与民众的对抗、本国人与移民的冲突，甚至上一代与下一代的隔阂正在欧美蔓延（李丹，2017）。处于社会底层的人们认为全球化是富人和当权者的游戏，是穷人和普通人的噩梦。从反全球化运动到占领运动再到去全球化，人们一直在抗议全球化不公正的一面，但是这一状况至今没有改变。以前作为大多数的中产阶级不复存在，许多中产阶级的生活水准和社会地位大幅下降，幻灭感严重，精英统治者却无视也无力解决这些问题，民众只好求变求异，这是反贸易、反移民、反建制、反全球化大行其道的根本原因。

（4）引发地域或文化之间的冲突问题

俄乌冲突只是当前剧烈的冲突之一。事实上，与历史类似，交流并不只是和平、平等的商业贸易与文化交流，战争、对抗与冲突也是交流的一个侧面。全球化带来的跨文化交流也不只有国际援助等友好的一面，同样也有战争与对抗等残酷的一面。以"9·11"恐怖袭击为标志，反恐号角越吹越响，反恐大旗越扯越紧，恐怖活动乃至核危机却层出不穷。"如幽灵般徘徊在中亚的'颜色革命'、被破译的生命密码、行走在传统与现代之间的阿拉伯世界……正是文化的差异影响了国家的利益，并导致他们的对抗。所以，塞缪尔·亨廷顿说：'最可能逐步升级为更大规模的战争的地区冲突是那些来自不同文明的集团和国家之间的冲突，'因为他们的'哲学假定、基本价值、社会关系、习俗以及全面的生活观在各文明之间存在着重大的差异'"（王春林、武卉昕，2011）。俄乌冲突就是欧美领导的全球化恶果的表现。

3. 逆全球化不利于解决全球问题

近期全球"逆全球化"、全球冲突严峻原因是多方面的，本质是欧美全球化错误道路导致。

一是全球化成为当今世界矛盾和问题的"替罪羊"。欧美国家近些年遇到的不少问题，有些是其发展中深层次的结构性矛盾造成的，有些是受到国际政治因素的影响，与全球化并没有因果关系。始于 2008 年的国际金融危机，其影响到目前为止还没有完全消退，造成世界经济持续低迷。对英国脱欧产生重要影响的则是难民问题。在一些人眼里，全球化是这些矛盾和问题出现的根源，民粹主义和保护主义思潮也就随之高涨。国际金融危机是金融资本过度逐利、金融监管严重缺失的结果，而导致难民问题的原因则是战乱、冲突、地区动荡，把困扰世界的问题简单归咎于经济全球化，既不符合事实，也无助于解决问题。

二是全球化给发达国家带来的负面影响成为关注的焦点。过去，发达国家总是认为自己是全球化的赢家，特别是跨国公司能够利用全球资源，实现要素的全球化配置。但随着全球化的深入，其对西方发达国家，特别是高福利国家的负面影响逐步显现。最受影响的当数就业，高福利、高保障意味着高税收，这对于企业来说就是高成本、低利润。于是，先是生产加工部门，最后整个企业转移到成本低廉、税收优惠的国家，进而导致本国就业岗位减少，失业率上升，税收税基下降，国家税收收入减少，高福利制度的基石受到动摇。面对发展中国家在全球化中的低成本优势，发达国家主动和非主动选择"去工业化"，直接造成了本国制造业萧条，失业的制造业工人成为本轮反对全球化的主要群体。

三是发达国家对全球化的主导能力和意愿趋弱。一直以来，发达国家是全球化的主要推动者，但在发达国家内部也逐步对全球化产生疑虑。一方面，全球化追求要素效率和利润至上，对环境、资源造成破坏，如全球气候变暖，不良后果已经成为危及人类生存的重大问题；另一方面，发达国家之间也存在差异，毫无例外的高标准协定，例如跨大西洋贸易与投资伙伴协议（TTIP）未必适合全球化的发展需要，而过度的主权让渡也与民族国家的国家认同产生不小的矛盾。

　　国与国之间的关系最根本、最核心的就是利益关系。现在之所以出现逆全球化这种不同的声音，就是因为利益的不平衡。欧洲出了几件事：英国"脱欧"、难民问题、恐怖主义，还有一个思潮就是民粹主义和反对全球化。这一系列事情反映在国与国之间就是利益失去了平衡。英国之所以脱离欧盟，也是英国人感觉他们在欧盟里面的利益受到了损失。而离开以后，起码有利于英国国民利益的最大化。俄乌冲突的本质也是欧美集团通过北约扩张寻求自身利益最大化而忽视了俄罗斯的安全诉求所致。从根本上说，全球化是历史的潮流，是不可逆转的，欧美逆全球化的根本原因在于，全球化的进一步推进已经不利于它们赚取期望的利润。因此无论是和平形式的"逆全球化"，还是俄乌冲突导致的全球供应链不通畅，归根结底，只是一些国家在某个发展阶段寻求自我保护的手段，是利益阶段性调整的产物。这种逆全球化于解决全球问题，毫无裨益。

4. "一带一路"实践的中国全球化方案是人类的未来

　　人类命运共同体思想体系包含着丰富的内涵，从政治、经济、安全、文化、生态等多个角度提出了"建设持久和平、普遍安全、共同繁荣、开放包容、清洁美丽的新世界"的战略思想。

（1）政治上要求相互尊重与平等协商

　　近现代一直是西方主导全球发展进程，所谓"普世价值"也是以西方启蒙价值观为核心的。西方的价值观相信权力才是一切政治组织的基础。2021年3月20日中美阿拉斯加谈判，美国总统国家安全顾问杰克·沙利文（Jake Sullivan）声称美国从实力的地位出发同中国谈话；2022年4月18日，沙利文又声称美国政府将从"实力地位"出发应对未来的挑战，这是一种典型的霸权主义理念的表现。而现有的国际秩序就是伴随着殖民主义特别是帝国主义时代的这种根深蒂固的霸权思想、强权政治。这种霸权思想与强权政治带给全球的是生灵涂炭、战乱纷争，带给世界各国的是混乱与贫穷。

中国则不同，中国历来强调"和合"文化，强调睦邻友好亲善和睦。落实到政治上，中国倡导的人类命运共同体提倡各个国家要相互尊重，国不分大小凡事一律平等协商，坚决摒弃冷战思维和强权政治，走对话而不对抗、结伴而不结盟的国与国交往新路。而在"一带一路"上则要落实各国平等协商理念，摒弃实力定义一切的西方政治哲学，这才是基于中华文化提出的中国式全球化方案。只有各国都走和平发展道路，各国才能共同发展，国与国才能和平相处。因此中国在对外关系中始终秉承"强不执弱""富不侮贫"的精神，主张"君子和而不同"，以"共商、共建、共享"为基本原则，强调各国应在合作中通过平等协商达成目标，确定合作领域，找到利益交汇点。中国愿与各国一道，结合自身国情，不分国家大小、不分宗教、不分社会制度、不分发展水平，共同参与全球治理与政治新体系建设，充分践行构建人类命运共同体的思想。

（2）经济上要求开放、包容、普惠、平衡、共赢的共同发展

在道路实践上，"一带一路"坚持从排他封闭走向包容开放，强调各国间的合作共赢。早在第二次世界大战之前，世界上就有少数几个强国凭借自身实力各自把持势力范围，并以自己的货币为武器构建相互排斥的经济集团。由于缺乏国际机制和国际组织的有效协调，随着集团间的经济发展失衡和矛盾激化而导致冲突和战争，给世界人民造成深重灾难。现代交通通信技术和全球生产贸易网络已经把世界各国紧密地联结在一起，世界已经成为一个不可分割的整体，人类不可能退回到过去孤立主义盛行的封闭时代。但由于历史原因，今日的国际合作多由西方国家发起和主导，所构建的制度框架大多反映这些国家的价值偏好与利益取向。出于全球争霸或维持自身优势的需要，西方大国时常把区域合作当成实现地缘战略目标的工具，利用自身优势对其他国家进行拉拢与分化，从而使本应单纯的区域合作变成某种形式的排他性"俱乐部"。与西方相反，中国文化具有"厚德载物"与"海纳百川"的大度，始终对异质文化保持开放与包容态度，能不断吸纳外部精神成果来充实自己。以"一带一路"为例，其设计充分体现了中华文明开放包容、合作共赢的价值取向。在空间上，"一带一路"虽然建设重点在亚欧非大陆，但它不是一个封闭的体系，没有一个绝对的边界，而是面向世界所有国家。中国不以意识形态和地缘利益来划界，无意建立一个排他性的地区秩序。"一带一路"通过"五大共通模式"和"六廊六路""多国多港"联通彼此，并与相关国家的倡议、战略和政策对接，由此促进生产要素的有序流动、资源的高效配置及市场的深度融合，实现各国的共同发展和繁荣。

（3）安全上要求对话协商，反对霸权与恐怖主义

人类命运共同体的价值目标倡导从国家主义向世界主义升华，强调对人类的终极关怀。"国家主义"是以国家公民身份看待问题的世界观。理性主义的国际关系理论认为，国家是类似于人的具有理性的行为体，市场存在一只"无形之手"引导各方通过博弈均衡维持国际秩序。但国际社会的无政府状态会导致"合成谬误"，即每个国家都从个体理性出发往往会造成集体层面的安全困境、贸易冲突等非理性结果。红旗出版社《中国方案》（2018年）指出，在当前国际安全形势动荡复杂、传统安全威胁和非传统安全威胁相互交织的形势下，安全问题的内涵和外延都在进一步拓展，同时人类越来越利益交融、安危与共。在这种新形势下，冷战思维、军事同盟、追求自身绝对安全那一套已经行不通了，各方应树立共同、综合、合作、可持续的新安全观。国家不论大小、强弱、贫富以及历史文化传统、社会制度存在多大差异，都要尊重和照顾其合理安全关切。要恪守尊重主权、独立和领土完整、互不干涉内政等国际关系基本准则，统筹维护传统和非传统安全。各国都有平等参与地区安全事务的权利，也都有维护地区安全的责任，要以对话协商、互利合作的方式解决安全难题，以合作精神和共同体意识消弭民族间差异、误解与冲突，用世界整体论取代国家中心论，其最高理想是追求人类普遍的祥和与富足，而不是单个民族的安全与繁荣。构建人类命运共同体这一全球化终极目标，超越了狭隘的民族国家视角，是中国传统博爱精神的继承与发展，是中华民族在新的历史条件下推动世界文明建设的新方案。

（4）文化上要求尊重世界文明多样性，以文明交流超越文明隔阂

近三百年来，北美与西欧学者孜孜不倦地构建着一套话语体系，就是工业化与现代化不仅只能在西方那样的文明体系下才能诞生，而且只能按西方那套体系才有可能再现。不仅是从社会学、经济学多个角度论证，更是从文化角度，无限拔高西方文化的优越性。挟西方经济的优势，这一套说辞在全球各国均颇有市场，部分国家的精英分子基于本国经济与技术落后的现实，产生了强烈的文化自卑。他们不但对西方的宣传言听计从，甚至跟从西方将本国文化不断矮化，不断向本国民众传递西方文化优于本国文化的信息，使得若干国家与民族文化的独立地位岌岌可危。挟经济强大之优势，好莱坞以其高制作、精良画片的快餐文化横扫全球，更是加剧了这一态势。因此颜色革命等依欧美利益的需求，随时、顺利地在全球各地制造冲突，颠覆当地社会秩序，给人类可持续发展带来了严重恶果。

而"一带一路"倡导的文化多样性、人类命运共同体等理念，则基于人类文明多样性特征，认为多样性的文明才是人类社会交融、互相促进、共同进步的源泉。不同的文明基于各自的历史、环境而产生，融合着当地民众代代探索凝聚的智慧，没有高低之别，更无优劣之分。文明差异不应成为世界冲突的导火索，反而应该成为交流互促共同进步的动力。全球各国人民理应基于相互尊重，促进和而不同、兼收并蓄的文明交流对话，在竞争中取长补短相互学习，在交流中相互借鉴共同提高，使文明交流互鉴成为增进各国人民友谊的桥梁，成为推动人类社会进步的动力与维护世界和平的纽带。

（5）"一带一路"，人类命运共同体的实践

任何思想理念的提出，都需要以实际的战略行动加以落实，才能使其成为人们真心拥护与支持的行动纲领。中国提出并逐步推进实施的"一带一路"倡议就是这样的行动纲领，它既从实践角度落实了人类命运共同体的理论，又是人类命运共同体实际构建的具体行动。实践中"一带一路"倡议主要由民间与国际组织落实，比如亚洲基础设施投资银行（简称亚投行）和丝路基金等，这些民间与国家间组织内部已经包含了某种融合民族国家的种子，"丝路精神"的实质就是"和"，而"和"的结果必然是促进民族交融、构建人类共同身份，最终形成人类共同体。"一带一路"是基于中国理念和文化基因的全球治理全新实践，是中国主导建立人类命运共同体的全新探索，"一带一路"倡议充分实践了构建人类命运共同体的多项指导方针。

从解决全球化负面效应来看，新的全球经济治理模式，需要顾及社会基层的利益，需要让现代化的基础设施延伸至更多的地区，需要让经济增长惠及更多的民众。过去30多年全球化的实践证明，依靠新自由主义全球化机制，很难实现这样的目标。因此，世界既要继承经济全球化有益的一面，也要针对其局限性进行改革，而"一带一路"倡议则提供了一个改革的平台和方向（刘卫东等，2017）。

刘卫东等提出，"一带一路"倡议是全球化深入发展、世界经济格局变化以及中国自身发展模式转变共同作用的结果，其核心因素是中国资本正在走向全球化（刘卫东等，2017；邓纯东，2019）。根据中国政府公布的《推动共建丝绸之路经济带和21世纪海上丝绸之路的愿景与行动》，共建"一带一路"将秉承开放的区域合作精神，致力于维护全球自由贸易体系和开放型世界经济，旨在促进经济要素有序自由流动、资源高效配置和市场深度融合，推动沿线各国实现经济政策协调，开展更大范围、更深层次的区域合作，共同打造开放、包容、均衡、普惠的区域经济合作架构。中国国家主席习近平曾多次强调，共建"一带一路"就是用"和平合作、开放包容、互学互鉴、互利共赢"的"丝路精神"推动沿线国家的合作，实现互利共赢。因此，"一带一路"倡议正是"丝路精神"与经济全球化理念的有机结合，将引领包容性全球化新道路。包容性全球化是针对过去30多年的新自由主义全球化而言的，两者之间既有联系，也有根本性区别。包容性全球化不是全球化开倒车或"逆全球化"，而是全球化的发展和改革。就技术驱动的全球化而言，两者是一脉相承的；就资本"空间出路"驱动的全球化而言，两者的基本机制是相同的。两者之间的根本区别在于全球化不能仅为资本空间扩张和积累服务，也要照顾到人们的需要。这要求国家发挥好"调节者"的角色、解决资本市场"期限错配"的问题、选择适合国情的发展道路、保障各方平等地参与全球化，以及在经济全球化过程中保护文化多元性，这些便是包容性全球化的核心内涵和主要表现。

（二）引领全球化，促进"双循环"，推动科技与社会进步

如前文所述，全球化的实质就是全球资源的有效组合。从国内角度来说，就是"双循环"。"双循环"的意义在于，与科技进步形成互动，科技推动社会经济增长，经济发展通过市场规模与利税渠道增加对科技研发的资源投入，进而形成科技与市场的良性互动。

1. 科技创新推动经济增长社会进步的机制

长期经济增长中技术进步的核心作用早已成为经济学家们

的共识，从亚当·斯密到大卫·李嘉图，从马歇尔到凯恩斯，历代经济学家们都公开或隐含地将劳动生产率的提高与技术变革和组织变革联系起来。早期的主流经济学派将技术视为一个给定的外部因素。与此相反，熊彼特学派将技术创新看作是一个演进的过程，是长期科学技术研究的结果。当今的经济学者更多地将科技创新视为制度结构的有机组成部分，并试图在一个社会经济的框架内分析科技创新。

（1）科技创新促进供给优化

诺贝尔奖获得者罗伯特·索洛通过建立柯布—道格拉斯生产函数，从促进经济增长的诸多要素中分离出技术进步对经济增长的贡献率。他指出，1909—1949年美国制造业总产出中约有88%应归功于技术进步，而只有12%左右来自生产要素的投入增加（罗伯特·索洛，1957）。此后的研究者广泛地采用了他的方法，将技术视为一种资本，技术进步意味着资本结构的改善。

罗默给出了内生技术增长模型，在该模型中他深入分析了技术商品与一般商品的根本区别（罗默，1990）。认为技术作为一种商品，既有非竞争性同时又有排他性，那些拥有较大人力资本储备规模的国家将会出现更快的增长，从而合理解释了20世纪发达国家出现前所未有的人均收入增长率问题。

科技创新在促进经济增长的同时，通过促进产业升级、改善贸易条件，还有利于夯实一国货币国际化的经济基础。在国际贸易中，一国出口产品的附加值决定着该国出口在国际产业链条中的地位、海外市场的垄断能力以及出口产品所能获得的超额利润。本国基础科学成果转化为先进技术应用到各个产业之后，将促使传统产业进行升级，而高新技术产品在国际上具有更强的市场竞争力和更小的价格替代弹性，从而获取更好的贸易条件。随着贸易条件的改善，单位劳动成本下降，出口商品的价值增加，不仅在贸易上可以换回更多的进口产品，而且在国际贸易谈判过程中掌握主动权。当前在信息迅猛发展和全球化背景下，世界各国争先进行产业升级，抢占全球市场价值链的上游，目的就是改善本国的贸易条件。

（2）科技创新提出新的需求，扩大市场容量

科技创新对产出效率的提升、资本结构的优化以及贸易条件的改善得到了众多经济学家的关注与重视，形成了大量有益成果。但科技创新引发全新需求，从而扩大了市场容量这一明显的事实却未得到足够的重视与研究。

从席卷全球的大市场大需求角度，以手机为例。冷战时期的通信技术催生了全球通信需求，技术的进步使人们从诺基亚时代的语音文字通信跨越到了苹果开创的图像影音与民间数据交换的需求，从而创造了庞大的通信市场，开创了全球移动通信繁荣的十数年。

再以微观角度的家电业科技创新为例，大数据、AI、云服务的创新应用又为服务业与制造业的柔性化和效率升级提供了可能，C2M/C2B 模式雏形初现。机器人与自动化、工业互联网、智慧物流、工业园区智慧管理等领域，决定企业能否输出领先的产品、技术与解决方案。需求侧增量在科技创新驱动下大量诞生，无风感空调、双子星洗衣机、水槽洗碗机、中式蒸箱，小家电行业的多功能锅、便携榨汁机等一系列创新产品，都是依靠科技创新持续刺激升级需求的案例，硬科技创新才能形成真正的全新需求与市场。

2. 促进"双循环"扩大市场规模，推动科技与社会进步

科创创新优化了资本结构，改善了生产流程，提高了生产效率。同时，科技创新也创造了新的需求。

科技创新同样需要市场经济的反哺。科技创新必须要人力与资源的投入，这种投入不会是无源之水、无根之木，必然来自上一个生产环节的增加值。为理解科技创新投入源泉，在此

将市场机制、科技创新与增加值的逻辑梳理如图 1 所示。

在总储蓄形成的资本与劳动力结合，在现有技术环境之下进行生产，市场机制下实现商品价值，实现本轮生产的增加值。

增加值形成后首先是按生产要素进行的交换性第一次分配，形成劳动报酬、生产税净额、企业营业盈余和投资者的财产收入。在此基础上再进行转移性二次分配，缴纳所得税、社保与福利收支，再加上包括自愿捐赠在内的一般性转移支付，形成可支配收入。可支配收入再形成最终消费支出与总储蓄。总储蓄通过金融交易形成资本，与劳动力相结合开始新一轮生产，最终消费支出包括政府支出与居民支出，以市场机制形成企业价值，两者结合开始了新一轮生产、交换、分配与消费循环。

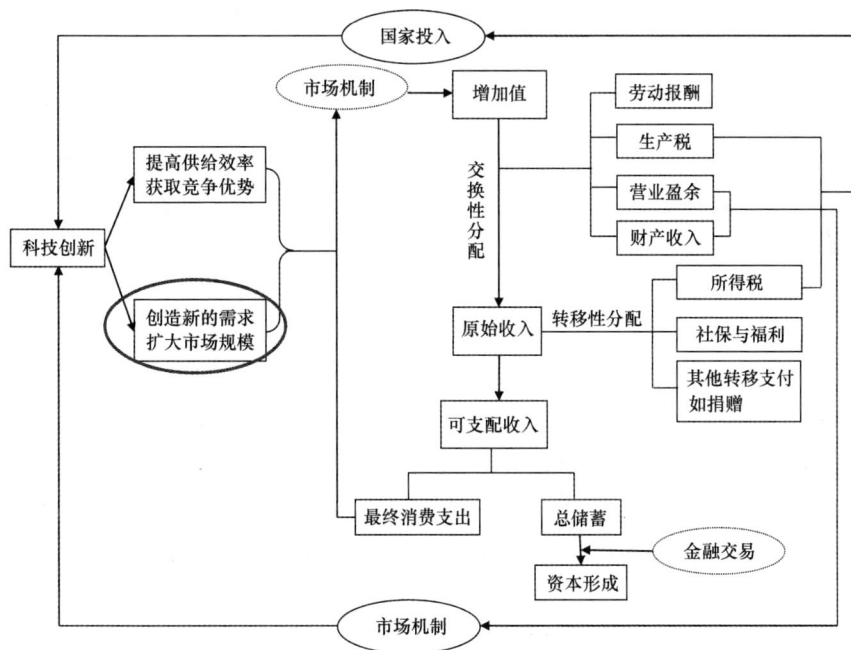

图 1　市场、科技创新与新增加值的逻辑梳理

在一轮循环中，科技研发的资源投入，既可以是国家投入，也可以是市场主体通过市场机制为获得竞争优势而进行的投入。

国家投入的部分为初次分配中的生产税与二次分配中的所得税，两者形成政府收入的一部分。政府投入全社会科技研发的方式可以如同苏联那样直接进行科技攻关，也可以如美国那样，以项目招标方式通过市场机制投入。

科技与市场的良性循环，实际上是以市场机制，将市场主体自主交换形成的增加值中属于企业所得与财产所得部分投入科技研发。由于市场机制中主体数量庞大，可供科研投入的数额巨大，同时用以科研投入的价值增值部分为自主交换形成，市场主体自愿投入，因此较为平稳。

相反，如果科技与市场未能形成良性循环，市场机制作用不足，全社会科研投入就只能是国家的财税，一方面科研投入渠道单一，科研方向单一；另一方面财税形成渠道单一，受生产与消费者主观感受的影响，财税等国家收入又不能征收过度，从而科研投入的额度有限，最终科研与民众脱节，民众不关注科研，最终在科技竞争中落败。苏联就是一个典型的案例。相反，美国是市场机制与研发投入、科技进步协调发展的典型成功案例。

因此，基于规模之上的市场机制就成为影响科技研发投入的重要因素，市场规模就成为科技进步的重要基础。因此，继续推进国际合作、推动"一带一路"投资，就成为推动科技进步、促进经济与社会发展的必要条件。

（三）"一带一路"投资友好指数的开发与报告内容安排

1. 投资友好指数的开发背景

2015 年 3 月 28 日，中国政府颁布了《推进共建丝绸之路经济带和 21 世纪海上丝绸之路的愿景与行动》，强调了"加快投资便利化进程，消除投资壁垒"。目前很多研究围绕"投资便利化"进行了大量讨论，但这些研究未深入探讨不同国家的对外直接投资（FDI）需要的经济、法律与社会环境，也没有对必要的政治环境加以探讨。以全球经济最为发达、投资最为便利的美国为例，中国对美投资近年来连续遭遇挫折，其投资挫折主要并不来自经济、法律环境，而是所谓"国家安全"等非贸易壁垒因素，近期更是遭遇经贸摩擦的直接冲击。因此本研究以"投资友好度"为主题，构建一套系统的投资友好性测度指标体系，准确度量测算"一带一路"沿线各国及"一带一路"区域外发达国家与发展中国家的投资便利化程度与友好水平，揭示投资友好度的国别差异。投资友好度的测度，有利于深刻把握各国投资友好程度的主要影响因素，便于有的放矢推进投资友好度进程，对于"一带一路"沿线各国及区域外发达国家和发展中国家加强投资友好合作具有重要意义。

2. 内容安排

本报告主体共包括八章。

第一章介绍了研究背景与必要性、指数设计原则、指数框架构成及指数编制方法，以及数据无量纲化和指标权重确定、分指数与指数的计算方法。从生产函数分析出发分析指数构成框架的理论基础，再结合近年来一些研究成果以及国际国内环境的变化，最终构成指标体系。数据的无量纲化有一套标准，通过数据变换消除原始变量（指标）的量纲影响。本报告中研究团队对正向指标、逆向指标采纳了相应的无量纲化计算公式，对域型指标则根据指标的区间型或中间型的不同，选择了相应的无量纲化方法。指标体系中一些定性指标，本研究团队采取两步方法处置。第一步先规定不同类别的取值，第二步依偏大型柯西分布和对数函数对取值进行标准化。指标数值结果确定之后，再选取数据驱动法与专家赋权法相结合的办法给不同指标赋予权重。完全采用数据驱动办法赋予权重，可能会忽略各指标的实际经济意义与社会意义，仅强调其数值波动性，而完全的专家赋权法则可能忽略了各指标的实际波动影响。因此，本研究团队在报告中介绍了专家打分法、层次分析法、主成分分析法、VAR 脉冲响应方法以及动态模型选择的时变向量自回归（TVP－FAVAR）模型法在确定权重时的具体步骤，对各方法的科学性进行了说明。第一章的内容主要对本报告的研究方法进行阐述，也对指数设计的合理性进行说明。

　　第二章至第七章分别详细地给出了"一带一路"倡议参与国与未参与国的投资友好性指数及各分指数的最终计算结果。投资友好性指数从五个维度构建了"一带一路"投资友好指数的分指数，即宏观环境友好指数、人力资源友好指数、基础设施友好指数、制度环境友好指数、金融服务友好指数五大分指数的构成，并给出每个指数计算时的权重及各国得分，然后再给出各国投资友好指数总指数的构成与各国得分。本研究认为，作为中国高水平对外开放的重要抓手，本着互惠互利原则的"一带一路"倡议必将受到越来越多的国家欢迎，必然会有越来越多的国家加入"一带一路"倡议。因此本研究以"一带一路"投资友好指数同样的框架、权重计算、指数合成的方法，计算了未参与"一带一路"倡议的国家投资友好指数与各分指数。本报告重点以"一带一路"倡议参与国家为基础，对设计原则、各国得分作了重点报告与分析，对未参与的国家则仅给出各分指数与指数得分。报告试图基于可靠的数据来源、科学的指标体系，对"一带一路"相关国家投资友好性进行翔实而富有深度地刻画，以对"一带一路"相关投资决策提供一定的帮助。

　　第八章介绍了若干国家的情况及与中国可能合作的机会，这些国家包括俄罗斯等，各个国家的介绍内容包括国家简介、该国产业优劣势、与我国现有合作以及未来可能合作的机会等。

一 "一带一路"投资友好指数研究方案

（一）"一带一路"投资友好指数的设计

随着"一带一路"倡议的深入推进，我国"一带一路"的直接投资得以高速发展，企业与国家都得到了巨大的发展机会。既促进了当地经济发展、提高了当地民生福祉，也加强了我国与海外的产能合作，提升了我国的海外形象与国际话语权。与此同时，"一带一路"投资实践中也遇到了一些问题，如何提升我国"一带一路"相关投资决策的科学性，减少我国海外投资的国际质疑成为业界学界共同关注的话题。

1."一带一路"投资友好指数的提出动机

（1）消除中国"一带一路"投资的国际疑虑

长期以来，美欧智库抹黑我国"一带一路"相关投资更多服从政治目标，而不注重经济利益。

尽管欧美对"一带一路"的批评本质上是出于对中国全方位的打压，这些国家对中国的偏见只能在投资实践与自我成长中逐步消除，而企业投资经验也只能在投资实践中加以提升。但我们对"一带一路"的投资缺乏一个公共的数量化评估也是事实。

正如外交部发言人华春莹 2017 年 12 月答记者问时所讲，

"一带一路"倡议旨在促进沿线国家的基础设施建设和互联互通，对接各国政策和发展倡议，实现共同发展。中方秉持共商、共建、共享原则推进"一带一路"合作，从来没有也不会寻求建立一国主导的规则。"一带一路"倡议不是要搞什么"小圈子"，也不针对任何国家，而是开放、包容的。"一带一路"倡议提出以来，已有100多个国家和国际组织积极响应支持，各国"共建"的热情与日俱增，成绩有目共睹。

针对"一带一路"相关投资中缺少前期规范的投资分析的现状，我国投资者迫切需要一套科学的评估方法，以简明通俗、科学全面地解决投资决策的科学性、提升投资决策透明度等问题。因此我们需要为海外投资提供一个量化指数，为投资的透明度提供佐证。

（2）为"一带一路"投资的前期评估提供科学依据

目前，"一带一路"倡议实施过程中出现的若干问题跟前期评估不足都有关系。美国某智库2018年5月初发布的研究称，"一带一路"投资在中亚可能会有三成以上亏损，南亚和东南亚国家可能有五成以上的亏损。以波兰A2高速公路项目为例，中海外把波兰作为打入欧洲市场的第一站，因此迫切希望中标本工程，在投标前对当地各项政策及工程项目本身的各项考察工作均没有细致审查，致使工程实施过程中遇到重重困难，整个项目预计亏损3.95亿美元，不得不放弃该工程。不仅前期投入打了水漂，还收到波兰公路管理局约2.71亿美元的索赔。形成如此巨大亏损的原因是多方面的，比如有较大比例的基建项目投资大、周期长，需要有相对友好的长期关系保障。相关企业的投资经验不足，比如Buckley等通过对中国很长一段时间的对外直接投资数据进行研究后指出，中国企业偏好选择自然资源丰富且人力成本低的国家进行投资，而这些国家往往制度质量较差。按照传统的对外投资理论，企业向海外扩张的成功与否取决于其是否具有"垄断优势"，而这一点中国企业往往并不具备。还有个主要原因是，中国参与"一带一路"相关投资的企业前期缺乏相对透明的投资评估。本书所设计的 BRI 投资友好指数，可以为相关企业提供一个评估的视角。

（3）与时俱进反映新国际形势

"一带一路"投资友好指数将从投资目标国宏观环境、人力资源、金融资源可获得性以及国际友好性等多个角度，分别对"一带一路"签约国家、未参与"一带一路"的发达国家与未参与"一带一路"的发展中国家的投资友好性进行全方位量化考评。指数的设计与度量，不仅可以帮助相关投资主体满足规范的投资前评估报告要求，又能实际支持企业投资的评估。

本报告认为，"一带一路"倡议成功推行与否，关键在于路线图的实施，通过一个个战术目标的实现，将该倡议逐步落地，并最终真正实现惠及沿线国家民生、经济与社会的目标。而将"一带一路"投资友好指数纳入"一带一路"投资的投资前规范评估报告中，一方面能加强"一带一路"相关对外投资风险的管理，规避投资风险，降低投资者行为的不确定性与未知性，提高每一个项目完成并获益的成功率；另外，纳入指数各层面评估值的投资决策报告，也使"一带一路"相关投资决策的透明度大大提高，以指数形式对外提供的量化决策依据，是对中国"一带一路"政治投资论的有力反击，有助于提升我国"一带一路"投资的形象，排除项目竞标与实施过程中非经济因素的干扰。

2. 指数设计的指导原则

"一带一路"投资友好指数是一套完整的指数体系，这套体系既能综合全面地反映参与"一带一路"的国家投资友好总体状况，又能反映各细分维度的现状。因此，指数体系的构建需要遵循一定的原则，包括科学性、前瞻性、开放性、可操作性、公认性与国际视野。特别是开放性，"一带一路"投资友好指数指标体系的建立过程，应保持指标体系的动态性和开放性，能够根据共建"一带一路"合作国家发展的新情况、新特征及不同发展阶段的变化，及时对指标体系进行补充、完善和修订。如 2020 年以来，新冠疫情肆虐全球，此时公共卫生水平就成为影响企业对外直接投资的重要因素，"一带一路"投资友好指数就要及时反映这一情况。

当然，对于俄乌冲突而言，从长远来看，该冲突不会影响中国"一带一路"倡议的实施与推进，因此指数并未纳入该因素。

3. 指标体系设计的理论基础与修正说明

（1）指标体系设计的理论基础

指标体系的设计依据传统柯布—道格拉斯生产函数理论，该理论认为，产出受制于劳动力、资本及技术环境。对该理论进一步衍生，本报告认为，对外直接投资的产出，除受制于东道国的劳动力成本、金融自由度等影响资本活力的因素外，还受制于东道国的主客观因素造成的生产环境。投资东道国的基础设施、市场规模、地理位置、自然资源禀赋等客观因素均可能影响本国对外直接投资，而投资东道国的制度环境、市场经济自由度、金融自由度、法制完善水平、政府清廉程度等主观因素也是影响对外直接投资的重要因素，同时投资流出国与参与"一带一路"的国家的政治关系也是影响直接投资的重要因素。对此，有必要展开深入的理论探讨与实证分析。

基于前文的理论探讨，按柯布—道格拉斯生产函数理论，影响对外直接投资的因素包括劳动力要素、资本要素与环境要素三大方面，其中环境要素又可分为宏观经济环境、基础设施环境、制度环境以及政治友好性环境四个方面，从而投资友好性就可以分为五大方面：宏观环境友好性、基础设施友好性、制度环境友好性、人力资源友好性、金融服务友好性。这五个维度既保持相对独立性，对于每一个维度而言，又会分成不同级别的内容，确保指标体系的深度。

（2）指标体系的修正说明

《"一带一路"投资友好指数报告（2019）》所构建的指标体系中涉及全球竞争力报告的部分指标数据不再更新，本报告在维持原指数基本框架，即前文的投资友好性五大方面的基础上，对各方面具体涵盖的指标进行了修改，具体包括两个方面。一是更换了不再更新的相关指标，扩充了指标数量，并依据数据可得性对指标进行了检查与筛选，选出了不存在严重缺失情况的相关指标；二是考虑到2020年新冠疫情肆虐全球，对世界造成了巨大的冲击和影响，因此本报告在基础设施部分的指标设计中考虑了卫生健康问题，加入了世界卫生组织统计的相关卫生设施数据，希望以此更好地体现一国在此方面的基础设施水平。

4. 数据处理与指数合成方法

（1）指标无量纲化

"一带一路"投资友好指数是从多角度、多层次对参与"一带一路"的国家投资的便利与友好水平进行多维度测评的综合性指数，每一维度都是构成某个具体方面的分指数，每个分指数又由若干个指标合成。这些指标既有定性指标（比如投资目标地金融监管水平、与中国的政治关系等），也有定量指标。定量指标中既有正向指标（数值越大，投资友好水平越高），也可能有负向指标（数值越小，投资友好水平越高），还可能有区域值域性指标（在值域内则水平相对较高，在值域外则水平较低）。因此需要在各分指数计算之前，对这些指标的处理方法统一规范，以使整体测算的指数不仅横向可比，而且纵向可比；不仅可以比较不同国家投资友好的相对水平，还可以考察同一国家投资友好水平的历史发展进程。需要无量纲化的数据可以作如下分类。

①数量指标的无量纲化

数据指标的无量纲化可以分为正向指标的无量纲化与逆向指标的无量纲化。

②域型指标的无量纲化

域型指标的无量纲化可以分为中间型指标的无量纲化与区间型指标的无量纲化。

这些指标的无量纲化都有标准处理方法，在此不再赘述，可参考《"一带一路"投资友好指数报告（2019）》。

（2）指标权重的确定

权重值的确定直接影响综合评估的结果，权重值的变动可能引起被评估对象优劣顺序的改变。所以，合理地确定综合评估发展各主要因素指标的权重，是进行综合评估成功的关键问题。

权重确定有多种方法，包括采用理论研究、主观定性法（又称德尔菲法），客观定量法如主成分分析法、熵值法、VAR脉冲响应法、动态模型选择的时变向量自回归模型方法，等等。其中VAR脉冲响应法、动态模型选择的时变向量自回归模型方法需要有一定量的时间序列数据才可以使用，目前条件并不具备，因此本报告无法采用。

上述方法的原理、操作办法等在《"一带一路"投资源友好指数报告（2019）》中均有详细说明，在此不再赘述。本报告将使用主成分分析法确定权重。

（3）分级指数和总指数的合成

①各分级指数的计算

以标准化各级指数下属指标值，乘以其权重再加总，即可得分级指数值。

$$BRIFIS_{jt} = \sum_{i=1}^{m} W_{jt} X_{jit}$$

其中，$BRIFIS_{jt}$ 为第 j 个分指数，W_{jt} 为第 j 个分指数中的第 i 个指标的权重；X_{jit} 为第 j 个分指数中的第 i 个指标在 t 期的取值。

②"一带一路"投资友好指数的合成

"一带一路"投资友好指数的计算公式为：

$$BRIFI_t = \sum W_j BRIFIS_{jt}$$

其中，$BRIFI_t$ 为"一带一路"投资友好指数在 t 期的值，W_j 为第 j 个指数的权重，$BRIFIS_{jt}$ 为第 j 个分指数在 t 期时的计算得分。

（二）指数构成及权重

1. 投资友好指数构成数据源

"一带一路"投资友好指数具体理论框架及指数数据源如表 1.1 所示。

2. 指数构成的权重

本报告从柯布—道格拉斯生产函数出发，讨论了"一带一路"投资友好指数设计的原则与框架，并区分了投资便利性与投资友好性，设计了一套投资友好指数的指标体系。

"一带一路"投资友好指数是本报告的核心内容。为衡量一国的投资友好性状况，本报告将其分为宏观环境、人力资源、基础设施、制度环境、金融服务五个方面。同时，本报告以历史数据为基础，以熵值法获得各指标权重并加以归一化，得到各指标权重，在该权重的基础上，结合德尔菲法，通过专家打分的方式对权重进行一定的调整（见表 1.2）。

表 1.1　　　　　"一带一路"投资友好指数指标体系及数据来源

一级指标	二级指标	三级指标	数据来源
投资友好指数	宏观环境	人均 GDP（2010 年不变价美元）	World Bank-WDI
		国民储蓄总额（占 GDP 比重）	EPS 世界宏观经济数据库 – IMF
		政府净贷款/借款	EPS 世界宏观经济数据库 – IMF
		广义货币（占 GDP 比重）	EPS 世界宏观经济数据库 – IMF
		银行准备金占资产比例	World Bank-WDI
		一般政府总收入	World Bank-WDI
		一般政府总支出	World Bank-WDI
		平均消费者价格指数	EPS 世界宏观经济数据库 – IMF
		政府负债总额（占 GDP 比重）	EPS 世界宏观经济数据库 – IMF
		所有产品加权平均适用税率	World Bank-WDI
		对外直接投资净流出（占 GDP 比重）	World Bank-WDI
		外国直接投资净流入（占 GDP 比重）	World Bank-WDI
		服务贸易额（占 GDP 比重）	World Bank-WDI
		商品贸易（占 GDP 比重）	World Bank-WDI
		货物进口	World Bank-WDI
		货物出口	World Bank-WDI
	人力资源	教育指数	UNDATA
		教育不平等性	UNDATA
		平均上学年数	UNDATA
		女性平均上学年数	UNDATA
		男性平均上学年数	UNDATA
		期望上学年数	UNDATA
		劳动力总数	World Bank
		女性劳动力占劳动力总数	World Bank
		有工资的劳动者占就业总人数	World Bank
		失业率	UNDATA
		弱势群体就业占比	UNDATA
		老龄化比例	UNDATA
	基础设施	每百万人安全服务器数	World Bank
		每百人移动蜂窝订阅数	World Bank
		每百人固定电话订阅数	World Bank
		每百人固定宽带订阅数	World Bank
		航空运输量	World Bank
		集装箱码头吞吐量	World Bank
		班轮运输联通指数	World Bank
		使用基本卫生设施人口比重	WHO
		使用基本饮用水服务人口比重	WHO
		使用安全管理的卫生设施人口比重	WHO

续表

一级指标	二级指标	三级指标	数据来源
投资友好指数	金融服务	全部投资（占 GDP 比重）	EPS 世界宏观经济数据库 – IMF
		净国内信贷（现价美元）	World Bank-WDI
		私营部门国内信贷（占 GDP 比重）	World Bank-WDI
		对中央政府债权（占 GDP 比重）	World Bank-WDI
		对私营部门债权（年增长率占广义货币）	World Bank-WDI
	制度环境	政府有效性	全球治理指数
		政治稳定性	全球治理指数
		人民发声与参与治理	全球治理指数
		政策与规章健全性	全球治理指数
		法律法规遵守程度	全球治理指数
		腐败控制程度	全球治理指数
		产权费	World Bank-WDI
		财产登记程序数	World Bank-WDI
		企业信息披露程度指数	World Bank-WDI
		营商环境便利度分数	World Bank-WDI
		企业注册启动程序数	World Bank-WDI
		创办企业所需时间（天）	World Bank-WDI
		总税率（占商业利润）	World Bank-WDI
		利润税（占商业利润百分比）	World Bank-WDI
		纳税项（个）	World Bank-WDI
		开办企业流程的成本（占人均 GNI）	World Bank-WDI

表 1.2　　　　　　　　　　　**投资友好总指数构成**　　　　　　（单位：%）

一级指数	二级指数	权重
投资友好指数	宏观环境友好指数	23.36
	人力资源友好指数	12.32
	基础设施友好指数	26.64
	制度环境友好指数	15.64
	金融服务友好指数	22.04

资料来源：笔者计算。

3. 各分指数的构成及权重

(1) 宏观环境友好指数构成及权重

影响一国海外投资的宏观环境，既包括影响该国整个社会资本运动的社会的、经济的、文化的各种要素的综合，也包括具体的对外商的相关政策。内在社会经济文化的要素可能包括国民经济运行的各项指标以及社会发展指标、人文状况、政治法律等，本报告以国内市场规模、政府债务水平、宏观货币环境与通货膨胀率等相关指标代表这些内因，其他人文状况、劳动力状况及政治法制状况后续有专门的指标讨论，这里不包括在内；而对外的相关政策则集中体现在与该国的国际贸易与国际投资相关的指标之上。因此，宏观环境友好指数以人均 GDP、国民储蓄、广义货币、政府净贷款/借款、一般政府总收入、一般政府总支出、政府负债总额、银行准备金占资产比重、消费者价格指数、所有产品加权平均适用关税税率、对外直接投资净流出、外国直接投资净流入、服务贸易、商品贸易、货物出口与货物进口 16 个指标代表。同时以历史数据为基础，以熵值法获得各指标权重并加以归一化（见表1.3）。

二级指标	三级指标	权重
	人均 GDP（2010 年不变价美元）	13.36
	消费者价格指数	0.05
	国民储蓄总额占 GDP 比重	0.66
宏观环境 友好指数	广义货币占 GDP 比重	4.56
	银行准备金占资产比重	6.40
	一般政府收入	2.95
	一般政府总支出占 GDP 比重	3.26
	政府负债总额占 GDP 比重	3.31

表 1.3 　　　　宏观环境友好指数构成及权重 　　　（单位:%）

续表

二级指标	三级指标	权重
宏观环境 友好指数	政府净贷款/借款占 GDP 比重	0.05
	对外直接投资净流出占 GDP 比重	0.27
	外国直接投资净流入占 GDP 比重	0.37
	商品贸易占 GDP 比重	3.73
	服务贸易占 GDP 比重	9.01
	货物出口	23.40
	货物进口	23.14
	所有产品加权平均适用关税税率	5.48

资料来源：国际货币基金组织与世界银行。

（2）人力资源友好指数构成及权重

投资东道国的人力资源状况也是投资人所考虑的重要因素。为衡量一国的人力资源状况，本报告将其分为教育水平与劳动力状况两方面。其中，本报告用教育不公平性与该国的平均教育年限等相关指标衡量教育水平；用劳动力可获得性、劳动力公平性与失业率等相关指标衡量该国的劳动力状况。因此，人力资源友好指数以教育指数、教育不平等性、平均上学年数、男性/女性分别平均上学年数、期望上学年数、劳动力总数、老龄化比例、女性劳动者占劳动力总数比重、有工资劳动者占就业总人数比重、弱势群体就业占比与失业率 12 个指标代表。同时以历史数据为基础，以熵值法得到各指标权重并进行归一化（见表 1.4）。

表1.4 人力资源友好指数构成及权重 （单位：%）

二级指标	三级指标	权重
人力资源友好指数	教育指数	3.97
	教育不平等性	5.46
	平均上学年数	4.57
	女性平均上学年数	5.90
	男性平均上学年数	3.98
	期望上学年数	3.18
	劳动力总数	48.24
	女性劳动力占劳动力总数比重	2.63
	有工资的劳动者占就业总人数比重	6.35
	失业率	1.93
	弱势群体就业占比	11.89
	老龄化比例	1.91

资料来源：联合国的 UNDATA 数据库，包含了联合国教科文组织、联合国儿童基金会等机构统计的相关数据。

（3）基础设施友好指数构成及权重

影响一国海外投资的一个重要因素体现为基础设施建设方面。其中，既包括该国的对外通信基础设施，也包括对外交通基础设施。在2020年新冠疫情肆虐全球、世界进入疫情时代的背景下，一国的健康卫生基础设施水平同样变得十分重要。本报告以电话与网络服务的相关指标来代表各国的通信基础设施水平，从航空与港口两个方面来分析各国的对外交通运输基础设施水平，并以卫生设施与饮用水的情况代表一国的卫生基础设施水平。因此，基础设施友好指数就以每百万人安全服务器数、每百人移动蜂窝订阅数、每百人固定电话订阅数、每百人固定宽带订阅数、航空运输量、集装箱码头吞吐量、轮渡连通性指数、使用基本卫生设施人口比重、使用安全管理的卫生设施人口比重与使用基本饮用水设施人口比重 10 个指标代表。同时以历史数据为基础，以熵值法获得各指标权重并加以归一化（见表1.5）。

表1.5	基础设施友好指数构成及权重	（单位：%）
二级指数	三级指标	权重
基础设施友好指数	每百万人安全服务器数	25.10
	每百人移动蜂窝订阅数	1.34
	每百人固定电话订阅数	7.93
	每百人固定宽带订阅数	9.33
	航空运输量	26.72
	集装箱码头吞吐量	17.47
	轮渡连通性指数	5.61
	使用基本卫生设施人口比重	1.91
	使用基本饮用水服务人口比重	1.14
	使用安全管理的卫生设施人口比重	3.45

资料来源：世界银行统计的世界发展指数与世界卫生组织统计的各国数据。

（4）制度环境友好指数构成及权重

投资东道国的制度环境状况也是投资人所考虑的重要因素。为衡量一国的制度环境状况，本报告主要考虑了其政府治理能力与营商环境两大方面。其中，本报告通过世界银行所测算发布的全球治理指数体系衡量一国的政府治理能力，该指数体系从政府能力、政局稳定、法律规章、反腐败、人民发声与参政等多个方面全面考察了一国治理环境；并通过产权费、企业信息披露、经营便利性与税率情况等多方面考察了一国的营商环境。综上所述，制度环境友好指数以政府有效性、政治稳定性、人民发声与参与治理、政策与规章健全性、法律法规遵守程度、腐败控制程度、产权费、财产登记程序、企业信息披露程度指数、营商环境便利度分数、企业注册启动程序数、创办企业所需时间、总税率、利润税、纳税项、开办企业流程的成本 16 个指标代表。同时以历史数据为基础，以熵值法获得各指标权重并加以归一化（见表 1.6）。

表1.6	制度环境友好指数构成及权重	（单位：%）
二级指数	三级指标	权重
制度环境友好指数	政府有效性	2.84
	政治稳定性	2.48
	人民发声与参与治理	4.70
	政策与规章健全性	3.00
	法律法规遵守程度	3.21
	腐败控制程度	5.60
	产权费	63.31
	财产登记程序	1.62
	企业信息披露程度指数	5.20
	营商环境便利度分数	3.59
	企业注册启动程序数	1.24
	创办企业所需时间（天）	0.45
	总税率（占商业利润）	0.37
	利润税（占商业利润百分比）	1.14
	纳税项（个）	0.97
	开办企业流程的成本（占人均 GNI 比重）	0.27

资料来源：世界银行的相关统计数据与其发布的"全球治理指数"报告。

（5）金融服务友好指数构成及权重

金融服务水平是影响一国投资环境的重要因素之一，金融市场的发展水平由各个金融市场主体共同决定，这些主体既包括直接融资主体，也包括间接融资主体。本报告以全部投资（占 GDP 比重）、净国内信贷、私营部门国内信贷（占 GDP 比重）、对中央政府债权（占 GDP 比重）与对私营部门债权（年增长率占广义货币比重）5 项指标为代表，对共建"一带一路"合作国家的金融服务水平进行探究，同时以历史数据为基础，以熵值法获得各指标权重并加以归一化（见表 1.7）。

表 1.7	金融服务友好指数构成及权重	（单位：%）
二级指数	三级指标	权重
金融服务友好指数	全部投资（占 GDP 比重）	7.18
	净国内信贷（现价美元）	44.29
	私营部门国内信贷（占 GDP 比重）	40.26
	对中央政府债权（占 GDP 比重）	3.32
	对私营部门债权（年增长率占广义货币比重）	4.94

资料来源：世界银行与国际货币基金组织的相关统计数据。

四 对指数得分的分析说明

对"一带一路"倡议参与国各指数的计算，为各国企业特别是中资企业提供了投资参考，但同时也可以为"一带一路"倡议参与国提供一个如何提升投资吸引力的借鉴。因此在计算出每个分指数的得分后，本研究选出得分较高的 5 个国家与得分较低的 5 个国家进行分析，从而较为清晰地展示影响各国分指数得分的主要因素以供参考。

同时，本研究在每个指数报告后也简单给出未参与"一带一路"倡议的各个国家的指数得分及相关指标得分。

二 宏观环境友好指数分析

本章对宏观环境友好指数的结果作分析，分"一带一路"签约国家、未参与"一带一路"的国家两个部分进行报告。

（一）"一带一路"签约国家指数得分分析

1. "一带一路"签约各国宏观环境友好指数得分

以前文的指标为基础收集数据，以所得权重计算各国得分，可得参与"一带一路"倡议国家宏观环境友好指数得分（见表2.1）。

表2.1 2018—2021年"一带一路"倡议参与国宏观环境友好指数得分

	宏观环境友好指数得分		
	2018—2019年	2019—2020年	2020—2021年
阿尔巴尼亚	6.50	6.47	11.48
阿尔及利亚	7.94	7.64	13.20
阿富汗	5.09	5.12	13.09
阿根廷	7.93	8.79	13.14
阿联酋	17.89	18.68	19.61
阿曼	8.15	8.75	12.84
阿塞拜疆	5.60	7.32	14.00
埃及	8.04	7.94	15.54

续表

	宏观环境友好指数得分		
	2018—2019 年	2019—2020 年	2020—2021 年
埃塞俄比亚	4.75	5.02	11.27
爱沙尼亚	9.96	8.89	15.02
安哥拉	6.44	6.40	11.74
安提瓜和巴布达	11.63	9.17	14.47
奥地利	16.62	17.00	22.27
巴巴多斯	13.29	10.14	16.79
巴布亚新几内亚	4.49	5.29	11.51
巴基斯坦	5.77	5.79	11.18
巴林	11.16	13.55	15.45
巴拿马	6.06	6.29	10.43
白俄罗斯	7.40	7.43	12.36
保加利亚	7.96	7.92	12.86
北马其顿（原马其顿）	6.96	7.24	11.23
贝宁	5.29	4.36	9.90
波黑	6.97	9.22	12.87
波兰	13.75	13.82	21.12
玻利维亚	6.04	5.99	10.82
博茨瓦纳	4.95	4.96	9.77
布基纳法索	4.59	4.38	9.52
布隆迪	4.28	5.28	11.05
赤道几内亚	5.91	6.44	9.58
东帝汶	6.10	6.09	12.27
多哥	6.02	5.55	10.53
多米尼加	5.24	5.55	11.24
俄罗斯	13.94	13.96	19.32
厄瓜多尔	5.89	6.06	11.22
菲律宾	6.67	6.62	11.80
斐济	8.60	9.84	16.13

续表

	宏观环境友好指数得分		
	2018—2019 年	2019—2020 年	2020—2021 年
佛得角	9.78	10.12	16.75
冈比亚	7.19	5.03	14.14
刚果（金）	3.19	3.55	8.59
刚果（布）	6.93	7.16	8.96
哥斯达黎加	5.51	5.61	10.87
格林纳达	9.15	7.51	13.15
格鲁吉亚	5.66	5.91	11.31
古巴	6.81	5.97	12.92
圭亚那	5.82	7.10	12.60
哈萨克斯坦	6.10	6.04	12.02
韩国	22.91	21.41	26.10
黑山	7.77	7.56	13.23
基里巴斯	10.59	9.80	18.74
吉布提	8.62	8.91	15.00
吉尔吉斯斯坦	5.48	5.58	10.73
几内亚	4.89	4.63	11.36
几内亚比绍	5.58	5.23	10.55
加纳	6.04	6.40	13.29
加蓬	6.49	7.20	10.94
柬埔寨	8.00	7.68	12.97
捷克	14.32	14.17	22.05
津巴布韦	6.37	4.41	13.33
喀麦隆	5.30	5.84	11.24
卡塔尔	15.19	15.21	19.06
科摩罗	4.02	3.73	10.24
科特迪瓦	4.61	4.31	9.66
科威特	12.49	11.85	17.07
克罗地亚	9.40	9.55	15.71
肯尼亚	5.01	5.15	10.24

续表

	宏观环境友好指数得分		
	2018—2019 年	2019—2020 年	2020—2021 年
拉脱维亚	8.08	8.67	16.24
莱索托	6.77	6.66	11.44
老挝	4.82	3.83	10.71
黎巴嫩	7.43	8.82	14.32
立陶宛	9.37	9.88	13.71
利比里亚	4.75	4.71	9.13
利比亚	13.60	14.48	15.28
卢森堡	26.65	26.23	30.39
卢旺达	3.99	4.95	10.06
罗马尼亚	7.77	7.80	12.94
马达加斯加	4.59	4.33	10.10
马尔代夫	9.48	10.47	15.18
马耳他	14.41	14.58	23.23
马拉维	6.62	3.97	6.60
马来西亚	12.83	12.37	19.46
马里	4.59	4.57	9.16
毛里塔尼亚	5.47	5.46	10.64
蒙古国	7.74	8.08	15.72
孟加拉国	5.63	5.37	10.10
秘鲁	5.10	5.19	10.53
缅甸	4.84	4.33	9.82
摩尔多瓦	5.92	5.50	12.62
摩洛哥	7.62	7.59	12.07
莫桑比克	7.23	6.76	14.77
纳米比亚	5.86	6.01	10.28
南非	8.01	8.20	12.71
南苏丹	9.56	8.18	16.16
尼泊尔	6.54	6.84	11.60
尼加拉瓜	5.08	5.24	10.43

续表

	宏观环境友好指数得分		
	2018—2019 年	2019—2020 年	2020—2021 年
尼日尔	4.12	3.91	9.40
尼日利亚	6.52	6.19	13.18
葡萄牙	11.14	11.54	17.15
萨尔瓦多	5.55	5.73	11.13
萨摩亚	7.46	6.20	12.65
塞尔维亚	7.20	7.37	12.75
塞拉利昂	5.43	4.75	10.40
塞内加尔	5.70	5.47	14.55
塞浦路斯	11.95	14.53	19.13
塞舌尔	10.85	13.70	18.76
沙特阿拉伯	12.58	12.63	16.07
斯里兰卡	6.65	6.86	12.28
斯洛伐克	12.29	12.82	15.22
斯洛文尼亚	11.42	11.59	16.44
苏丹	8.17	8.10	17.23
苏里南	8.42	9.10	16.68
所罗门群岛	10.56	8.03	17.42
塔吉克斯坦	5.07	5.57	12.22
泰国	13.04	12.42	17.62
坦桑尼亚	4.01	3.97	9.48
汤加	7.20	7.08	14.43
特立尼达和多巴哥	6.98	6.64	11.52
突尼斯	6.90	8.37	12.56
土耳其	10.61	10.65	15.67
瓦努阿图	8.27	7.95	15.93
委内瑞拉	15.22	11.81	17.45
文莱	8.29	8.72	13.23
乌干达	3.97	4.22	10.47
乌克兰	6.75	7.24	12.43

	宏观环境友好指数得分		
	2018—2019 年	2019—2020 年	2020—2021 年
乌拉圭	7.04	7.13	13.47
乌兹别克斯坦	3.87	4.76	9.91
希腊	11.94	11.77	19.28
新加坡	27.85	27.79	31.10
新西兰	10.38	10.39	14.76
匈牙利	11.83	12.12	16.05
牙买加	6.55	6.62	10.65
亚美尼亚	5.68	5.86	10.97
伊拉克	9.37	7.57	15.89
伊朗	7.60	6.71	15.95
意大利	23.97	21.92	27.92
印度尼西亚	7.68	7.29	12.69
越南	14.30	14.39	18.91
赞比亚	5.03	6.26	9.76
乍得	5.54	5.69	12.29
智利	7.30	7.34	11.87
中非	5.50	5.13	11.39

2. 主要国家得分分析比较

本报告选出 2019—2020 年宏观环境得分较高与较低的国家进行对比分析，总结这些国家得分高或低的主要原因，由此给投资人一个相对清晰的视角，也为这些国家提供一些改善投资友好性的参考。

将表 2.1 中参与"一带一路"的国家得分较高的 5 个国家和得分较低的 5 个国家的宏观环境友好指数得分、相关指标得分列入表 2.2。

表 2.2　2019—2020 年 "一带一路" 倡议参与国宏观环境友好指数得分较高 5 国与较低 5 国比较

	宏观环境得分	人均GDP	消费者价格指数	国民储蓄总额占GDP比重	广义货币余额占GDP比重	银行流动准备金对银行资产的比率	一般政府收入占GDP比重	一般政府总支出占GDP比重	政府负债总额占GDP比重	政府净贷款/借款占GDP比重	对外直接投资净流出占GDP比重	外国直接投资净流入占GDP比重	商品贸易占GDP比重	服务贸易占GDP比重	货物出口	货物进口	所有产品加权平均适用税率
新加坡	27.80	53.30	99.49	78.42	43.67	1.00	8.63	2.73	54.02	75.31	25.87	38.89	80.62	36.52	26.30	13.60	98.57
卢森堡	26.20	99.60	99.49	53.09	20.72	0.31	26.97	19.08	8.43	74.36	21.85	13.15	19.65	89.48	1.56	1.14	94.52
意大利	21.90	32.30	99.52	51.84	19.97	4.46	28.55	22.59	56.04	72.25	21.69	22.55	16.77	2.98	30.60	17.60	94.52
韩国	21.40	25.70	99.49	69.72	54.57	1.35	11.94	7.51	16.82	73.37	21.87	22.04	22.31	3.64	33.10	18.70	94.19
阿联酋	18.70	26.20	99.50	65.86	30.37	3.24	22.07	15.91	17.09	73.46	5.82	36.65	23.48	63.49	0.43	0.42	94.52
马达加斯加	3.56	1.14	99.52	52.31	6.25	1.21	5.79	2.88	16.52	72.86	21.18	22.53	15.94	2.00	0.38	0.33	78.62
科特迪瓦	3.51	0.45	99.05	47.57	4.95	5.49	5.69	3.31	15.34	72.37	21.37	23.50	15.19	5.28	0.35	0.33	78.20
乍得	3.49	1.50	99.15	63.13	16.99	4.37	7.39	6.17	15.52	70.98	21.12	22.88	14.86	3.22	0.84	0.73	53.79
科摩罗	3.48	1.56	99.51	51.09	7.65	3.62	6.46	4.45	15.11	71.89	21.18	22.49	11.97	1.51	0.95	0.56	87.83
乌干达	3.35	0.88	99.12	50.79	3.45	7.19	5.51	5.23	15.26	70.37	21.13	23.64	8.57	3.37	0.44	0.46	77.20

注：前 5 行为指数得分较高 5 国数据，后 5 行为得分较低 5 国数据。

由表 2.2 的数据可知，得分较高的 5 国与得分较低的 5 国相比，其优势在于，在国内国际两方面的宏观环境中，其国内宏观环境中的人均 GDP、广义货币占 GDP 比重、政府收支与债务水平，以及国际宏观环境中的国际贸易水平与关税税率得分相对较高。

可见，一个国家的经济发展水平、政府收支与债务水平、国际贸易水平三个大方面，严重影响投资友好性中宏观环境友好性的得分，进而影响投资友好性得分。

（二）未参与"一带一路"的国家指数得分

按照前文得出的权重，对未参与"一带一路"的国家相关数据进行计算处理，得到这些国家 2018—2021 年的宏观环境友好指数得分。对这些得分的动态分析过程和方法与前文参与"一带一路"的国家分析过程和方法一致，此处不再展开。

表 2.3　　　　　　2018—2021 年未参与"一带一路"倡议的
国家宏观环境友好指数得分

	宏观环境友好指数得分		
	2018—2019 年	2019—2020 年	2020—2021 年
美国	57.97	59.23	62.60
德国	45.49	42.87	47.84
日本	33.31	32.71	37.86
荷兰	27.85	27.50	29.74
法国	27.97	27.51	30.87
爱尔兰	22.22	22.43	30.71
瑞士	24.24	24.73	28.34
加拿大	21.91	22.18	28.23
英国	24.29	24.28	28.01

续表

	宏观环境友好指数得分		
	2018—2019 年	2019—2020 年	2020—2021 年
比利时	22.95	22.66	27.39
挪威	19.15	18.99	23.38
西班牙	17.85	18.14	22.51
澳大利亚	17.40	17.76	21.90
瑞典	16.75	16.65	21.28
丹麦	16.40	16.61	21.12
芬兰	14.05	13.84	18.30
以色列	11.62	11.56	16.75
冰岛	12.02	11.79	16.40
印度	14.79	14.69	19.88
墨西哥	15.59	16.11	19.79
巴西	12.68	12.53	18.61
巴哈马	10.17	10.75	15.45
海地	5.65	6.00	14.44
圣卢西亚	8.72	9.16	14.39
伯利兹	8.87	9.02	14.17
圣文森特和格林纳丁斯	8.28	7.32	13.89
毛里求斯	7.44	7.93	12.66
圣多美及普林西比	6.51	6.01	12.42
约旦	7.39	6.99	11.80
不丹	6.92	6.44	11.58
洪都拉斯	5.87	5.60	11.37
危地马拉	4.03	3.91	10.90
巴拉圭	4.96	5.06	10.88
哥伦比亚	5.97	5.87	10.46
斯威士兰	4.50	4.93	10.30

表 2.4 2019—2020 年末参与"一带一路"倡议的国家宏观环境友好指数相关指标得分

	宏观环境得分	人均GDP	消费者价格指数	国民储蓄者总额占GDP比重	广义货币占GDP比重	银行流动准备金对银行资产的比率	一般政府收入占GDP比重	一般政府总支出占GDP比重	政府负债总额占GDP比重	政府净贷款/借款占GDP比重	外国直接投资净流出占GDP比重	对外直接投资接投资净流入占GDP比重	商品贸易占GDP比重	服务贸易占GDP比重	货物出口	货物进口	所有产品加权平均适用税率
美国	60.43	50.13	99.48	48.90	31.56	2.36	16.36	15.09	45.01	69.62	21.43	22.60	3.63	1.19	97.82	98.03	61.21
德国	45.18	42.59	99.50	61.42	23.26	3.24	28.29	20.55	24.25	74.01	22.51	22.65	25.31	5.17	86.58	47.56	94.52
日本	34.18	43.96	99.55	61.08	95.03	8.29	19.80	16.22	99.60	71.32	22.91	22.14	7.26	1.74	41.33	27.17	89.81
法国	28.98	39.65	99.52	55.10	55.92	5.60	32.34	26.55	40.55	71.49	21.84	22.72	14.49	5.80	35.53	25.45	94.52
荷兰	28.95	49.74	99.48	64.94	50.62	2.36	26.39	18.87	19.54	74.09	24.15	23.82	58.40	13.06	32.92	18.72	94.52
英国	25.57	39.11	99.46	42.17	50.62	0.93	21.19	16.75	35.16	71.94	20.52	21.76	12.80	6.82	28.38	25.21	94.52
瑞士	25.31	74.53	99.59	68.33	43.67	2.86	19.64	13.32	16.91	73.99	24.62	24.44	29.73	10.41	20.73	10.75	82.58
比利时	23.85	42.71	99.48	55.78	42.48	2.30	30.82	24.65	40.81	72.10	19.14	18.82	65.14	14.10	18.80	12.27	94.52
爱尔兰	23.61	71.38	99.54	67.93	10.10	3.92	13.04	8.42	23.32	73.38	8.39	15.48	24.15	47.02	15.27	4.90	94.52
美国	60.43	50.13	99.48	48.90	31.56	2.36	16.36	15.09	45.01	69.62	21.43	22.60	3.63	1.19	97.82	98.03	61.21
加拿大	23.40	46.61	99.48	51.51	24.98	0.63	24.24	18.23	36.54	72.97	22.66	23.10	17.53	3.23	26.87	18.17	95.44
挪威	19.84	82.63	99.46	67.31	21.06	0.26	36.49	23.80	16.53	77.51	21.83	23.97	15.02	6.76	6.31	3.60	92.35
西班牙	19.08	29.92	99.52	54.25	33.65	3.24	23.04	18.66	39.43	71.59	21.77	22.29	16.87	4.70	19.67	14.14	94.52
澳大利亚	18.87	51.30	99.46	54.08	43.18	0.41	19.92	16.66	18.66	70.99	21.37	23.25	10.29	2.32	16.26	8.88	97.51

续表

	宏观环境得分	人均GDP	消费者价格指数	国民储蓄总额占GDP比重	广义货币占GDP比重	银行流动准备金对银行资产的比率	一般政府收入占GDP比重	一般政府总支出占GDP比重	政府负债总额占GDP比重	政府净贷款/借款占GDP比重	对外直接投资净流出占GDP比重	外国直接投资净流入占GDP比重	商品贸易占GDP比重	服务贸易占GDP比重	货物出口	货物进口	所有产品加权平均适用税率
瑞典	17.51	52.13	99.52	62.66	24.42	1.07	29.71	22.38	13.82	73.39	22.59	23.39	20.89	8.46	10.63	6.34	94.52
丹麦	17.47	59.08	99.52	64.00	19.48	1.00	32.98	23.16	11.53	75.29	21.14	20.58	20.64	14.00	7.34	4.18	94.52
冰岛	12.44	46.52	99.40	58.56	20.59	2.54	24.26	18.62	14.74	72.61	21.35	20.43	15.48	11.24	0.52	0.44	95.39
以色列	11.93	31.66	99.53	56.71	29.23	6.10	20.41	17.08	24.44	70.98	21.88	24.30	9.83	6.27	3.76	3.15	90.92
墨西哥	16.50	9.22	99.32	51.95	10.14	1.62	12.70	9.72	21.81	71.86	21.29	22.96	26.42	0.80	27.48	17.91	87.24
印度	14.65	1.94	99.12	61.87	25.04	6.71	9.40	10.35	29.66	68.58	21.28	22.66	7.29	2.91	19.78	19.20	81.27
巴西	12.14	10.06	99.16	40.93	32.75	6.69	18.05	16.32	36.90	69.81	21.55	23.68	4.55	0.77	13.56	7.94	77.42
巴哈马	8.45	25.94	99.48	56.03	16.28	2.53	8.58	5.86	23.96	72.25	21.50	22.76	7.00	14.30	0.24	0.32	47.60
毛里求斯	8.45	9.78	99.40	49.84	42.48	3.40	11.09	12.95	34.08	67.43	21.27	23.51	18.98	10.86	0.33	0.40	96.59
阿根廷	8.31	8.75	99.26	46.21	31.38	6.48	19.44	16.59	37.28	70.67	21.24	22.52	6.19	1.42	4.05	2.02	79.40
伯利兹	7.90	3.82	99.23	31.24	26.44	5.06	17.95	15.06	43.49	70.95	21.16	24.25	26.38	14.15	0.22	0.23	68.49
约旦	7.31	3.00	99.42	43.65	36.85	5.20	12.85	11.94	32.06	69.83	21.15	22.71	21.57	8.46	0.69	0.86	94.24
圣卢西亚	7.11	8.40	99.52	59.10	19.73	2.71	10.90	8.84	25.01	71.24	21.25	22.49	8.91	20.93	0.23	0.31	53.07
圣文森特和格林纳丁斯	6.49	6.17	99.52	36.40	26.19	5.66	16.60	13.01	30.87	71.84	20.85	29.04	14.53	5.65	0.20	0.21	74.99

续表

	宏观环境得分	人均GDP	消费者价格指数	国民储蓄总额占GDP比重	广义货币占GDP比重	银行流动准备金对银行资产的比率	一般政府收入占GDP比重	一般政府总支出占GDP比重	政府负债总额占GDP比重	政府净贷款/借款占GDP比重	对外直接投资净流出占GDP比重	外国直接投资净流入占GDP比重	商品贸易占GDP比重	服务贸易占GDP比重	货物出口	货物进口	所有产品加权平均适用税率
不丹	6.36	2.94	99.16	51.45	24.98	5.10	12.52	8.87	43.20	72.53	22.92	21.99	21.78	4.00	0.24	0.24	88.13
哥伦比亚	5.96	7.05	99.33	48.17	14.37	1.65	16.33	12.85	21.19	71.77	21.47	24.08	7.40	1.55	2.71	2.17	91.51
洪都拉斯	5.84	2.03	99.27	51.83	19.60	6.35	13.89	9.30	16.13	73.22	21.76	23.75	30.14	6.03	0.45	0.55	94.27
尼加拉瓜	5.48	1.61	99.19	54.69	9.44	5.85	14.79	10.37	16.91	72.91	21.28	23.85	36.68	4.78	0.46	0.41	94.47
斯威士兰	5.06	4.33	99.16	45.01	6.49	5.47	14.36	13.96	15.18	69.10	21.28	23.25	31.79	1.09	0.32	0.26	93.02
圣多美及普林西比	4.92	1.18	99.05	32.44	7.99	9.66	11.64	8.49	29.97	72.19	21.20	24.74	11.31	8.43	0.20	0.20	71.84
巴拉圭	4.75	4.75	99.31	54.83	13.71	6.74	9.49	7.90	10.14	71.02	21.18	22.56	17.96	1.03	0.92	0.66	85.76
海地	4.51	1.13	98.87	61.49	7.63	20.10	4.47	2.78	19.25	71.90	20.39	22.00	12.24	2.50	0.27	0.36	65.2
危地马拉	4.16	3.03	99.31	46.77	16.37	6.75	3.87	2.26	10.34	71.91	21.29	22.53	12.44	2.07	0.79	0.89	95.78
布基纳法索	3.89	0.75	99.53	52.14	12.28	1.41	10.16	8.23	17.13	71.23	21.15	22.26	15.04	3.07	0.43	0.33	83.36
几内亚比绍	3.88	0.57	99.50	34.58	12.32	2.80	6.73	6.02	27.67	70.60	21.13	24.38	12.54	3.76	0.21	0.21	68.19
马拉维	3.74	0.49	97.56	19.28	6.06	7.19	12.07	11.51	25.90	69.62	21.10	22.21	10.38	0.58	0.26	0.31	87.83
中非	3.31	0.36	99.26	37.62	6.60	5.08	8.74	4.22	19.04	73.96	21.19	22.33	9.66	3.08	0.35	0.34	60.57

三 人力资源友好指数分析

本章对人力资源友好指数的结果作分析，分"一带一路"签约国家、未参与"一带一路"的国家两个部分进行报告。

（一）"一带一路"签约国家指数得分分析

1."一带一路"签约各国人力资源友好指数得分

以前文的指标为基础收集数据，以所得权重计算各国得分，可得参与"一带一路"倡议国家人力资源友好指数得分（见表3.1）。

表3.1 2018—2021年"一带一路"倡议参与国人力资源友好指数得分

	人力资源友好指数得分		
	2018—2019年	2019—2020年	2020—2021年
阿尔巴尼亚	32.02	32.06	31.64
阿尔及利亚	25.28	25.28	25.53
阿富汗	20.36	20.44	20.47
阿根廷	34.57	34.99	34.79
阿联酋	31.14	31.06	31.95
阿曼	28.63	28.64	28.44
阿塞拜疆	33.89	33.84	33.35

续表

	人力资源友好指数得分		
	2018—2019 年	2019—2020 年	2020—2021 年
埃及	24.45	24.75	24.93
埃塞俄比亚	25.43	25.86	25.44
爱沙尼亚	34.92	34.97	34.71
安哥拉	24.76	24.78	24.70
安提瓜和巴布达	26.78	29.94	27.23
奥地利	34.64	34.52	34.29
巴巴多斯	31.84	31.87	31.49
巴布亚新几内亚	26.85	24.35	24.46
巴基斯坦	26.50	26.75	26.84
巴林	27.58	27.59	27.87
巴拿马	31.19	31.63	31.37
白俄罗斯	34.50	34.41	34.14
保加利亚	31.89	32.00	31.60
北马其顿（原马其顿）	29.26	30.09	28.60
贝宁	23.55	23.72	23.71
波黑	29.57	29.63	29.75
波兰	34.01	34.05	33.80
玻利维亚	31.34	31.66	31.24
博茨瓦纳	28.90	28.71	28.86
布基纳法索	19.84	20.10	19.79
布隆迪	24.16	24.37	23.79
赤道几内亚	23.20	23.66	23.52
东帝汶	22.27	22.70	22.74
多哥	25.22	25.64	25.54
多米尼加	28.57	29.65	29.29
俄罗斯	40.81	40.45	40.23
厄瓜多尔	31.21	31.15	30.93

续表

	人力资源友好指数得分		
	2018—2019 年	2019—2020 年	2020—2021 年
菲律宾	34.52	34.81	34.19
斐济	33.14	33.63	32.55
佛得角	25.00	24.97	24.78
冈比亚	19.94	20.56	20.40
刚果（金）	30.01	30.27	30.07
刚果（布）	28.09	28.16	27.61
哥斯达黎加	28.30	28.83	28.36
格林纳达	29.51	32.93	30.29
格鲁吉亚	36.77	36.98	36.47
古巴	33.31	33.38	33.26
圭亚那	27.19	27.12	26.70
哈萨克斯坦	35.78	35.54	35.21
韩国	35.54	36.55	36.34
黑山	31.26	31.49	31.28
基里巴斯	27.92	22.70	28.81
吉布提	22.18	19.01	19.95
吉尔吉斯斯坦	33.17	33.66	32.88
几内亚	20.74	20.72	20.62
几内亚比绍	22.28	21.82	20.51
加纳	27.85	28.10	28.17
加蓬	26.47	26.89	26.78
柬埔寨	24.92	25.22	24.97
捷克	33.35	33.31	32.99
津巴布韦	30.53	31.12	30.36
喀麦隆	27.43	27.66	27.60
卡塔尔	28.07	28.24	28.09
科摩罗	21.99	22.12	22.27

续表

	人力资源友好指数得分		
	2018—2019 年	2019—2020 年	2020—2021 年
科特迪瓦	32.87	36.94	39.33
科威特	24.83	24.75	24.82
克罗地亚	31.91	32.11	31.86
肯尼亚	29.07	29.16	28.93
拉脱维亚	34.81	34.92	34.76
莱索托	20.79	21.34	21.22
老挝	26.33	26.46	26.14
黎巴嫩	27.51	27.43	27.61
立陶宛	35.19	35.32	35.16
利比里亚	22.84	22.98	22.95
利比亚	22.89	21.00	21.73
卢森堡	32.76	33.06	32.83
卢旺达	25.04	25.09	24.84
罗马尼亚	33.15	33.29	32.70
马达加斯加	27.61	28.25	27.55
马尔代夫	24.38	24.64	24.87
马耳他	29.92	30.01	29.85
马拉维	26.67	28.07	27.50
马来西亚	27.72	28.08	27.71
马里	22.86	22.58	22.53
毛里塔尼亚	19.49	19.66	19.69
蒙古国	33.07	33.18	32.49
孟加拉国	29.70	30.17	30.47
秘鲁	32.88	33.47	33.25
缅甸	25.87	25.79	25.12
摩尔多瓦	34.13	34.21	33.64
摩洛哥	24.57	23.51	24.40

续表

	人力资源友好指数得分		
	2018—2019 年	2019—2020 年	2020—2021 年
莫桑比克	24.06	24.23	23.89
纳米比亚	24.73	24.70	24.75
南非	30.34	30.20	30.07
南苏丹	21.68	21.62	21.25
尼泊尔	26.74	26.71	26.90
尼加拉瓜	25.63	25.72	25.81
尼日尔	20.69	20.80	20.35
尼日利亚	30.76	31.17	31.44
葡萄牙	29.00	29.24	28.82
萨尔瓦多	24.68	24.67	24.43
萨摩亚	32.24	32.44	31.36
塞尔维亚	32.05	32.12	31.94
塞拉利昂	21.64	21.79	21.81
塞内加尔	19.15	19.13	19.13
塞浦路斯	33.29	33.44	33.51
塞舌尔	31.63	31.59	27.86
沙特阿拉伯	29.20	29.72	29.61
斯里兰卡	33.24	32.53	32.29
斯洛伐克	34.53	34.65	34.32
斯洛文尼亚	34.68	35.27	35.11
苏丹	18.21	18.48	18.55
苏里南	27.75	27.76	27.75
所罗门群岛	22.14	22.54	25.09
塔吉克斯坦	33.04	33.28	32.75
泰国	32.84	33.06	32.81
坦桑尼亚	28.72	28.97	28.47
汤加	35.63	35.66	35.02

续表

	人力资源友好指数得分		
	2018—2019 年	2019—2020 年	2020—2021 年
特立尼达和多巴哥	31.44	32.00	30.78
突尼斯	23.28	23.54	23.81
土耳其	30.30	30.55	30.39
瓦努阿图	24.29	28.76	28.65
委内瑞拉	32.41	31.98	31.63
文莱	28.20	28.30	27.42
乌干达	28.27	28.56	28.37
乌克兰	34.69	34.80	34.30
乌拉圭	30.04	30.36	30.08
乌兹别克斯坦	36.54	36.79	36.21
希腊	30.78	31.42	31.08
新加坡	32.81	32.90	32.75
新西兰	35.43	36.06	35.65
匈牙利	33.36	33.41	33.08
牙买加	31.46	31.51	31.09
亚美尼亚	33.52	33.62	32.71
伊拉克	22.74	22.83	23.20
伊朗	33.60	33.94	34.61
意大利	32.30	32.55	32.33
印度尼西亚	41.33	42.10	42.03
越南	35.22	35.42	34.97
赞比亚	29.38	29.77	29.26
乍得	20.61	20.65	20.28
智利	31.44	32.76	32.11
中非	23.18	23.20	22.77

2. 主要国家得分分析比较

本报告选出 2019—2020 年人力资源得分较高与较低的国家进行对比分析，总结这些国家得分高或低的主要原因，由此给投资人一个相对清晰的视角，也为这些国家提供一些改善投资友好性的参考。

将表 3.1 参与"一带一路"的国家得分较高的 5 国和得分较低的 5 国人力资源友好指数得分、相关指标得分列入表 3.2 进行比较。

比较数据可知，人力资源友好指数得分较高的国家，其总体的教育年限与教育不平等性均明显好于得分较低的国家，反映一国教育水平的相关指标均对其人力资源得分有着重要作用。在劳动力状况方面，得分较高的国家主要在劳动力总数、失业率与劳动不平等性等方面优于得分较低的国家。劳动力总数对人力资源得分起到了显著作用，在印度尼西亚这一劳动密集型国家体现得尤为突出。此外，一国的失业率与劳动不平等性同样对人力资源得分有着重要的影响，这一点在俄罗斯、韩国、新西兰、荷兰与芬兰等国家体现得较为明显。可见，一个国家的人力资源友好水平是一种综合体现，"偏科"是要不得的。只有各指标得分均衡，才能营造优良的人力资源环境。

（二）未参与"一带一路"的国家指数得分

以前文计算所得未参与"一带一路"的国家人力资源相关指标对应权重为基础，基于这些国家的历史数据即可计算得到未参与"一带一路"的国家人力资源友好指数得分（见表 3.3）。

表 3.2　2019—2020 年 "一带一路" 倡议参与国人力资源友好指数得分较高 5 国与较低 5 国比较

	人力资源得分	教育指数	教育不平等性	平均上学年限	女性平均上学年数	男性平均上学年数	期望上学年数	劳动力总数	女性劳动力占劳动力总数比重	有工资和薪水的劳动者占就业总人数比重	失业率	弱势群体就业率	老龄化比例
印度尼西亚	42.10	58.98	68.41	53.01	52.60	52.27	46.03	27.48	61.34	45.71	83.33	50.48	82.75
俄罗斯	40.45	82.96	92.56	84.07	84.19	79.88	53.77	14.80	82.41	91.48	83.68	5.67	53.14
格鲁吉亚	36.98	88.37	92.76	91.06	94.21	87.77	55.42	0.57	77.28	47.85	49.02	51.74	51.84
科特迪瓦	36.94	78.39	77.06	77.86	81.88	74.36	54.87	1.81	64.82	25.57	87.22	74.99	90.74
乌兹别克斯坦	36.79	69.93	99.60	80.96	81.88	79.09	37.75	3.16	62.73	64.23	79.08	44.27	87.07
阿富汗	20.44	26.26	9.66	19.61	7.13	31.76	27.26	2.34	19.78	13.75	60.69	83.93	91.60
毛里塔尼亚	19.66	23.77	18.91	25.83	21.78	28.60	18.42	0.44	41.78	41.07	66.35	55.32	90.09
塞内加尔	19.13	16.70	7.64	14.18	7.13	20.71	18.42	1.05	63.64	33.20	76.61	68.04	89.66
吉布提	19.01	13.92	10.66	21.17	21.78	26.23	8.48	0.28	62.17	63.87	63.52	47.11	86.85
苏丹	18.48	16.70	15.49	18.84	17.92	17.56	14.56	2.69	40.60	42.99	41.59	53.11	87.93

注：前 5 行为指数得分较高 5 国数据，后 5 行为得分较低 5 国数据。

表3.3 　　　　2018—2021 年未参与"一带一路"倡议的国家
人力资源友好指数得分

	人力资源友好指数得分		
	2018—2019 年	2019—2020 年	2020—2021 年
美国	51.30	51.77	51.56
德国	40.53	40.69	40.43
日本	40.51	40.26	40.62
英国	39.06	39.40	39.17
加拿大	37.48	37.56	37.35
澳大利亚	37.21	37.29	37.02
挪威	35.31	35.89	35.49
冰岛	35.43	35.79	35.46
瑞士	35.73	35.76	35.49
爱尔兰	35.46	35.74	35.59
荷兰	35.46	35.70	35.45
芬兰	35.27	35.58	35.23
以色列	35.63	35.48	35.43
瑞典	34.98	35.26	34.96
丹麦	35.17	35.17	34.93
法国	34.37	34.48	34.14
比利时	34.22	34.44	34.38
西班牙	31.52	31.89	31.60
印度	71.25	72.44	72.30
巴西	36.88	37.52	37.39
墨西哥	33.64	34.10	34.00
巴哈马	32.50	32.49	32.26

续表

	人力资源友好指数得分		
	2018—2019 年	2019—2020 年	2020—2021 年
哥伦比亚	31.26	31.67	31.28
伯利兹	29.82	29.91	29.98
毛里求斯	29.15	29.32	29.17
巴拉圭	28.48	28.69	28.09
圣卢西亚	28.56	28.47	28.16
圣文森特和格林纳丁斯	27.08	27.74	25.96
约旦	27.32	27.42	27.20
圣多美及普林西比	25.08	25.12	25.33
洪都拉斯	24.19	24.62	24.39
危地马拉	24.12	24.43	24.45
斯威士兰	24.28	24.31	24.36
海地	23.72	23.76	23.71
不丹	22.36	22.37	22.80

同样，以 2019—2020 年为例，将未参与"一带一路"的国家的人力资源友好指数相关指标得分列入表3.4。对该数据的分析思路与方法与"一带一路"签约国家相同，不再赘述。

表3.4　2019—2020年未参与"一带一路"倡议的国家人力资源友好指数相关指标得分

	人力资源得分	教育指数	教育不平等性	平均上学年限	女性平均上学年数	男性平均上学年数	期望上学年数	劳动力总数	女性劳动力占劳动力总数比重	有工资和薪水的劳动者占就业人数比重	失业率	弱势群体就业率	老龄化比例
美国	51.77	93.64	95.37	93.39	96.52	90.13	60.94	33.82	76.75	93.64	86.87	4.09	48.39
德国	40.69	99.60	96.38	99.60	99.60	98.02	64.81	9.01	77.05	89.94	89.34	5.99	29.80
日本	40.26	86.85	91.55	88.73	93.44	83.82	54.87	14.03	72.34	89.49	91.82	8.83	0.20
英国	39.40	97.52	95.58	91.83	94.21	88.56	67.57	7.15	78.79	83.69	86.16	13.77	39.31
加拿大	37.56	92.81	95.58	93.39	95.75	89.34	60.39	4.36	79.25	84.04	80.14	11.35	44.71
澳大利亚	37.29	96.97	95.58	87.95	91.12	84.61	92.42	2.91	77.86	82.63	81.21	11.24	48.82
挪威	35.89	97.80	96.38	89.50	92.67	85.40	70.88	0.76	78.62	93.25	88.28	5.25	44.93
冰岛	35.79	97.24	95.37	88.73	89.58	86.98	76.41	0.24	79.27	87.51	90.05	8.61	51.63
瑞士	35.76	93.64	97.39	93.39	90.35	91.71	60.94	1.19	78.35	84.95	83.68	9.46	40.61
爱尔兰	35.74	96.69	94.37	87.95	91.89	82.24	74.20	0.68	75.93	84.91	82.62	11.24	54.44
荷兰	35.70	95.58	90.14	85.62	86.50	84.61	73.09	2.08	77.21	82.58	88.63	13.45	36.29
芬兰	35.58	97.38	96.58	88.73	92.67	83.82	78.06	0.75	81.01	85.90	76.61	10.19	24.62
以色列	35.48	91.28	89.54	90.28	93.44	86.98	60.39	1.03	80.09	87.11	86.16	8.83	57.90

续表

	人力资源得分	教育指数	教育不平等性	平均上学年限	女性平均上学年数	男性平均上学年数	期望上学年数	劳动力总数	女性劳动力占劳动力总数比重	有工资和薪水的劳动者占就业人数比重	失业率	弱势群体就业率	老龄化比例
瑞典	35.26	96.13	93.56	86.40	90.35	82.24	78.62	1.29	80.27	89.70	76.96	6.51	31.75
丹麦	35.17	96.41	95.17	87.18	91.12	82.24	75.30	0.80	78.88	91.28	82.62	5.25	34.13
比利时	34.44	93.92	84.51	83.29	84.19	80.67	80.27	1.23	76.91	85.09	80.14	10.82	37.80
西班牙	31.89	84.07	67.00	69.31	71.09	65.68	68.12	4.86	77.23	83.57	50.43	11.67	37.37
印度	72.44	45.81	23.14	39.80	34.10	53.06	38.30	99.60	16.79	20.43	80.85	78.25	81.45
巴西	37.52	65.08	58.35	51.45	55.68	45.17	55.97	21.79	71.50	65.30	57.15	29.44	73.24
阿根廷	34.99	87.40	88.94	73.97	78.02	68.83	68.68	4.39	70.04	72.20	65.29	23.03	64.16
墨西哥	34.10	66.33	63.99	57.67	58.76	54.63	52.66	11.82	58.95	66.49	87.93	28.39	77.78
巴哈马	32.49	71.46	88.33	77.86	82.65	74.36	42.17	0.24	81.53	84.11	63.17	14.93	79.07
哥伦比亚	31.67	63.42	63.58	55.34	58.76	49.90	50.45	5.50	68.67	48.01	65.64	49.64	74.32
伯利兹	29.91	65.22	69.02	66.21	68.78	62.52	43.27	0.23	59.65	64.24	77.31	31.23	85.99
毛里求斯	29.32	70.90	74.45	63.10	64.93	60.94	54.32	0.32	61.64	79.56	76.25	17.13	65.24
巴拉圭	28.69	57.32	67.41	55.34	57.99	51.48	41.06	0.92	64.05	54.88	82.97	39.54	79.72

续表

	人力资源得分	教育指数	教育不平等性	平均上学年限	女性平均上学年数	男性平均上学年数	期望上学年数	劳动力总数	女性劳动力占劳动力总数比重	有工资和薪水的劳动者占就业总人数比重	失业率	弱势群体就业率	老龄化比例
圣卢西亚	28.47	62.03	75.66	55.34	60.30	49.11	48.24	0.22	82.11	69.98	26.73	31.23	71.72
马拉维	28.07	34.03	43.86	25.83	45.66	25.44	32.78	3.36	59.09	71.28	79.79	62.36	91.39
圣文森特和格林纳丁斯	27.74	63.69	80.08	57.67	61.07	53.06	48.80	0.21	66.26	72.51	33.10	21.03	71.08
约旦	27.42	61.34	70.02	70.87	71.86	68.83	33.89	0.73	12.10	85.42	47.95	9.77	88.58
尼加拉瓜	25.72	48.31	49.30	42.91	47.97	36.49	38.86	0.81	58.95	55.21	75.90	43.12	83.83
圣多美及普林西比	25.12	47.47	64.19	39.03	37.19	40.43	41.06	0.21	53.80	40.28	52.55	50.69	90.31
洪都拉斯	24.62	38.05	54.13	40.58	43.35	35.70	26.71	1.12	58.51	47.35	80.85	43.64	85.77
危地马拉	24.43	40.82	39.03	40.58	43.35	37.28	30.57	1.58	47.25	58.89	91.11	39.54	84.47
斯威士兰	24.31	46.09	52.52	42.91	41.04	41.22	36.09	0.27	81.06	63.24	21.78	34.39	87.07
海地	23.76	32.09	25.96	32.82	25.63	36.49	24.50	1.23	81.11	22.86	51.14	76.14	84.26
中非	23.20	17.81	31.59	22.72	15.61	28.60	12.90	0.58	75.89	2.25	86.87	96.23	90.52
不丹	22.37	37.63	17.10	21.17	17.92	22.29	42.72	0.27	64.29	24.33	91.82	75.30	82.75
几内亚比绍	21.82	26.26	16.70	17.28	21.78	16.77	29.47	0.35	80.32	14.68	91.11	79.72	90.74
布基纳法索	20.10	12.12	22.13	1.75	0.97	2.57	22.29	1.70	73.43	10.08	77.67	90.97	92.25

四　基础设施友好指数分析

本章对基础设施友好指数的结果作分析，分"一带一路"签约国家、未参与"一带一路"的国家两个部分进行报告。

（一）"一带一路"签约国家指数得分分析

1. "一带一路"签约各国基础设施友好指数得分

以前文的指标为基础收集数据，以所得权重计算各国得分，可得参与"一带一路"倡议国家基础设施友好指数得分（见表4.1）。

表4.1　2018—2021年"一带一路"倡议参与国基础设施友好指数得分

	基础设施友好指数得分		
	2018—2019 年	2019—2020 年	2020—2021 年
阿尔巴尼亚	8.93	9.47	12.23
阿尔及利亚	7.66	7.91	10.78
阿富汗	3.13	4.31	5.69
阿根廷	14.91	15.68	16.96
阿联酋	36.87	36.07	38.66
阿曼	14.83	12.46	18.03
阿塞拜疆	11.48	11.10	15.04
埃及	13.62	14.15	16.47

续表

	基础设施友好指数得分		
	2018—2019 年	2019—2020 年	2020—2021 年
埃塞俄比亚	7.26	3.27	9.56
爱沙尼亚	22.12	24.99	28.07
安哥拉	4.04	4.05	7.83
安提瓜和巴布达	7.07	14.63	13.53
奥地利	27.84	35.59	32.65
巴巴多斯	19.43	20.33	22.39
巴布亚新几内亚	1.90	1.65	4.96
巴基斯坦	8.06	7.51	9.88
巴林	12.89	12.50	14.14
巴拿马	13.77	15.60	18.32
白俄罗斯	20.08	20.30	22.59
保加利亚	17.17	17.51	21.14
北马其顿（原马其顿）	10.43	11.20	14.16
贝宁	2.57	2.56	5.22
波黑	13.35	13.01	15.67
波兰	18.63	19.07	21.61
玻利维亚	7.71	7.78	11.29
博茨瓦纳	8.32	5.90	9.16
布基纳法索	1.95	3.03	5.20
布隆迪	2.91	4.97	5.58
赤道几内亚	4.43	4.78	12.42
东帝汶	4.01	3.05	7.30
多哥	3.62	3.57	6.74
多米尼加	11.62	10.03	13.32
俄罗斯	21.38	21.37	24.03
厄瓜多尔	10.82	11.15	13.92
菲律宾	11.23	12.12	14.77

续表

	基础设施友好指数得分		
	2018—2019 年	2019—2020 年	2020—2021 年
斐济	7.14	7.00	9.70
佛得角	6.64	6.35	9.45
冈比亚	4.22	3.91	6.45
刚果（金）	1.41	1.25	4.03
刚果（布）	4.20	2.95	7.22
哥斯达黎加	11.89	11.83	14.81
格林纳达	12.59	12.68	15.23
格鲁吉亚	11.59	11.76	14.39
古巴	6.60	6.92	9.67
圭亚那	8.34	6.88	9.39
哈萨克斯坦	10.17	11.88	13.46
韩国	43.71	43.57	44.74
黑山	14.46	15.49	18.60
基里巴斯	2.91	2.83	5.51
吉布提	6.39	6.32	9.25
吉尔吉斯斯坦	8.60	8.58	12.08
几内亚	2.92	3.02	6.10
几内亚比绍	1.69	1.72	4.65
加纳	3.87	3.90	6.73
加蓬	5.23	4.59	7.96
柬埔寨	4.25	5.65	7.95
捷克	20.94	21.07	26.73
津巴布韦	3.61	5.03	7.20
喀麦隆	5.47	4.27	8.30
卡塔尔	21.44	21.60	24.66
科摩罗	2.82	3.18	5.43
科特迪瓦	4.21	4.40	7.39

续表

	基础设施友好指数得分		
	2018—2019 年	2019—2020 年	2020—2021 年
科威特	10.93	11.10	13.37
克罗地亚	19.19	19.67	22.96
肯尼亚	5.33	4.13	6.77
拉脱维亚	15.38	15.73	18.46
莱索托	4.38	4.63	6.99
老挝	8.20	8.36	11.08
黎巴嫩	9.14	9.02	11.40
立陶宛	17.71	18.80	21.31
利比里亚	2.73	4.91	5.24
利比亚	9.74	7.16	8.75
卢森堡	31.10	30.69	34.51
卢旺达	3.46	4.75	8.52
罗马尼亚	16.85	17.28	20.33
马达加斯加	1.41	1.48	4.64
马尔代夫	9.57	8.76	10.27
马耳他	28.09	28.10	31.40
马拉维	2.65	2.53	5.51
马来西亚	25.21	26.12	26.60
马里	3.85	3.69	6.58
毛里塔尼亚	3.56	4.15	6.55
蒙古国	9.69	9.46	11.98
孟加拉国	6.48	6.58	9.54
秘鲁	10.62	12.98	13.95
缅甸	5.93	5.96	8.58
摩尔多瓦	12.22	11.31	14.71
摩洛哥	11.10	11.30	14.13
莫桑比克	2.88	2.98	5.49

续表

	基础设施友好指数得分		
	2018—2019 年	2019—2020 年	2020—2021 年
纳米比亚	5.26	4.90	7.71
南非	12.07	11.44	14.54
南苏丹	1.49	1.71	8.54
尼泊尔	10.01	6.15	12.22
尼加拉瓜	6.73	4.74	8.72
尼日尔	1.80	1.86	4.38
尼日利亚	4.42	4.53	7.21
葡萄牙	26.27	26.32	30.02
萨尔瓦多	9.19	9.47	12.82
萨摩亚	9.11	11.75	9.69
塞尔维亚	15.09	16.31	18.93
塞拉利昂	2.07	1.97	4.89
塞内加尔	4.56	4.65	7.46
塞浦路斯	19.95	20.46	23.20
塞舌尔	38.03	24.28	38.79
沙特阿拉伯	18.21	18.40	20.85
斯里兰卡	13.90	14.17	17.74
斯洛伐克	16.97	16.71	19.82
斯洛文尼亚	21.46	22.60	26.01
苏丹	3.32	2.88	5.90
苏里南	9.46	9.87	12.65
所罗门群岛	3.05	3.12	5.26
塔吉克斯坦	7.08	5.53	9.74
泰国	15.96	16.48	19.54
坦桑尼亚	3.40	3.57	6.51
汤加	7.49	6.40	9.49
特立尼达和多巴哥	15.39	15.37	17.70

续表

	基础设施友好指数得分		
	2018—2019 年	2019—2020 年	2020—2021 年
突尼斯	10. 25	10. 72	13. 50
土耳其	21. 65	22. 73	25. 64
瓦努阿图	5. 02	4. 32	6. 93
委内瑞拉	9. 19	8. 99	11. 16
文莱	12. 14	13. 58	16. 74
乌干达	3. 70	1. 40	5. 24
乌克兰	12. 97	13. 25	15. 61
乌拉圭	17. 54	18. 66	20. 84
乌兹别克斯坦	11. 63	11. 73	14. 66
希腊	25. 44	26. 32	28. 99
新加坡	46. 41	49. 33	52. 70
新西兰	23. 09	23. 69	26. 52
匈牙利	21. 38	26. 17	24. 33
牙买加	9. 73	10. 60	13. 15
亚美尼亚	10. 87	11. 11	14. 68
伊拉克	9. 57	9. 84	13. 82
伊朗	15. 74	14. 12	17. 19
意大利	25. 65	26. 19	28. 81
印度尼西亚	12. 65	13. 01	16. 05
越南	15. 10	16. 47	20. 35
赞比亚	4. 65	4. 58	9. 76
乍得	5. 84	2. 21	9. 39
智利	16. 92	17. 07	19. 77
中非	2. 06	1. 32	3. 37

2. 主要国家得分分析比较

本报告选出 2019—2020 年基础设施得分较高与较低的国家进行对比分析，总结这些国家得分高或低的主要原因，由此给投资人提供一个相对清晰的视角，也为这些国家提供一些改善投资友好性的参考。

将表 4.1 中所有国家得分较高的 5 个国家与得分较低的 5 个国家基础设施友好指数得分、相关指标得分列入表 4.2 进行比较。

比较表 4.2 的数据可知，得分较高的国家，其通信、运输与卫生设施状况与得分较低的国家相比都体现出了巨大的优势。得分较高的国家中，奥地利、马耳他、葡萄牙与希腊等体量相对较小的国家，尽管在运输能力的个别指标上有一定的弱势，但其通信、运输与卫生三大方面的总体实力仍然有着明显的优势。从实际来看，基础设施建设必须兼顾通信与运输的方方面面，才能对一国的长期发展起到基础性支持作用，而在新冠疫情全球肆虐的大背景下，一国卫生基础设施的建设同样确保了疫情时代其稳定长期发展，也成为对一国进行投资必然考虑的因素。因此，一个国家若要提高其基础设施吸引力，从政策制定上就要注重移动电话、网络、铁路、航空、公路、港口与卫生设施、饮用水、医疗能力等方面的建设，再保证政策实施与执行力度以及相关的经济和技术层面的支持，从而改善本国的基础设施状况，吸引海外投资者。

表4.2　2019—2020年"一带一路"倡议参与国基础设施友好指数得分较高5国与较低5国比较

	基础设施得分	每百万人安全服务器数	每百人移动蜂窝订阅数	每百人固定电话订阅数	每百人固定宽带订阅数	航空运输量	集装箱码头吞吐量	轮渡连通性指数	使用基本卫生设施人口比重	使用基本饮用水服务人口比重	使用安全管理的卫生设施人口比重
新加坡	49.33	44.10	70.58	54.38	55.21	15.03	68.20	97.12	99.60	99.60	99.60
韩国	43.57	1.83	59.80	79.64	90.99	24.86	52.04	94.44	99.54	99.34	99.54
阿联酋	36.07	0.89	93.49	39.99	66.38	34.34	34.52	64.10	98.69	99.55	98.70
奥地利	35.59	9.63	52.31	68.60	59.92	0.94	60.48	74.33	99.57	99.60	99.22
卢森堡	30.69	14.49	60.45	71.67	79.54	16.82	2.59	33.71	97.01	99.41	96.20
南苏丹	1.71	0.20	1.54	0.27	0.20	0.38	0.81	15.37	9.08	4.43	7.92
巴布亚新几内亚	1.65	0.22	9.98	0.36	0.79	0.27	0.80	11.00	12.73	10.43	4.85
马达加斯加	1.48	0.20	11.97	0.65	0.99	0.24	0.56	7.87	4.96	23.17	4.85
乌干达	1.40	0.21	20.52	0.51	0.35	0.20	0.34	5.55	13.28	25.97	0.86
刚果（金）	1.25	0.20	13.09	0.76	0.23	0.20	0.27	4.57	9.10	11.61	8.10

注：前5行为指数得分较高5国数据，后5行为得分较低5国数据。

（二）未参与"一带一路"的国家指数得分

据前文所得未参与"一带一路"的国家基础设施友好指数构成指标及对应权重，以未参与"一带一路"的国家现有数据，计算得到 2018—2021 年这些国家的基础设施友好指数得分（见表 4.3）。

表 4.3 　　　2018—2021 年未参与"一带一路"倡议的国家
基础设施友好指数得分

	基础设施友好指数得分		
	2018—2019 年	2019—2020 年	2020—2021 年
美国	72.63	77.79	78.10
荷兰	42.12	44.48	48.65
丹麦	36.64	49.11	47.17
德国	42.67	44.03	46.84
日本	37.27	37.48	39.56
英国	35.19	35.73	38.01
法国	33.26	34.02	36.60
瑞士	30.92	31.87	36.19
西班牙	30.55	31.28	33.88
比利时	29.59	30.39	32.52
加拿大	27.92	28.37	31.43
爱尔兰	24.48	26.80	30.55
冰岛	25.93	26.11	29.86
澳大利亚	25.88	25.16	28.63
瑞典	23.24	23.61	27.05
以色列	22.33	22.44	24.96
芬兰	18.71	21.07	23.47
挪威	19.37	20.56	22.61

	基础设施友好指数得分		
	2018—2019 年	2019—2020 年	2020—2021 年
毛里求斯	17.92	16.34	20.90
巴西	16.69	16.55	18.91
墨西哥	15.55	15.87	18.71
巴哈马	16.04	16.14	18.12
印度	14.35	14.06	17.33
哥伦比亚	13.47	13.44	16.32
伯利兹	8.27	11.29	13.97
圣文森特和格林纳丁斯	12.26	10.85	13.58
约旦	9.66	9.73	12.12
圣卢西亚	10.68	10.31	11.82
危地马拉	8.69	6.77	11.32
巴拉圭	7.09	7.27	9.89
洪都拉斯	7.12	7.14	9.85
不丹	6.45	6.12	8.79
斯威士兰	5.52	4.39	8.08
圣多美及普林西比	3.82	3.90	6.54
海地	3.71	2.41	4.85

以 2019—2020 年为例，将未参与"一带一路"的国家的基础设施友好指数相关的指标得分列入表4.4中供参考。

表 4.4 2019—2020 年末参与"一带一路"倡议的国家基础设施友好指数相关指标得分

	基础设施得分	每百万人安全服务器数	每百人移动蜂窝订阅数	每百人固定电话订阅数	每百人固定宽带订阅数	航空运输量	集装箱码头吞吐量	轮渡连通性指数	使用基本卫生设施人口比重	使用基本饮用水服务人口比重	使用安全管理的卫生设施人口比重
美国	77.79	44.64	59.79	53.52	73.92	98.47	99.60	80.81	99.28	99.28	97.79
丹麦	49.11	99.60	55.22	28.81	93.50	12.74	1.77	44.33	99.17	99.60	91.06
德国	44.03	28.15	56.68	79.81	89.35	18.15	35.28	74.33	98.77	99.60	96.57
日本	37.48	6.90	66.18	81.59	71.33	20.83	39.07	63.86	99.52	98.12	79.61
英国	35.73	13.10	51.52	79.16	84.68	13.73	18.60	76.17	98.64	99.60	97.58
瑞士	31.87	34.53	55.84	59.80	99.60	3.99	0.38	14.71	99.49	99.60	99.22
西班牙	31.28	6.54	51.63	69.35	71.14	2.96	31.30	75.58	99.49	99.49	95.04
比利时	30.39	7.24	42.10	56.25	84.66	3.33	24.50	79.32	99.05	99.60	86.89
加拿大	28.37	13.07	38.09	59.22	86.87	5.74	12.74	38.21	98.56	98.35	83.13
爱尔兰	26.80	34.40	45.13	59.77	63.79	0.60	2.09	12.77	90.31	95.42	81.46
冰岛	26.11	25.61	53.41	56.50	87.39	0.52	0.79	3.59	98.29	99.60	82.42
澳大利亚	25.16	13.36	46.95	40.68	73.53	4.67	15.03	30.59	99.59	99.55	71.46
瑞典	23.61	9.41	56.75	28.90	85.63	3.17	3.12	45.30	98.84	99.33	94.25
以色列	22.44	4.18	61.25	60.85	62.03	2.26	5.42	38.29	99.55	99.60	93.50

续表

	基础设施得分	每百万人安全服务器数	每百人移动蜂窝订阅数	每百人固定电话订阅数	每百人固定宽带订阅数	航空运输量	集装箱码头吞吐量	轮渡连通性指数	使用基本卫生设施人口比重	使用基本饮用水服务人口比重	使用安全管理的卫生设施人口比重
挪威	20.56	13.17	45.99	13.79	89.42	4.52	1.70	9.63	97.50	99.60	62.77
荷兰	44.48	46.89	56.13	53.71	92.82	13.28	27.03	79.03	97.12	99.60	96.97
法国	34.02	10.71	47.64	95.71	97.21	10.66	10.71	65.06	98.15	99.60	77.04
巴西	16.55	1.18	40.05	26.48	33.30	3.72	19.86	30.42	88.10	97.89	44.66
毛里求斯	16.34	0.38	66.18	59.65	51.57	0.69	1.22	24.88	94.78	99.39	31.14
巴哈马	16.14	0.77	46.95	38.70	45.06	0.20	2.84	27.90	94.15	97.81	87.61
墨西哥	15.87	0.30	40.03	29.45	32.41	2.68	12.89	40.65	90.72	98.76	52.06
阿根廷	15.68	1.28	55.40	28.70	41.89	0.85	3.78	28.01	94.68	99.54	87.81
印度	14.06	0.34	34.23	2.72	3.18	4.68	30.73	49.71	65.57	83.56	40.50
哥伦比亚	13.44	0.48	58.37	23.12	29.51	3.78	7.82	40.58	91.81	95.29	13.39
伯利兹	11.29	15.32	24.57	7.99	16.30	0.21	0.28	9.97	86.92	97.03	44.47
圣文森特和格林纳丁斯	10.85	0.23	38.60	19.44	43.38	0.20	0.23	5.89	90.46	88.97	44.17
圣卢西亚	10.31	0.31	46.96	32.23	33.47	0.59	0.26	5.63	81.73	94.60	22.13
约旦	9.73	0.24	30.53	5.98	9.81	0.56	1.63	30.22	96.55	97.91	80.72

续表

	基础设施得分	每百万人安全服务器数	每百人移动蜂窝订阅数	每百人固定电话订阅数	每百人固定宽带订阅数	航空运输量	集装箱码头吞吐量	轮渡连通性指数	使用基本卫生设施人口比重	使用基本饮用水服务人口比重	使用安全管理的卫生设施比重人口比重
巴拉圭	7.27	0.32	47.42	6.56	11.57	0.20	0.22	0.64	90.77	98.94	56.95
洪都拉斯	7.14	0.23	30.81	8.47	8.70	0.20	1.61	11.68	81.16	91.91	46.21
危地马拉	6.77	0.23	51.77	18.67	0.79	0.20	2.94	22.25	64.88	89.34	11.29
不丹	6.12	0.37	39.98	4.84	2.64	0.20	0.30	2.19	73.00	95.24	62.34
尼加拉瓜	4.74	0.23	36.35	5.94	7.26	0.20	0.51	6.66	70.56	70.02	11.29
斯威士兰	4.39	0.23	21.21	5.36	1.82	0.20	0.29	7.33	61.26	52.45	34.06
圣多美及普林西比	3.90	0.22	30.56	3.85	1.82	0.20	0.29	5.31	41.80	64.55	29.58
布基纳法索	3.03	0.20	42.34	0.80	0.32	0.20	1.03	14.75	15.08	15.61	22.88
马拉维	2.53	0.21	15.64	0.31	0.33	0.20	0.51	7.87	20.38	50.18	19.49
海地	2.41	0.20	22.25	0.28	0.79	0.28	0.50	9.64	31.84	45.42	4.11
几内亚比绍	1.72	0.20	33.47	0.27	0.33	0.37	0.25	3.71	10.90	33.63	6.51
中非	1.32	0.20	8.43	0.28	0.22	0.21	0.69	8.47	7.71	0.20	8.94

五　制度环境友好指数分析

本章对制度环境友好指数的结果作分析，分"一带一路"签约国家、未参与"一带一路"的国家两个部分进行报告。

（一）"一带一路"签约国家指数得分分析

1. "一带一路"签约各国制度环境友好指数得分

以前文的指标为基础收集数据，以所得权重计算各国得分，可得参与"一带一路"倡议国家制度环境友好指数得分（见表5.1）。

表5.1　2018—2021年"一带一路"倡议参与国制度环境友好指数得分

	制度环境友好指数得分		
	2018—2019 年	2019—2020 年	2020—2021 年
阿尔巴尼亚	22.61	22.33	23.22
阿尔及利亚	13.73	13.52	15.01
阿富汗	12.87	12.53	14.51
阿根廷	22.50	21.93	23.65
阿联酋	34.58	29.28	48.40
阿曼	23.47	24.63	24.06
阿塞拜疆	20.58	20.55	21.30
埃及	17.14	17.17	18.29
埃塞俄比亚	13.20	13.54	15.67

续表

	制度环境友好指数得分		
	2018—2019 年	2019—2020 年	2020—2021 年
爱沙尼亚	30.49	30.63	31.22
安哥拉	13.23	13.36	15.19
安提瓜和巴布达	20.69	21.13	21.93
奥地利	30.45	30.46	31.56
巴巴多斯	22.55	22.41	23.89
巴布亚新几内亚	17.09	16.84	18.17
巴基斯坦	14.93	15.59	16.82
巴林	24.88	24.60	22.62
巴拿马	20.05	20.14	21.22
白俄罗斯	19.86	19.58	20.98
保加利亚	24.75	24.92	25.44
北马其顿（原马其顿）	24.15	24.10	24.41
贝宁	19.35	19.15	20.38
波黑	16.60	16.57	15.39
波兰	28.18	28.23	31.15
玻利维亚	13.42	12.92	15.56
博茨瓦纳	24.39	24.48	25.27
布基纳法索	19.10	18.59	19.83
布隆迪	13.41	13.43	14.05
赤道几内亚	10.52	10.58	11.97
东帝汶	15.92	18.17	16.57
多哥	17.05	17.89	18.73
多米尼加	18.38	18.54	19.72
俄罗斯	22.90	23.50	24.48
厄瓜多尔	15.78	15.78	17.72
菲律宾	16.35	20.60	20.60
斐济	19.17	19.25	21.38
佛得角	20.13	20.34	21.99
冈比亚	15.28	15.58	18.28

续表

	制度环境友好指数得分		
	2018—2019 年	2019—2020 年	2020—2021 年
刚果（金）	14.11	15.32	15.35
刚果（布）	13.13	12.48	13.90
哥斯达黎加	24.14	24.45	25.94
格林纳达	19.87	20.07	21.23
格鲁吉亚	27.54	27.58	28.27
古巴	18.54	14.62	19.80
圭亚那	18.47	18.46	20.11
哈萨克斯坦	21.74	21.98	23.03
韩国	34.44	34.66	35.22
黑山	21.52	21.50	22.68
基里巴斯	21.89	22.23	23.86
吉布提	17.08	16.87	18.97
吉尔吉斯斯坦	18.59	19.11	20.25
几内亚	15.19	15.84	16.71
几内亚比绍	13.94	14.30	15.35
加纳	21.56	21.76	22.73
加蓬	15.74	15.50	16.38
柬埔寨	14.76	14.80	15.82
捷克	25.26	25.24	26.53
津巴布韦	14.57	14.72	15.80
喀麦隆	14.15	13.83	14.98
卡塔尔	23.06	22.20	22.80
科摩罗	15.27	14.85	15.91
科特迪瓦	18.70	19.16	20.26
科威特	19.62	20.97	22.39
克罗地亚	23.12	23.43	24.88
肯尼亚	19.80	20.09	22.10
拉脱维亚	25.84	26.27	27.08
莱索托	17.73	17.76	19.06

续表

	制度环境友好指数得分		
	2018—2019 年	2019—2020 年	2020—2021 年
老挝	14.63	14.38	15.61
黎巴嫩	17.54	17.30	17.79
立陶宛	27.67	28.21	28.59
利比里亚	14.01	13.78	15.64
利比亚	8.22	8.05	9.16
卢森堡	33.76	34.46	35.28
卢旺达	22.80	22.83	24.17
罗马尼亚	21.64	22.81	28.64
马达加斯加	16.59	16.73	17.91
马尔代夫	15.62	17.55	17.70
马耳他	24.53	23.83	25.80
马拉维	16.65	16.68	15.71
马来西亚	27.39	27.47	29.69
马里	16.85	16.62	16.08
毛里塔尼亚	15.78	16.79	18.50
蒙古国	21.16	21.17	22.42
孟加拉国	14.50	14.53	15.79
秘鲁	22.12	22.61	23.13
缅甸	12.68	13.77	15.65
摩尔多瓦	20.71	21.02	21.91
摩洛哥	21.51	21.75	22.85
莫桑比克	14.75	14.81	15.73
纳米比亚	21.14	21.15	22.31
南非	24.05	24.14	24.71
南苏丹	5.71	5.65	7.15
尼泊尔	17.88	17.90	19.35
尼加拉瓜	11.55	11.45	12.63
尼日尔	17.19	17.48	18.44
尼日利亚	14.81	15.04	16.14

续表

	制度环境友好指数得分		
	2018—2019 年	2019—2020 年	2020—2021 年
葡萄牙	28.48	28.42	29.36
萨尔瓦多	17.33	17.72	18.88
萨摩亚	23.79	23.83	25.33
塞尔维亚	20.12	21.08	21.76
塞拉利昂	16.85	17.06	18.57
塞内加尔	20.53	21.22	22.91
塞浦路斯	27.39	27.77	28.00
塞舌尔	21.39	21.91	23.18
沙特阿拉伯	21.90	22.69	21.73
斯里兰卡	21.13	21.10	22.20
斯洛伐克	23.95	24.09	25.28
斯洛文尼亚	26.29	26.58	27.62
苏丹	9.62	9.92	11.63
苏里南	15.63	15.52	17.51
所罗门群岛	17.32	17.42	19.38
塔吉克斯坦	15.20	15.84	16.48
泰国	25.78	26.29	26.97
坦桑尼亚	14.25	14.16	15.86
汤加	20.55	20.32	22.30
特立尼达和多巴哥	19.12	19.17	20.45
突尼斯	20.63	21.09	22.32
土耳其	22.25	22.35	22.64
瓦努阿图	21.04	20.92	22.44
委内瑞拉	5.96	5.51	7.37
文莱	23.06	22.89	24.65
乌干达	14.18	14.09	15.68
乌克兰	19.67	20.92	22.30
乌拉圭	23.48	23.65	25.15
乌兹别克斯坦	16.86	17.16	18.67

	制度环境友好指数得分		
	2018—2019 年	2019—2020 年	2020—2021 年
希腊	22.90	24.50	24.95
新加坡	44.42	44.43	43.48
新西兰	35.41	35.20	35.54
匈牙利	22.96	22.81	24.11
牙买加	21.22	21.38	22.86
亚美尼亚	21.31	22.30	23.47
伊拉克	11.20	11.30	12.72
伊朗	15.35	14.80	16.21
意大利	28.33	28.43	29.26
印度尼西亚	23.18	23.46	24.25
越南	21.68	22.52	20.70
赞比亚	18.07	17.87	18.89
乍得	11.57	11.71	12.79
智利	28.87	28.58	29.18
中非	11.35	11.22	12.43

2. 主要国家得分分析比较

本报告选出 2019—2020 年制度环境得分较高与较低的国家进行对比分析，总结这些国家得分高或低的主要原因，由此给投资人提供一个相对清晰的视角，也为这些国家提供一些改善投资友好性的参考。

将表 5.1 中各国 2019—2020 年得分较高的 5 个国家与得分较低的 5 个国家制度环境友好指数得分、相关指标得分列入表 5.2 进行比较。

表5.2　2019—2020年"一带一路"倡议参与国制度环境友好指数得分较高5国与较低5国比较

	制度环境得分	政府有效性	政治稳定性	人民发声和参与治理	政策与规章健全性	法律法规遵守程度	腐败控制程度	产权费	财产登记程序数	企业信息披露程度指数	营商环境便利度分数	企业注册的启动程序数	创办企业所需时间	总税率占商业利润比重	利润税占商业利润比重	纳税项	开办企业流程的成本占人均GNI比重
新加坡	44.43	99.19	96.50	48.44	97.48	94.85	96.68	18.35	60.19	99.60	97.91	94.37	99.17	93.49	95.30	97.53	99.53
新西兰	35.20	87.60	94.50	95.27	91.45	94.98	96.93	1.19	91.72	99.60	98.89	99.60	99.60	87.10	43.36	95.46	99.58
韩国	34.66	81.39	75.24	74.19	74.01	79.42	62.16	10.65	52.30	77.51	94.09	89.14	96.35	87.76	65.22	90.28	96.19
卢森堡	34.46	88.92	93.11	94.15	87.56	92.93	95.53	6.66	52.30	55.42	69.04	78.67	92.67	93.78	91.38	78.89	99.25
爱沙尼亚	30.63	77.14	77.08	85.75	85.22	81.39	82.17	0.27	83.83	77.51	88.21	89.14	98.30	80.90	84.84	94.42	99.39
赤道几内亚	10.58	24.06	59.41	3.48	18.33	20.47	2.47	0.20	60.19	66.47	19.37	21.13	85.52	66.06	0.20	55.08	85.71
苏丹	9.92	18.18	24.81	9.57	15.03	26.83	11.13	0.44	60.19	22.29	25.95	52.52	84.87	82.03	77.74	59.22	95.43
利比亚	8.05	11.85	5.42	14.32	0.55	10.88	5.37	0.44	60.19	33.33	4.83	52.52	84.66	88.04	57.93	83.03	93.83
南苏丹	5.65	0.69	6.67	0.50	6.96	8.15	1.23	0.20	52.30	11.24	8.18	42.05	94.19	88.61	82.04	64.40	81.41
委内瑞拉	5.51	17.42	28.50	15.57	0.28	0.25	8.20	0.21	28.66	22.29	0.57	0.20	0.20	68.93	81.66	0.20	49.77

注：前5 行为指数得分较高5 国数据，后5 行为得分较低5 国数据。

制度环境友好指数得分较高的国家，其政府治理能力与营商环境水平相比于得分较低的国家均有明显优势。在体现治理能力的前 6 个指标上，得分较高的国家展现出了巨大的政府治理优势，各项指标得分均位于前列。在营商环境方面，产权费所代表的一国知识产权保护水平产生了显著的影响，得分较低的国家在这项指标上均处于末位，表明其知识产权保护力度仍有待加强。此外，营商环境的便利程度、一国的税率水平与纳税项等指标，也在得分较高的国家与得分较低的国家的比较中显示出较为显著的影响。

可见，一个国家的制度环境友好水平是由该国政府治理能力与营商环境两大方面综合起来共同决定的，各指标相辅相成、相互作用。因此，各国应该从这两点出发，一方面大力提高政府效率，维持政局稳定，加强法制建设；另一方面优化营商环境，出台知识产权保护的相关政策，制定合理的税率水平，从而全面促进制度环境建设，提高制度环境综合水平，为吸引外资提供良好的制度基础。

（二）未参与"一带一路"的国家指数得分

由前文计算所得权重，以未参与"一带一路"的国家数据为基础，可计算得到未参与"一带一路"的国家 2018—2021 年的制度环境友好指数得分（见表 5.3）。

表 5.3　　　　2018—2021 年未参与"一带一路"倡议的
国家制度环境友好指数得分

	制度环境友好指数得分		
	2018—2019 年	2019—2020 年	2020—2021 年
爱尔兰	88.48	94.09	92.49
美国	58.66	57.39	58.96
荷兰	59.61	58.14	51.19
日本	43.47	46.58	47.04

续表

	制度环境友好指数得分		
	2018—2019 年	2019—2020 年	2020—2021 年
瑞士	44.21	41.97	44.06
英国	42.10	43.82	43.36
德国	39.78	39.82	41.78
加拿大	40.69	40.22	40.75
瑞典	36.36	37.73	37.96
法国	38.57	37.84	37.83
澳大利亚	34.01	33.72	34.39
挪威	33.31	33.17	34.10
丹麦	33.41	33.37	33.94
芬兰	32.78	32.63	33.54
西班牙	31.18	31.51	32.35
比利时	31.73	31.54	31.99
冰岛	31.18	31.04	31.81
以色列	26.69	27.47	27.95
印度	26.51	26.59	28.53
毛里求斯	26.56	26.67	27.19
不丹	23.04	23.07	25.15
哥伦比亚	22.77	23.03	23.60
巴哈马	21.54	22.18	23.46
圣卢西亚	22.13	22.11	23.44
圣文森特和格林纳丁斯	21.83	22.04	23.39
巴西	21.02	21.30	22.13
墨西哥	20.28	20.23	20.76
约旦	18.95	19.55	20.75
巴拉圭	18.69	18.70	19.97
圣多美及普林西比	16.70	16.94	18.76
伯利兹	16.68	16.81	18.22
危地马拉	15.97	15.86	17.37
洪都拉斯	14.42	14.11	15.74
斯威士兰	13.67	13.53	15.38
海地	10.11	10.08	12.01

以 2019—2020 年为例，将未参与"一带一路"的发达国家制度环境友好指数相关的指标得分列入表 5.4 中供参考。

表 5.4　2019—2020 年末参与 "一带一路" 倡议的国家制度环境友好指数相关指标得分

	制度环境得分	政府有效性	政治稳定性	人民发声和参与与治理	政策与规章健全性	法律法规遵守程度	腐败控制程度	产权费	财产登记程序数	企业信息披露程度指数	营商环境便利度分数	企业注册的启动程序	创办企业所需时间	总税率占商业利润比重	利润税占商业利润比重	纳税项	开办企业流程的成本占人均GNI比重
爱尔兰	94.09	79.61	84.54	89.08	85.45	83.69	80.54	99.60	68.07	88.56	86.40	89.14	95.05	91.10	76.06	93.39	99.60
荷兰	58.14	90.39	81.88	93.93	91.03	92.57	90.53	45.76	68.07	33.33	80.34	83.91	98.30	84.00	61.11	93.39	98.68
美国	57.39	83.76	65.92	78.29	79.94	85.44	73.77	45.26	72.80	70.88	94.09	73.44	98.00	86.17	60.55	91.73	99.39
日本	46.58	85.82	86.00	79.03	79.54	87.17	79.87	28.43	60.19	66.47	83.65	62.98	95.01	81.42	54.57	83.03	97.86
英国	43.82	83.64	74.99	87.91	85.97	88.71	87.61	18.72	60.19	99.60	93.30	83.91	97.87	88.98	68.21	93.39	99.51
瑞士	41.97	93.52	92.56	94.24	86.80	95.48	92.40	18.33	75.95	44.38	81.25	73.44	95.49	89.83	81.85	83.03	99.08
加拿大	40.22	88.88	85.66	92.49	87.91	92.17	87.15	13.28	68.07	77.51	86.50	94.37	99.17	91.85	84.28	94.42	99.55
德国	39.82	84.66	75.76	90.44	88.06	89.03	90.46	17.48	60.19	44.38	86.62	57.75	96.35	80.43	55.88	93.39	98.09
法国	37.84	81.30	69.61	84.01	81.98	84.23	75.41	13.89	44.42	77.51	81.56	78.67	98.08	74.84	98.85	93.39	99.46
瑞典	37.73	88.41	86.17	95.96	89.75	93.80	95.99	7.53	99.60	77.51	90.59	83.91	96.57	80.29	74.75	96.49	99.51
澳大利亚	33.72	85.51	83.31	88.07	91.29	91.59	88.57	3.79	75.95	77.51	89.25	89.14	98.95	81.09	50.46	91.32	99.46
丹麦	33.37	92.65	85.19	95.54	84.66	94.80	96.71	1.84	83.83	66.47	96.33	78.67	98.30	92.18	67.28	92.35	99.58
挪威	33.17	91.63	89.11	98.50	89.80	97.24	94.59	0.84	99.60	66.47	91.70	83.91	98.08	86.35	61.86	97.53	99.44
芬兰	32.63	94.68	81.97	96.07	90.81	98.88	96.52	1.26	83.83	55.42	87.44	89.14	94.19	86.17	76.62	94.42	99.46

续表

	制度环境得分	政府有效性	政治稳定性	人民发声和参与治理	政策与规章健全性	法律法规遵守程度	腐败控制程度	产权费	财产登记程序数	企业信息披露程度指数	营商环境便利度分数	企业注册的启动程序序	创办企业所需时间	总税率占商业利润比重	利润税占商业利润比重	纳税项数	开办企业流程的成本占人均GNI比重
比利时	31.54	76.58	73.51	89.22	78.77	83.47	80.31	3.91	44.42	77.51	78.41	78.67	97.65	77.33	79.98	91.32	98.38
西班牙	31.51	73.48	69.86	81.89	73.59	75.63	61.23	7.41	60.19	66.47	83.54	68.21	94.40	81.28	79.42	93.39	98.71
冰岛	31.04	84.38	99.60	89.05	80.53	92.33	85.72	0.31	83.83	66.47	85.32	78.67	94.84	88.37	83.34	80.96	99.18
以色列	27.47	80.32	45.14	71.74	78.55	76.12	63.84	1.80	60.19	66.47	81.35	89.14	95.05	91.47	65.59	96.49	98.99
毛里求斯	70.73	81.02	74.98	72.43	69.74	51.44	0.21	68.07	66.47	89.68	83.91	97.87	92.93	79.98	94.42	99.44	70.73
巴哈马	62.62	81.18	78.35	49.97	54.24	71.87	0.21	52.30	22.29	52.11	68.21	94.84	87.48	67.84	82.00	97.03	62.62
不丹	58.97	87.13	55.99	43.97	65.82	83.54	0.20	83.83	33.33	62.72	62.98	94.62	86.78	35.89	84.07	98.75	58.97
印度	55.98	45.65	61.22	47.55	51.84	38.10	8.52	36.54	77.51	71.56	52.52	92.24	80.01	58.87	91.38	97.93	55.98
哥伦比亚	53.87	41.65	59.49	59.54	43.13	38.53	1.60	52.30	88.56	69.84	68.21	95.49	69.91	59.80	92.35	96.30	53.87
圣卢西亚	57.07	83.35	78.19	56.02	65.37	56.97	0.20	36.54	33.33	58.68	78.67	95.05	87.06	51.02	66.47	95.62	57.07
圣文森特和格林纳丁斯	57.07	84.25	78.18	55.53	62.61	63.23	0.21	52.30	33.33	47.27	68.21	95.49	85.98	47.66	65.43	96.35	57.07
约旦	54.46	57.04	35.31	51.75	55.77	46.90	0.23	60.19	33.33	67.94	68.21	94.40	89.92	79.61	93.39	94.14	54.46
阿根廷	50.54	60.86	69.42	40.40	42.82	42.42	2.01	52.30	66.47	50.53	42.05	94.84	53.42	92.50	93.39	98.45	50.54

续表

	制度环境得分	政府有效性	政治稳定性	人民发声和参与和治理	政策与规章健全性	法律法规遵守程度	腐败控制程度	产权费	财产登记程序数	企业信息披露程度指数	营商环境便利度分数	企业注册的启动程序	创办企业所需时间	总税率占商业利润比重	利润税占商业利润比重	纳税项	开办企业流程的成本占人均GNI比重
墨西哥	49.07	44.17	54.20	53.24	37.70	24.20	0.53	47.10	77.51	73.84	62.98	96.18	77.47	48.78	96.49	96.05	49.07
巴西	48.44	46.93	61.98	47.17	48.45	36.10	5.73	0.20	44.38	50.74	47.28	92.63	72.78	57.37	92.76	98.63	48.44
巴拉圭	41.11	62.67	55.55	46.62	39.99	24.10	0.22	60.19	55.42	50.68	68.21	84.66	86.92	81.29	83.03	87.34	41.11
洪都拉斯	39.48	50.03	38.58	40.40	29.79	24.56	0.29	60.19	22.29	45.85	47.28	81.63	84.99	44.67	41.62	93.01	39.48
圣多美及普林西比	39.15	74.41	63.33	31.51	37.22	49.04	0.20	44.42	22.29	26.19	73.44	96.78	85.98	62.98	55.08	96.70	39.15
危地马拉	38.11	50.06	44.96	46.18	28.82	22.41	0.46	52.30	22.29	56.86	73.44	93.32	86.82	61.48	94.42	95.55	38.11
伯利兹	38.09	64.31	67.58	39.30	35.06	39.52	0.21	36.54	22.29	44.46	57.75	79.03	88.75	53.08	72.68	91.55	38.09
斯威士兰	38.07	56.76	17.99	37.85	41.21	32.37	0.21	36.54	11.24	51.45	42.05	90.50	86.54	52.14	68.54	97.10	38.07
马拉维	36.57	56.63	50.81	35.93	45.07	25.23	0.20	60.19	33.33	53.97	68.21	83.79	87.15	61.11	66.47	91.95	36.57
布基纳法索	36.38	33.75	48.53	42.91	42.92	39.41	0.20	75.95	66.47	37.37	89.14	94.19	83.96	68.96	56.11	89.55	36.38
尼加拉瓜	36.13	40.41	24.53	36.20	26.04	17.65	0.20	36.54	0.20	42.58	68.21	93.75	74.89	66.90	58.18	84.16	36.13
几内亚比绍	20.44	50.41	41.08	24.51	24.05	9.00	0.20	68.07	66.47	23.16	57.75	96.14	81.98	71.01	55.08	78.72	20.44
中非	15.55	15.04	21.19	21.49	13.58	14.45	0.21	68.07	66.47	9.84	52.52	90.29	68.93	47.84	44.72	69.54	15.55
海地	9.90	42.95	33.91	23.92	30.64	11.77	0.20	60.19	11.24	18.80	42.05	57.80	83.30	56.63	54.04	57.33	9.90

六　金融服务友好指数分析

本章对金融服务友好指数的结果作分析，分"一带一路"签约国家、未参与"一带一路"的国家两个部分进行报告。

（一）"一带一路"签约国家指数得分分析

1. "一带一路"签约各国金融服务友好指数得分

以前文的指标为基础收集数据，以所得权重计算各国得分，可得参与"一带一路"倡议国家金融服务友好指数得分（见表6.1）。

表6.1　2018—2021年"一带一路"倡议参与国金融服务友好指数得分

	金融服务友好指数得分		
	2018—2019年	2019—2020年	2020—2021年
阿尔巴尼亚	10.85	11.12	17.31
阿尔及利亚	11.92	11.46	18.79
阿富汗	4.91	4.93	10.81
阿联酋	18.02	18.01	25.47
阿曼	16.61	17.47	24.82
阿塞拜疆	8.22	8.84	12.96
埃及	9.69	9.48	16.07

续表

	金融服务友好指数得分		
	2018—2019 年	2019—2020 年	2020—2021 年
埃塞俄比亚	8.50	10.19	19.53
爱沙尼亚	15.67	15.25	21.58
安哥拉	7.59	7.67	12.44
安提瓜和巴布达	13.43	13.27	20.90
奥地利	19.76	19.81	27.47
巴巴多斯	17.89	17.81	24.93
巴布亚新几内亚	7.05	8.86	12.73
巴基斯坦	8.41	7.98	14.87
巴林	26.19	19.56	39.83
巴拿马	21.19	21.04	29.66
白俄罗斯	10.47	10.64	16.96
保加利亚	13.38	13.11	19.72
北马其顿（原马其顿）	13.54	15.15	21.12
贝宁	8.28	8.42	14.93
波黑	14.44	14.53	21.36
波兰	14.01	13.53	20.77
玻利维亚	16.50	16.79	24.69
博茨瓦纳	10.80	11.37	17.61
布基纳法索	9.90	10.29	17.15
布隆迪	8.38	8.99	15.41
赤道几内亚	6.58	6.43	12.13
东帝汶	7.95	7.45	13.85
多哥	9.72	9.79	14.81
多米尼加	10.42	10.68	17.28
俄罗斯	13.97	14.14	21.57
厄瓜多尔	12.33	12.75	20.30
菲律宾	13.97	13.78	21.93

续表

	金融服务友好指数得分		
	2018—2019 年	2019—2020 年	2020—2021 年
斐济	20.80	21.99	30.33
佛得角	16.39	16.68	23.86
冈比亚	6.26	24.96	14.63
刚果（金）	6.04	5.45	11.20
刚果（布）	7.37	6.96	10.70
哥斯达黎加	15.33	13.98	21.71
格林纳达	13.37	12.78	19.49
格鲁吉亚	17.03	18.00	25.57
古巴	12.18	12.72	21.87
圭亚那	10.45	10.78	17.31
哈萨克斯坦	9.52	9.59	15.06
韩国	30.08	31.97	44.20
黑山	14.39	13.95	21.50
基里巴斯	7.12	17.40	31.80
吉布提	7.00	8.97	15.30
吉尔吉斯斯坦	9.72	9.88	16.00
几内亚	6.85	6.67	12.68
几内亚比绍	6.97	6.94	13.90
加纳	7.16	8.01	13.17
加蓬	8.95	8.17	14.47
柬埔寨	22.63	24.96	33.89
捷克	14.09	13.88	21.04
津巴布韦	5.82	8.35	12.82
喀麦隆	8.48	9.99	14.34
卡塔尔	21.29	26.06	33.49
科摩罗	7.01	7.20	13.32
科特迪瓦	8.45	8.57	14.87

续表

	金融服务友好指数得分		
	2018—2019 年	2019—2020 年	2020—2021 年
科威特	20.26	20.84	27.18
克罗地亚	14.44	14.24	20.77
肯尼亚	9.97	10.05	15.43
拉脱维亚	11.05	11.10	17.42
莱索托	9.13	9.58	16.22
老挝	18.67	6.97	14.45
黎巴嫩	9.38	21.98	25.81
立陶宛	11.62	11.10	17.82
利比里亚	7.66	7.17	13.05
利比亚	8.59	8.55	12.00
卢森堡	21.87	22.40	30.79
卢旺达	8.97	9.36	15.42
罗马尼亚	9.53	9.38	15.56
马达加斯加	7.26	7.66	13.85
马尔代夫	10.75	10.70	12.45
马耳他	17.52	17.41	30.22
马拉维	8.93	7.96	5.52
马来西亚	25.63	25.30	42.40
马里	9.28	8.80	12.83
毛里塔尼亚	9.84	11.30	18.05
蒙古国	16.64	14.28	22.66
孟加拉国	14.17	13.83	21.37
秘鲁	12.47	12.40	19.03
缅甸	10.69	10.76	17.88
摩尔多瓦	9.09	9.65	15.53
摩洛哥	20.70	21.10	29.10
莫桑比克	11.00	10.33	15.96

续表

	金融服务友好指数得分		
	2018—2019 年	2019—2020 年	2020—2021 年
纳米比亚	15.69	16.39	22.71
南非	26.49	26.45	34.43
南苏丹	4.16	7.73	18.32
尼泊尔	21.52	22.21	31.90
尼加拉瓜	11.30	9.18	15.95
尼日尔	7.13	7.99	13.66
尼日利亚	6.14	7.68	13.42
葡萄牙	21.12	20.61	27.21
萨尔瓦多	14.47	14.64	22.01
萨摩亚	19.64	20.28	28.41
塞尔维亚	12.28	12.36	19.31
塞拉利昂	5.95	5.87	12.17
塞内加尔	10.88	10.91	18.00
塞浦路斯	28.16	23.62	25.32
塞舌尔	10.65	11.93	18.47
沙特阿拉伯	27.56	13.34	25.12
斯里兰卡	14.77	14.10	21.77
斯洛伐克	15.68	15.56	23.69
斯洛文尼亚	12.48	12.19	18.62
苏丹	7.38	6.76	13.17
苏里南	11.24	11.26	16.20
所罗门群岛	9.21	9.35	15.41
塔吉克斯坦	6.79	6.82	12.06
泰国	29.64	29.28	38.40
坦桑尼亚	8.61	8.77	14.97
汤加	11.35	13.35	18.19
特立尼达和多巴哥	10.76	11.59	19.20

续表

	金融服务友好指数得分		
	2018—2019 年	2019—2020 年	2020—2021 年
突尼斯	13.61	14.87	24.17
土耳其	17.91	17.05	25.07
瓦努阿图	15.29	15.04	21.12
委内瑞拉	8.67	9.27	21.72
文莱	12.06	12.11	18.52
乌干达	7.94	8.12	14.29
乌克兰	10.84	8.93	14.37
乌拉圭	9.01	9.03	14.68
乌兹别克斯坦	13.21	14.67	22.55
希腊	20.02	17.54	23.81
新加坡	25.24	25.38	34.04
新西兰	30.90	31.31	40.33
匈牙利	11.22	11.58	18.39
牙买加	11.91	13.09	20.31
亚美尼亚	15.13	15.58	23.48
伊拉克	6.23	6.44	12.87
伊朗	16.96	11.97	31.55
意大利	18.84	18.65	28.56
印度尼西亚	13.00	12.59	19.93
越南	28.02	28.78	38.97
赞比亚	10.10	9.99	16.12
乍得	6.62	6.73	12.77
智利	24.99	26.25	34.86
中非	6.97	6.41	12.78

2. 主要国家得分分析比较

本报告选出 2019—2020 年金融服务友好指数得分较高与较

低的国家进行对比分析，总结这些国家得分高或低的主要原因，由此给投资人提供一个相对清晰的视角，也为这些国家提供一些改善投资友好性的参考。

将表6.1中各国得分较高的5个国家与得分较低的5个国家金融服务友好指数2019—2020年得分、相关指标得分列入表6.2进行比较。

表6.2　　2019—2020年"一带一路"倡议参与国金融服务友好指数得分较高5国与较低5国比较

	金融服务友好性	全部投资占GDP比重	国内信贷	私营部门国内信贷占GDP比重	对中央政府的债权	对私营部门的债权
韩国	44.77	42.72	20.11	61.64	31.66	31.82
新西兰	41.80	33.55	9.46	63.19	36.31	30.97
泰国	39.49	33.75	10.89	58.20	41.43	24.86
越南	38.61	36.99	9.68	55.99	34.59	34.24
南非	35.53	26.05	9.18	52.32	42.80	28.16
伊拉克	9.79	21.12	8.23	3.25	30.70	39.63
赤道几内亚	9.76	18.83	8.17	5.62	35.06	20.41
塞拉利昂	9.04	23.69	8.17	1.91	40.47	28.67
刚果（金）	8.51	19.99	8.18	1.93	33.80	29.78
阿富汗	7.84	26.78	8.16	0.72	28.79	22.71

注：前5行为指数得分较高5国数据，后5行为得分较低5国数据。

比较表6.2中的数据可知，金融服务友好指数得分较高的国家，其国内信贷与私营部门国内信贷占GDP比重这两项反映信贷水平的相关指标均比得分较低的国家体现出明显优势，投资水平同样对金融服务友好性有一定的作用。

可见，一个国家的金融服务水平与其投资水平和信贷水平两个方面有着密切的联系。因此，各国应该重视这两方面的建设，增加投资，强化信贷业务，尤其是促进对私营部门的信贷水平，以此全面促进金融市场发展，提高金融服务综合水平，为吸引外资提供良好的市场基础。

（二）未参与"一带一路"的国家指数得分

以前文计算所得权重，基于未参与"一带一路"的国家数据，可计算出各国金融服务友好指数。表 6.3 为未参与"一带一路"的国家金融服务友好指数 2018—2021 年的得分。

表 6.3　2018—2021 年未参与"一带一路"倡议的国家金融服务友好指数得分

	金融服务友好指数得分		
	2018—2019 年	2019—2020 年	2020—2021 年
美国	41.03	43.33	76.39
日本	39.39	40.84	66.85
加拿大	35.18	27.60	64.90
英国	28.52	28.34	42.11
丹麦	32.06	31.88	40.96
澳大利亚	29.07	28.49	40.21
挪威	29.51	30.78	40.15
瑞士	22.69	28.37	39.35
法国	23.96	24.58	38.30
瑞典	27.73	27.78	37.62
德国	19.57	19.73	32.72
荷兰	23.02	21.86	31.21
西班牙	22.43	21.42	30.46
芬兰	21.28	21.23	29.05
冰岛	20.69	19.44	27.79

续表

	金融服务友好指数得分		
	2018—2019 年	2019—2020 年	2020—2021 年
比利时	16.95	17.25	25.97
以色列	16.20	15.92	23.51
爱尔兰	12.63	13.10	19.69
阿根廷	16.12	11.29	19.25
不丹	17.65	18.43	26.29
约旦	17.71	17.72	25.74
巴西	15.53	16.14	24.36
印度	15.37	14.99	24.17
毛里求斯	16.85	18.37	24.08
洪都拉斯	16.28	15.90	23.62
哥伦比亚	13.43	14.12	21.01
伯利兹	13.47	13.76	19.95
巴拉圭	12.78	13.22	19.78
圣卢西亚	13.96	13.46	19.64
圣文森特和格林纳丁斯	13.16	12.53	19.22
巴哈马	14.20	13.96	19.13
墨西哥	11.24	11.65	18.80
危地马拉	10.24	10.15	16.53
海地	7.90	7.63	13.94
斯威士兰	7.75	7.60	13.90
圣多美及普林西比	8.47	8.20	13.81

以 2019—2020 年为例，将未参与"一带一路"的国家金融服务友好指数相关指标得分列入表 6.4 供研究参考。

表 6.4　　2019—2020 年未参与"一带一路"倡议的国家金融服务
友好指数相关指标得分

	金融服务友好性指数	全部投资占 GDP 比重	净国内信贷	私营部门国内信贷占 GDP 比重	对中央政府的债权	对私营部门的债权
美国	43.33	30.20	15.65	77.68	51.70	25.05
日本	40.84	34.49	11.05	71.96	99.60	24.05
丹麦	31.88	32.21	1.93	64.94	32.53	30.14
挪威	30.78	39.85	1.77	61.19	25.48	33.39
澳大利亚	28.49	32.29	3.37	55.14	35.46	26.30
瑞士	28.37	31.85	2.40	56.31	32.53	25.71
英国	28.34	25.73	4.36	54.19	45.22	25.17
瑞典	27.78	35.31	1.99	53.80	34.22	31.67
加拿大	27.60	32.24	3.65	52.14	40.05	27.25
西班牙	21.42	30.00	2.87	38.24	47.12	20.94
德国	19.73	30.65	4.81	32.30	36.62	23.87
冰岛	19.44	29.00	1.45	35.61	29.36	28.47
比利时	17.25	35.33	1.90	28.18	41.38	23.42
以色列	15.92	30.61	1.65	26.25	34.45	25.93
爱尔兰	13.10	59.17	1.62	14.19	37.04	24.08
法国	36.61	34.00	26.48	43.57	41.80	26.52
不丹	18.43	61.29	1.44	25.82	33.01	38.32
毛里求斯	18.37	28.77	1.45	32.33	39.30	27.06
约旦	17.72	25.02	1.47	30.95	45.91	25.96
巴西	16.14	23.05	2.51	25.10	54.61	29.49
洪都拉斯	15.90	31.74	1.45	25.64	31.94	32.30
印度	14.99	40.68	2.73	19.97	43.52	27.84
哥伦比亚	14.12	31.74	1.54	20.53	34.22	35.53
巴哈马	13.96	33.33	1.44	20.63	41.71	24.95
伯利兹	13.76	22.13	1.44	22.05	40.14	26.71
圣卢西亚	13.46	30.60	1.44	21.26	31.17	20.91

续表

	金融服务友好性指数	全部投资占GDP比重	净国内信贷	私营部门国内信贷占GDP比重	对中央政府的债权	对私营部门的债权
巴拉圭	13.22	34.14	1.45	18.67	29.44	33.00
圣文森特和格林纳丁斯	12.53	27.45	1.44	19.16	32.00	23.25
墨西哥	11.65	30.61	1.74	14.41	40.88	30.77
阿根廷	11.29	25.81	1.47	12.73	52.87	38.54
布基纳法索	10.29	36.16	1.44	11.06	33.39	30.29
危地马拉	10.15	22.32	1.46	13.41	36.91	25.85
尼加拉瓜	9.18	25.50	1.44	12.95	36.88	5.57
圣多美及普林西比	8.20	26.72	1.44	8.32	32.40	24.64
马拉维	7.96	19.83	1.46	7.73	39.36	29.67
海地	7.63	40.99	1.44	3.86	36.46	26.02
斯威士兰	7.60	18.45	1.44	7.97	34.29	26.06
几内亚比绍	6.94	23.98	1.44	5.47	35.82	24.08
中非	6.41	22.51	1.44	4.20	40.51	22.54

七 "一带一路"投资友好指数分析

本章对总指数,即"一带一路"投资友好指数作分析,分"一带一路"签约国家、未参与"一带一路"的国家两个部分进行报告。

(一)"一带一路"签约国家指数得分分析

1. "一带一路"签约各国投资友好指数得分

以前文的指标为基础收集数据,以所得权重计算各国得分,可得参与"一带一路"倡议国家投资友好指数得分(见表7.1)。

表7.1 2018—2021年"一带一路"倡议参与国投资友好指数得分

	投资友好指数得分		
	2018—2019 年	2019—2020 年	2020—2021 年
阿尔巴尼亚	14.86	15.03	18.15
阿尔及利亚	12.63	12.46	16.08
阿富汗	8.17	8.36	12.06
阿根廷	18.33	17.36	20.51
阿联酋	28.82	27.99	33.22
阿曼	18.15	18.10	21.84
阿塞拜疆	14.50	14.54	17.60

续表

	投资友好指数得分		
	2018—2019 年	2019—2020 年	2020—2021 年
埃及	14.14	14.16	17.83
埃塞俄比亚	10.69	10.48	15.34
爱沙尼亚	22.13	22.54	26.03
安哥拉	10.02	10.10	13.35
安提瓜和巴布达	14.86	16.75	18.86
奥地利	26.51	28.68	30.60
巴巴多斯	20.64	20.51	23.94
巴布亚新几内亚	9.80	9.96	12.85
巴基斯坦	11.58	11.49	14.78
巴林	21.06	19.77	23.31
巴拿马	18.46	18.98	22.50
白俄罗斯	17.79	17.80	20.91
保加利亚	18.41	18.46	21.84
北马其顿（原马其顿）	15.99	16.81	19.67
贝宁	10.04	10.05	13.24
波黑	15.85	15.75	18.48
波兰	21.26	21.28	25.33
玻利维亚	14.35	14.40	18.38
博茨瓦纳	14.22	13.71	16.98
布基纳法索	9.97	10.34	13.50
布隆迪	9.35	10.32	12.98
赤道几内亚	9.05	9.36	13.34
东帝汶	10.34	10.24	13.60
多哥	10.85	10.99	13.74
多米尼加	13.94	13.78	17.42
俄罗斯	22.06	22.09	25.33
厄瓜多尔	14.22	14.43	18.08

续表

	投资友好指数得分		
	2018—2019 年	2019—2020 年	2020—2021 年
菲律宾	15.72	16.62	20.03
斐济	16.69	17.07	20.93
佛得角	14.96	15.07	19.01
冈比亚	9.19	14.51	13.61
刚果（金）	8.86	8.84	11.74
刚果（布）	10.52	9.80	12.42
哥斯达黎加	16.42	16.17	19.92
格林纳达	16.03	15.98	19.08
格鲁吉亚	18.48	18.90	22.35
古巴	13.92	13.34	18.44
圭亚那	13.07	12.85	16.27
哈萨克斯坦	14.99	15.47	18.36
韩国	36.20	36.64	39.74
黑山	17.30	17.50	21.32
基里巴斯	12.22	16.59	20.94
吉布提	11.53	11.68	15.27
吉尔吉斯斯坦	13.64	13.83	17.16
几内亚	8.80	8.82	12.21
几内亚比绍	8.54	8.58	11.69
加纳	11.33	11.74	14.95
加蓬	11.25	10.85	14.16
柬埔寨	14.96	16.12	20.04
捷克	21.46	21.39	26.29
津巴布韦	10.06	11.06	14.53
喀麦隆	10.53	10.74	13.78
卡塔尔	22.80	24.09	27.20
科摩罗	8.93	9.07	12.42

续表

	投资友好指数得分		
	2018—2019 年	2019—2020 年	2020—2021 年
科特迪瓦	11.60	12.28	16.13
科威特	18.03	18.28	21.41
克罗地亚	19.35	19.53	23.27
肯尼亚	12.14	11.88	14.89
拉脱维亚	17.83	18.17	21.96
莱索托	10.99	11.23	14.40
老挝	14.52	11.00	15.03
黎巴嫩	13.38	17.11	19.62
立陶宛	19.26	19.63	22.49
利比里亚	9.08	9.58	12.06
利比亚	12.42	11.75	13.23
卢森堡	30.65	30.73	34.51
卢旺达	11.32	11.80	15.32
罗马尼亚	16.87	17.16	21.10
马达加斯加	9.64	9.82	13.22
马尔代夫	13.29	13.36	14.49
马耳他	23.79	23.71	30.04
马拉维	10.42	10.19	10.01
马来西亚	25.20	25.33	31.38
马里	10.25	10.08	12.08
毛里塔尼亚	10.01	10.76	14.11
蒙古国	16.73	16.10	20.38
孟加拉国	13.05	13.05	16.57
秘鲁	15.48	16.26	19.07
缅甸	11.19	11.34	14.84
摩尔多瓦	14.92	14.89	18.47
摩洛哥	17.32	17.39	21.01

续表

	投资友好指数得分		
	2018—2019 年	2019—2020 年	2020—2021 年
莫桑比克	11.15	11.00	14.54
纳米比亚	13.96	14.10	17.18
南非	20.40	20.23	23.68
南苏丹	7.41	8.05	13.69
尼泊尔	16.34	15.50	20.58
尼加拉瓜	11.50	10.42	14.16
尼日尔	8.70	9.04	11.91
尼日利亚	10.42	11.06	14.73
葡萄牙	24.08	24.07	27.59
萨尔瓦多	13.95	14.17	17.94
萨摩亚	17.43	18.35	20.79
塞尔维亚	16.68	17.22	20.62
塞拉利昂	8.72	8.76	12.17
塞内加尔	11.19	11.37	15.77
塞浦路斯	24.88	24.45	26.14
塞舌尔	23.34	20.10	26.14
沙特阿拉伯	22.97	19.24	23.18
斯里兰卡	16.82	16.61	20.28
斯洛伐克	20.28	20.34	23.49
斯洛文尼亚	20.74	21.12	24.48
苏丹	8.57	8.39	13.01
苏里南	13.59	13.93	17.37
所罗门群岛	10.64	10.64	15.06
塔吉克斯坦	11.65	11.31	15.00
泰国	24.25	24.31	28.03
坦桑尼亚	10.15	10.25	13.57
汤加	14.73	14.94	18.27

续表

	投资友好指数得分		
	2018—2019 年	2019—2020 年	2020—2021 年
特立尼达和多巴哥	16.00	16.24	19.56
突尼斯	14.61	15.16	19.26
土耳其	21.00	21.09	24.52
瓦努阿图	14.16	14.36	18.02
委内瑞拉	14.64	13.74	17.19
文莱	16.13	16.62	19.88
乌干达	9.98	9.50	13.28
乌克兰	15.85	15.57	18.47
乌拉圭	16.49	16.88	20.08
乌兹别克斯坦	15.26	15.84	19.33
希腊	23.07	22.89	26.50
新加坡	37.79	38.59	41.72
新西兰	27.68	28.03	31.60
匈牙利	19.79	21.22	23.07
牙买加	15.08	15.69	19.13
亚美尼亚	16.26	16.64	20.52
伊拉克	11.10	10.99	15.14
伊朗	17.10	15.05	23.36
意大利	27.35	26.99	30.18
印度尼西亚	18.04	12.88	21.53
越南	23.44	24.31	28.12
赞比亚	12.02	12.02	15.71
乍得	8.89	8.02	12.65
智利	22.13	22.65	26.20
中非	8.25	7.88	11.00

2. 主要国家得分分析比较

本报告选出 2019—2020 年投资友好指数得分较高与较低的国家进行对比分析，总结这些国家得分高或低的主要原因，由此给投资人提供一个相对清晰的视角，也为这些国家提供一些改善投资友好性的参考。

将表 7.1 中各国得分较高 5 国与较低 5 国 2019—2020 年投资友好指数得分、相关指标得分列入表 7.2 以便比较分析。

表 7.2　　2019—2020 年"一带一路"倡议参与国投资友好指数
得分较高 5 国与较低 5 国比较

	投资友好指数	宏观环境友好指数	人力资源友好指数	基础设施友好指数	制度环境友好指数	金融服务友好指数
新加坡	38.59	29.51	32.80	49.30	44.42	34.36
韩国	36.64	22.52	36.45	43.53	34.65	44.77
卢森堡	30.73	27.62	32.95	30.63	34.45	30.27
奥地利	28.68	17.88	34.41	35.55	30.46	27.31
新西兰	28.03	11.06	35.95	23.63	35.19	41.80
塞拉利昂	8.76	3.83	21.79	1.96	17.06	9.04
苏丹	8.39	6.65	18.46	2.87	9.92	10.19
阿富汗	8.36	4.34	20.43	4.29	12.53	7.84
南苏丹	8.05	6.54	21.61	1.71	5.65	11.42
乍得	8.02	3.49	20.65	2.21	11.71	10.15

注：前 5 行为指数得分较高 5 国数据，后 5 行为得分较低 5 国数据。

比较数据可知，得分较高的国家，其投资友好指数相关指标均居于平均线以上。相反，投资友好指数得分较低的国家，各分项指标基本处于末位。

可见，一个国家的投资友好性水平是由宏观环境、人力资源、基础设施、制度环境、金融服务等多方面综合起来共同决定的，各指标相辅相成、相互作用。因此，各国应该从这几个方面出发，全面提高投资友好性程度，为吸引外资奠定良好的市场基础。

（二）未参与"一带一路"的国家指数得分

以前文计算所得权重，基于未参与"一带一路"的国家数据，可计算出各国的投资友好指数。表 7.3 为未参与"一带一路"的国家投资友好指数 2018—2021 年的得分。

表 7.3　2018—2021 年未参与"一带一路"倡议的国家投资友好指数得分

	投资友好指数得分		
	2018—2019 年	2019—2020 年	2020—2021 年
美国	64.84	66.77	68.36
日本	43.91	44.76	47.78
德国	40.48	40.35	43.66
荷兰	38.84	38.86	40.79
爱尔兰	34.11	35.82	39.67
英国	35.89	36.32	39.25
丹麦	32.81	36.15	38.39
加拿大	34.49	32.65	38.28
瑞士	32.39	33.94	38.25
法国	33.84	34.04	37.04
澳大利亚	30.02	29.86	33.43
瑞典	28.56	28.91	32.74
挪威	28.08	28.79	32.27
比利时	27.92	28.15	31.46
西班牙	28.33	28.40	31.33
冰岛	25.24	24.91	28.79

续表

	投资友好指数得分		
	2018—2019 年	2019—2020 年	2020—2021 年
芬兰	24.27	24.85	28.08
以色列	22.23	22.28	25.71
印度	25.27	25.19	28.79
巴西	20.12	20.37	23.57
墨西哥	18.88	19.13	22.23
毛里求斯	19.45	19.60	22.97
巴哈马	17.85	17.99	20.71
哥伦比亚	16.53	16.81	20.00
圣文森特和格林纳丁斯	15.79	15.12	18.56
圣卢西亚	15.80	15.48	18.30
伯利兹	14.41	15.36	18.54
约旦	15.91	16.05	19.50
不丹	14.99	14.99	18.89
巴拉圭	13.33	13.55	16.93
洪都拉斯	13.42	13.31	17.07
危地马拉	11.96	11.46	15.37
圣多美及普林西比	10.72	10.57	13.97
斯威士兰	10.22	9.93	13.62
海地	9.10	8.68	12.70

以 2019—2020 年为例，将未参与"一带一路"的国家投资友好指数相关指标得分列入表 7.4 供研究参考。

表 7.4　　2019—2020 年未参与"一带一路"倡议的国家投资
友好指数相关指数得分

	投资友好指数	宏观环境友好指数	人力资源友好指数	基础设施友好指数	制度环境友好指数	金融服务友好指数
美国	66.77	60.43	51.69	77.81	57.38	75.21
日本	44.76	34.18	40.17	37.44	46.58	66.09
德国	40.35	45.18	40.57	43.98	39.81	31.10
英国	36.32	25.57	39.29	35.68	43.81	41.51
丹麦	36.15	17.47	35.06	49.05	33.36	42.90
爱尔兰	35.82	23.61	35.63	26.73	94.09	18.52
瑞士	33.94	25.31	35.64	31.79	41.96	39.02
加拿大	32.65	23.40	37.45	28.31	40.22	39.65
澳大利亚	29.86	18.87	37.18	25.11	33.72	40.42
瑞典	28.91	17.51	35.15	23.55	37.73	37.73
挪威	28.79	19.84	35.77	20.51	33.16	41.28
西班牙	28.40	19.08	31.8	31.23	31.50	30.75
比利时	28.15	23.85	34.34	30.33	31.53	24.18
冰岛	24.91	12.44	35.68	26.04	31.03	26.39
以色列	22.28	11.93	35.37	22.38	27.46	22.15
荷兰	38.86	28.95	35.59	44.43	58.14	30.77
法国	34.04	28.98	34.38	33.96	37.83	36.61
印度	25.19	14.65	72.52	14.05	26.59	22.36
巴西	20.37	12.14	37.47	16.51	21.29	23.55
毛里求斯	19.60	8.45	29.24	16.29	26.66	25.01
墨西哥	19.13	16.50	34.04	15.83	20.22	16.81
巴哈马	17.99	8.45	32.39	16.09	22.17	19.38
阿根廷	17.36	8.31	34.90	15.62	21.92	16.02
哥伦比亚	16.81	5.96	31.61	13.41	23.02	19.72
约旦	16.05	7.31	27.33	9.69	19.55	24.22
圣卢西亚	15.48	7.11	28.39	10.27	22.10	18.74
伯利兹	15.36	7.90	29.83	11.25	16.80	19.12

续表

	投资友好指数	宏观环境友好指数	人力资源友好指数	基础设施友好指数	制度环境友好指数	金融服务友好指数
圣文森特和格林纳丁斯	15.12	6.49	27.66	10.81	22.04	17.55
不丹	14.99	6.36	22.35	6.08	23.07	25.08
巴拉圭	13.55	4.75	28.63	7.23	18.69	18.44
洪都拉斯	13.31	5.84	24.57	7.10	14.11	21.87
危地马拉	11.46	4.16	24.38	6.74	15.86	14.54
圣多美及普林西比	10.57	4.92	25.07	3.87	16.94	12.02
尼加拉瓜	10.42	5.48	25.67	4.72	11.45	13.28
布基纳法索	10.34	3.89	20.11	3.02	18.59	14.70
马拉维	10.19	3.74	28.03	2.52	16.67	11.74
斯威士兰	9.93	5.06	24.26	4.37	13.53	11.25
海地	8.68	4.51	23.73	2.40	10.08	11.30
几内亚比绍	8.58	3.88	21.80	1.71	14.29	10.41
中非	7.88	3.31	23.19	1.31	11.22	9.73

八　重点国家投资友好指数分析

近年来，尤其是 2020 年新冠疫情暴发以来，全球贸易和投资壁垒日益高筑，直接投资的发展日渐疲软。由于疫情冲击，许多国家的经济都受到了严重影响，部分国家甚至出现了主权债务危机。联合国贸发会 2021 年 1 月公布的《全球投资趋势监测报告》显示，在 2020 年，全球对外直接投资流量降低了42%，由 2019 年的 1 万亿美元降至 8590 亿美元。其中，发达国家的对外直接投资减少 69%，是 25 年来的最低水平。然而，2022 年 6 月 9 日发布的《2022 年世界投资报告》显示，全球跨境投资在 2021 年达到 1.58 兆美元，同比增加 64%，但其发展并不平衡。其中，全球跨境投资增长的近 70% 由发达国家吸引外资贡献，增幅为 200%；发展中国家仅增加 30%，最不发达国家和内陆发展中国家的吸引外资减少了 3.5%，显示出明显的南北差距拉大现象。中国在 2013 年提出"一带一路"倡议，倡导"人类命运共同体"理念，"一带一路"投资成为实践中国道路的最佳样板，而共建"一带一路"合作国家恰恰更多的是欠发达国家，"一带一路"投资就显得尤为重要。

2020 年 5 月中央提出"双循环"，2022 年党的二十大报告指出要推进高水平开放，稳步扩大规则、规制、管理、标准等制度型开放，"一带一路"投资成为落实党的二十大精神、与"双循环"相互促进的战略。本章将对"一带一路"投资重点国家进行分析，讨论中国与这些国家间可能存在的合作机遇。

（一）新加坡：地理位置优越，合作空间巨大

1. 国家基本情况

在2020—2021年"一带一路"投资友好指数测算中，新加坡总指数为41.72，位居"一带一路"合作国家第1位，其中宏观环境友好指数为32.26、基础设施友好指数为52.67，均排名第1位，人力资源友好指数为32.65，制度环境友好指数为43.47，金融服务友好指数为42.30。

表8.1　　新加坡的"一带一路"投资友好指数及分指标得分

	投资友好指数	宏观环境友好指数	基础设施友好指数	人力资源友好指数	制度环境友好指数	金融服务友好指数
得分	41.72	32.26	52.67	32.65	43.47	42.30

（1）国家介绍

新加坡在古代被称为淡马锡，它的北部隔柔佛海峡与马来西亚为邻，南部隔新加坡海峡与印度尼西亚相望，毗邻马六甲海峡南口，地处"海上十字路口"，地理位置十分优越。新加坡的国土领地以新加坡岛为主，占全国面积的88.5%，此外还有63个周边小型岛屿。1965年8月9日，新加坡共和国从马来西亚独立出来并成立，同年9月加入联合国，10月加入英联邦。1967年，作为发起国之一，新加坡与印度尼西亚、马来西亚、菲律宾、泰国组成东南亚国家联盟（ASEAN）。

自1965年获得独立后，新加坡迅速发展并逐渐成为世界上最富裕的国家之一，政局稳定、政府廉洁高效是其一大特点。新加坡是亚洲金融、服务和航运的最重要中心之一。根据全球金融中心指数排名，新加坡位列世界第四大金融中心，仅次于伦敦、纽约和中国香港。

　　截至 2021 年 6 月，新加坡总人口为 545.36 万人，陆地面积为 581.5 平方千米。多年以来，政府持续填海造地，截至 2021 年陆地面积增加 24%，到 2030 年预计完成再填海造地 100 平方千米。

　　新加坡经济以对外贸易为主，其核心为电子、石油化工、金融、航运、服务业，对中、美、日、欧及周边市场有着很强的依赖性，2020 年国内生产总值达到 4538.21 亿美元，是全球市场中投资环境良好、未来发展空间广阔的新兴经济体。

（2）自然资源优势

　　新加坡是一个三面环海、国土狭小、自然资源贫乏的国家，主要工业原料、生活必需品都需要进口。在该岛上仍保存着一些原生植物群。新加坡已建成 17 座蓄水池，以供居民生活用水。面积达 3000 公顷的中央集水区自然保护区位于新加坡的地理中心。

（3）战略交通要道

　　马六甲海峡位于马来半岛和印度尼西亚苏门答腊岛的交界处，由新加坡、马来西亚和印度尼西亚三国一同负责管理。该海峡为东南—西北走向。其西部为缅甸海域，东南与中国南海相连，全长约 1080 千米，西北部最宽达 370 千米，东南部最窄仅 37 千米。它是印度洋和太平洋的一条交通要道，使得中国、印度和印度尼西亚三个人口大国得以海上相连；它是西亚与东亚的主要交通路线之一，每年有 1/4 的石油运输船只通过马六甲海峡，因其繁忙的海运和特殊的地理位置，这里被称为"海上十字路口"。

　　樟宜国际机场位于新加坡共和国东海岸选区机场大道，西距新加坡市中心 17.2 千米，是 4F 级国际机场、大型国际枢纽机场。自 1981 年运营以来，樟宜机场共获得 560 多个"最佳机场"奖项，2020 年在研究公司 Skytrax 进行的机场客户满意度调查中名列榜首，这是樟宜国际机场连续八年获得第一。100 多家航空公司拥有覆盖全球 400 多个城市、每周超过 7200 个班次的航空网络，平均每 84 秒即有一架飞机起降。机场 2019 年年度报告显示，新加坡樟宜国际机场直接为当地提供了 50000 个工作岗位。

（4）国际关系

新加坡作为不结盟运动的成员国，奉行和平、中立、不结盟的外交方针，主张与各种社会制度的国家建立友好合作的关系，坚持独立自主、平等互利、互不干涉内政的外交原则。作为 5 个发起国之一，新加坡在东南亚国家联盟中扮演着举足轻重的角色。新加坡长期奉行"大国平衡外交"，在安全上拉拢美国，在经济上与中国有着密切的合作关系，同时也是东盟的重要成员，致力于维护东盟的团结与合作，推动东盟在区域事务中扮演更重要的角色。

①新加坡与美国

新加坡1966 年 4 月 4 日与美国建交，重视同美国的关系。美国一直是新加坡最大的服务贸易合作伙伴，同时也是其外资投资国。在新加坡，美资银行设有超过 30 个分支机构。新加坡于 2000 年 11 月宣布同美国开始进行双边自由贸易协定谈判，在将近两年的努力后，双方终于在 2002 年 11 月宣布达成实质性协议。美国总统布什同新加坡总理吴作栋于 2003 年 5 月 6 日签署双边自由贸易协议。这是布什总统在 2002 年夏季"贸促授权"（TPA）后首次签署的双边自由贸易协议，是美国在北美自由贸易协定签订后所签署的最大规模的自由贸易协定，也是美国与亚洲地区达成的首个自由贸易协定。2003 年 7 月，美国国会参议院和众议院分别批准了这项协定，经布什总统签署，于 2004 年 1 月正式生效。

1990 年，新加坡与美国签订了有效期为 15 年的《1990 年谅解备忘录》，这项协定有助于美军使用新加坡的空军和海军基

地，并为美军过境人员、军机和战舰提供后勤保障；该协议于
2005 年续签，有效期至 2020 年，确认新加坡为美国的"主要安
全合作伙伴"。2019 年 12 月 6 日，双方再次续签了这份国防协
议，约定在 2035 年前，美国仍可以在新加坡使用空军和海军基
地。同日，美国与新加坡两国国防部部长签订谅解备忘录，新
加坡空军将在美国的关岛建立战斗机培训部队，而美国将按照
新的协议，从新加坡得到长期的海上空军基地使用权，该协议
的有效期为 2035 年。

②新加坡与中国

1980 年 6 月 14 日，中国和新加坡签署互设商务代表处协
议。1981 年 9 月，两国商务代表处正式开馆。两国于 1990 年 10
月 3 日正式建立外交关系。自从两国建交以来，双方在各个领
域的互利合作都取得了长足的进步，签署了经济合作和促进贸
易与投资的谅解备忘录，并设立了双边经贸磋商机制。双方还
签署了"促进和保护投资协定""避免双重征税和防止漏税协
定""海运协定""邮电和电信合作协议"，并成立中新投资促
进委员会等。2008 年 10 月，新加坡成为第一个与中国签订全面
自由贸易区协定的东盟国家，中新两国签署《中国—新加坡自
由贸易区协定》，2009 年 1 月生效。2019 年 10 月，国务院副总
理韩正与新加坡副总理王瑞杰在中新双边合作联合委员会
（JCBC）第 15 次会议上宣布，中新自贸区的升级协议于当月 16
日正式生效。2015 年 11 月 7 日，中国国家主席习近平对新加坡
进行国事访问，两国共同发表了关于建立"与时俱进的全方位
合作伙伴关系"的声明。

2. 新加坡与中国产业合作简述

新加坡作为中国"一带一路"的天然合作伙伴，其独特的
地缘优势使其在中国"21 世纪海上丝绸之路"的对外开放体系
中具有举足轻重的作用，而其良好的政治环境和繁荣的商业环

境也有助于中新两国的进一步经济贸易合作。

2018年11月，中新签署《自贸协定升级议定书》，对原中新自贸协定中的原产地规则、海关程序与贸易便利化、贸易救济、服务贸易、投资、经济合作6个领域进行升级，新增电子商务、竞争政策和环境3个领域。此外，双方还将"一带一路"合作首次纳入自由贸易协定，突出了"一带一路"倡议对双方全面合作、实现共同发展目标、建立和加强互联互通、推动地区和平发展具有重大作用。据新加坡官方统计，中国在2020年依然是新加坡的第一大贸易伙伴、第一大出口市场和第一大进口来源地。

中新间的相互投资同样体现出双方在经贸关系上的紧密合作。据中方统计，截至2020年年末，中国累计吸收新加坡投资1105.1亿美元。根据新加坡官方数据，中国已连续13年位居新加坡对外直接投资目的国之首。在投资行业方面，新方的投资范围包括制造业、房地产业、批发零售贸易业、金融保险业、科技服务业等。2020年，中国对新加坡直接投资59.2亿美元；截至2020年年末，中国对新加坡直接投资存量为598.6亿美元。中国在新加坡的累计投资金额以房地产业、金融保险业和贸易业为主。截至2019年年底，新加坡是中国对外直接投资存量第二大国，也是中国第二大对外投资目的国。双方主要的合作项目有苏州工业园区、天津生态城、中新（重庆）战略性互联互通示范项目三个政府间合作项目，中国石油在建设油库、收购新加坡石油公司等方面的投资，海航集团对集装箱租赁公司、飞机租赁公司和迅通集团的收购，中国建研院收购新加坡CPG集团，中国Nesta财团收购普洛斯等。

新冠疫情发生以来，两国积极开展合作，共同维护全球产业链、供应链的稳定，建立中新"快捷通道"，促进双方人员往来，持续深化陆海新通道建设，为促进中国与东南亚地区贸易畅通做出积极贡献。

3. 新加坡的产业优势与劣势

（1）产业优势

新加坡自 1965 年独立以来，逐步实现了经济的腾飞，这与其良好的投资环境、得天独厚的区位优势、稳定的政治环境和全球化的高度融入关系紧密。新加坡政府各项有利于工商业发展的政策维护了优越的营商环境，连续多年在世界银行全球营商环境排名中名列前茅。

根据新加坡统计局 2020 年统计数据，新加坡农业产值极低，高度依赖进口，制造业的占比为 26%，服务业在 GDP 中的占比约为 70%，其中批发零售业占 16.4%，金融保险业占 15.7%，商业服务业占 10.4%，运输仓储业占 5.4%，服务业在整个国民经济中的地位举足轻重，掌握着国民经济的命脉。电子工业、石化工业、精密工程业、金融保险业、运输仓储业、旅游业、生物医药业是新加坡的优势产业。

电子工业：新加坡的传统产业，2020 年产值为 1418.6 亿新元，占制造业总产值的 45.7%。主要产品包括半导体、计算机设备、数据存储设备、电信及消费电子产品等。如今所有小型电子产品都有零配件产自新加坡，新加坡有着亚太地区最多元化的半导体产业。由于电子工业覆盖范围广，发展潜力大，一直以来都是外来投资的集中领域。

石化工业：新加坡是全球三大石油炼制和石油交易的中心，同时也是亚洲石油产品定价中心，聚集了许多著名的化学公司如壳牌、美孚，以及石化企业如中石油、中石化等。新加坡日原油加工能力超过 150 万桶，2020 年化工行业和精炼石油行业产值分别为 409.7 亿新元和 218 亿新元，分别占制造业总产值的 13.2% 和 7.0%。

精密工程业：新加坡经济发展局的数据表明，精密工程是新加坡发展高附加值制造业的关键。新加坡坐拥 2700 家精密工程公司，全球70%半导体线球形焊接器、10%的制冷压缩机产自新加坡，并运往世界各地。目前，新加坡已成为许多企业的地区总部和研发中心，2020年，该行业产值达到420亿新元。

金融保险业：新加坡是世界范围的第三大金融中心、第三大外汇交易中心、第二大财富管理中心、第三大离岸人民币交易中心，以及亚洲美元中心市场。2020年，金融保险行业GDP为703.0亿新元，占GDP总额的15.0%。金管局名单显示，有207家银行、1670家证券公司、597家财富管理公司、370家保险公司和429家支付公司，共计3273家金融机构在新加坡持证经营。截至2019年10月，人民币累计清算额为275万亿元，上市公司有796家，总市值达7258.9亿美元。

运输仓储业：新加坡拥有世界上最繁忙的集装箱码头和最好的服务型机场，航空、海运、陆路、仓储等行业发达，成为世界上最繁忙的物流中心，同时也是全球最大的燃油供应港。新加坡拥有5个集装箱码头和54个集装箱船泊位，是继中国上海之后，世界上最大的集装箱港口。新加坡港2020年的货运总量为5.91亿吨，集装箱吞吐量为3687万标箱，在世界范围内位居第二，占据了5%的份额。全球第三方物流公司（3PLs）25强中有17家在新加坡建立基地，200家运输公司将新加坡和123个国家的600个港口联系在一起。

旅游业：新加坡拥有美丽的自然环境、多样的文化背景和丰富的旅游资源，吸引着数以万计的外国游客。旅游业有着巨大的市场和高产值，在吸引外国投资方面举足轻重。新加坡2019年旅游业收入为276.89亿新元，酒店平均入住率为84.7%，平均房价每间·晚为215.6新元，全年到访游客1911万人次。新加坡的旅游业在2020年因新冠疫情遭受了沉重的打击。全年旅游收入仅有48亿新元，暴跌82.6%。酒店平均入住率为56.7%，平均房价每间·晚为152新元。全年到访游客为

270 万人次，减少 85.7%。其中，中国为第二大旅游客源地，游客为 35.7 万人次，减少 90%，占外国游客总数的 13.2%。2020 年中国游客消费额为 6.24 亿新元，占新加坡旅游业收入的 16.1%，为新加坡旅游业收入第一大来源国。

生物医药业：新加坡近年将生物医药业作为未来的战略性新兴产业重点培育，依靠强大的科技实力和研究体系，在生物医药业中发展迅速，成为亚洲发展最快的生物产业集群，吸引着如辉瑞、罗氏、诺华等世界顶尖的生物制药公司来此投资，并将其设定为亚太地区总部。2020 年产值为 184 亿新元，占制造业总产值的 5.9%，就业人数为 2.44 万人。

（2）产业劣势

新加坡国土、资源与人口的有限性，决定了新加坡实现经济的腾飞需要进行高度的国际化，走外向型经济的发展道路，依赖全球化与国际市场。这是其腾飞的"秘诀"，但在国际外部局势不稳定时，高度的外向型经济也会对新加坡的发展产生冲击与挑战。近年来，全球化出现"倒退"倾向，美国等国家贸易保护主义抬头，特朗普废除国际贸易协议，TPP 几近破裂，英国"脱欧"后金融市场动荡，中国经济增长放缓，中美经贸摩擦愈演愈烈，全球供应链不稳定等，使外向型发展经济体受到打击。在 2020 年全世界受到新冠疫情影响后，新加坡的经济发展同样不可避免地在近年来首次出现了倒退。

4. 未来可能的进一步合作

新加坡是全球首批支持"一带一路"倡议的国家之一。当前，中国对共建"一带一路"合作国家的所有对外投资中有 1/3 流经新加坡。如今，随着中新合作的不断发展，两国除贸易和金融上已有的紧密合作外，越来越多的新加坡公司正在涉足中国的服务行业。新加坡公司在食品、医疗保健、教育和环境服务方面的专业知识补充了中国不断增长的对更高生活质量和更高便利设施的需求。

在"一带一路"倡议的实现过程中，必须要有坚实的基础设施建设，如公路、铁路、海港、空运等。作为一个国际金融和商业中心，新加坡的公司处于支持这些基础设施发展的有利位置。新加坡公司可以提供有关城市规划、多功能公园和智慧城市系统的专业知识与丰富经验，可以作为与中国基础设施建设出口的合作伙伴。同时，新加坡正在强调针对可持续发展和技术基础设施的研发，这一领域新加坡公司可以与中国合作伙伴就下一代基础设施的建设展开广泛合作。

此外，新加坡的专业服务生态系统还可以为中方企业提供公司治理、财务和法律风险管理、调解和仲裁等领域的专业知识，以确保项目可持续、可融资并对各方有利。由于中国的大型基础设施项目通常涉及复杂的合同，随着"一带一路"倡议下投资的快速发展，国际法律纠纷可能将随之增加，新加坡的法律服务提供者有能力为这些中国项目提供法律指导。此外，新加坡拥有世界一流的争议解决机构和透明的法律体系，是解决任何争议的理想中立场所。

在物流服务方面，应充分发挥新加坡作为全球物流枢纽的运输仓储优势。作为通过新加坡在中国和东南亚之间的一条新贸易路线，中新（重庆）战略性互联互通示范项目形成的物流解决方案、多式联运物流标准并运营发展。

加大金融业投资，把新加坡作为获得国际融资的窗口，实现资产国际化、企业国际化和增值窗口。新加坡拥有完善的金融生态系统，其中包括具有国际项目融资能力的金融机构。目前，东盟项目的融资交易中有60%由总部位于新加坡的银行牵头。在新加坡强大的外汇交易能力（尤其是美元和人民币）的支持下，新加坡公司处于为中国主导的基础设施项目提供金融服务的理想位置。

新加坡在成品油冶炼方面有着明显的优势，而中国对成品油的需求很大。未来，中国对新加坡的成品油尤其是燃油的需求，将会随着交通和汽车工业的不断发展而不断增长，中新成品油贸易热度或将得到提升。

除了下一步可能的协作，我们也应该看到，在国际局势不断变化的当下，中美经贸摩擦将会对新加坡这样高度融入全球化的国家产生影响。此外，新加坡作为一个安全上依靠美国的国家，对中国的态度在某种程度上也会受美国对华政策所左右，这为两国未来的合作加入了不稳定的因素。

中美经贸摩擦促进了中国经济的提质发展，中新经贸的互补性逐渐减弱。近几年中美经贸摩擦不断，作为全球最大的两个经济体，中美经贸摩擦带来的溢出效应对全球供应链产生了深远影响。新加坡作为小型外向型经济体深受影响，与中国的贸易总额大幅萎缩。美国对中国高新尖技术领域的遏制和发展，会倒逼中国产业进行创新突破，推动中国制造业转型升级，向高新技术产业和战略性新兴产业等技术密集型产业发展，这一发展趋势将对目前两国双边贸易中许多互补性产业造成影响。以机电产品为例，机电产品是两国贸易中交易量最大的品类，新加坡国内依靠发达的电子产业进行机电零件的生产，中国从新加坡进口相关零件进行产品组装，再将产品向新加坡出口。这一贸易路径中，新加坡的资金技术优势和中国的加工组装优势互相补充，完成了整个产业链条的生产。未来中国产业的升级会使得新加坡的技术优势减弱，现有技术优势产业出口将受到冲击。

新加坡大国平衡外交政策的影响为两国经贸带来不稳定因素。新加坡长期以来奉行大国外交平衡策略。在安全上拉拢美国，经济上与中国合作紧密，同时又是东盟的重要成员，致力于维护东盟的团结和合作，这使得新加坡对华态度始终会受美国对华政策的影响，为中新两国未来深化合作带来不稳定因素。

（二）韩国：经贸合作迎来新机遇

1. 国家基本情况

在2020—2021年"一带一路"投资友好指数测算中，韩国总指数为39.74，在"一带一路"国家中位居第三，其中宏观环境友好指数为26.20，基础设施友好指数为44.71，人力资源友好指数为36.25，制度环境友好指数为35.21，金融服务友好指数为53.23。

表8.2　　　　韩国"一带一路"投资友好指数及分指标得分

	投资友好指数	宏观环境友好指数	人力资源友好指数	基础设施友好指数	制度环境友好指数	金融服务友好指数
得分	39.74	26.20	36.25	44.71	35.21	53.23

韩国地处亚洲大陆东北部、朝鲜半岛南端，面积为10.329万平方千米，人口约5200万人，北与朝鲜接壤，西与中国隔海相望，东部和东南部与日本隔海相邻。

韩国行政区划分为1个特别市（首尔）、1个特别自治市（世宗）、6个广域市（釜山、大邱、仁川、光州、大田、蔚山）及9个道（京畿道、江原道、忠清北道、忠清南道、全罗北道、全罗南道、庆尚北道、庆尚南道、济州特别自治道）。首尔是韩国政治、经济、文化和教育中心，也是其陆、海、空交通枢纽。

韩国自从1996年加入经济合作与发展组织（OECD）以来，就是新兴经济体中发展较快的国家。近年来，韩国经济发展的速度却有所放缓。为提高经济发展质量，文在寅政府制定了三大经济政策方向：一是以人为本，发展以工作岗位为中心的收入驱动型经济；二是发展创新驱动型经济，鼓励中小企业创新，应对第四次产业革命；三是发展公平经济，营造公平的市场竞争环境，防止大企业滥用其垄断地位压榨中小企业。

2021 年，韩国实现国内生产总值 1.79 万亿美元，人均国民收入为 3.48 万美元，经济增长率为 4.3%。截至 2021 年 11 月，其财政收入为 570.76 万亿韩元，支出为 600 万亿韩元。在工业方面，工矿业产值占 GDP 的 27%，半导体销售额居世界第 1 位，粗钢产量居世界第 6 位。在农业方面，韩国现有耕地面积为 156.5 万公顷，主要分布在西部和南部平原、丘陵地区，农业人口约占总人口的 4.3%，农业产值占 GDP 的 2%。在交通运输业方面，韩国全国已建成铁路网和高速公路网，陆、海、空交通运输均比较发达。

在外贸方面，韩国与世界上 180 多个国家和地区建立了经贸关系，中国、美国、日本分别是韩国前三大贸易伙伴国。2021 年韩国进出口总额为 12603 亿美元，贸易顺差 309 亿美元。2020 年韩国的外贸总额为 9800 亿美元，实现了贸易顺差 456.2 亿美元。其中，出口 6456.4 亿美元，较 2019 年增加 25.6%，主要出口产品有汽车及零部件、有线无线通信器材、船舶、平板液晶显示器等；进口 6146.7 亿美元，较 2019 年增加 31.4%，主要进口产品有原油、天然气、半导体零部件、钢板、煤炭、电缆等。

2. 韩国与中国的产业合作简述

中韩两国自建交以来，在科技、贸易、投资、运输、渔业等多领域开展了双边合作，签署了多项双边协定，这极大地促进了双边经济技术合作的发展。两国地理位置相近、文化相通、交通物流便捷、人员往来频繁，发展双边贸易具有天然优势。同时，两国经济和产业技术处于不同发展阶段，也有利于优势互补、互利共赢。

自 2017 年中韩两国就推动"一带一路"与韩方"两新政策"对接达成重要共识之后，双方在基础设施、贸易投资、第三方市场、人文交流等领域的合作均处于良好发展态势。即使是在新冠疫情期间，两国也合作抗疫，助力双方经济的复苏。

中国是韩国最大的贸易伙伴、进口来源国和出口市场，而韩国是中国第三大贸易对象国和第一大进口来源国。韩国自中国进口排名前三位的商品为电机电气设备及其零附件、核反应堆、锅炉和机械类及其零附件以及钢铁；韩国从中国进口主要商品中，机电类及其零附件增幅较大，在原料、家具玩具等劳动密集型产品的进口方面，中国在韩国市场继续保持优势。

表8.3 　　　　2015—2019年中国对韩国贸易统计 　　（单位：亿美元，%）

	进出口		出口		进口		贸易差额
	金额	同比	金额	同比	金额	同比	当前
2015年	2758.2	-5.1	1013.0	0.9	1745.2	-8.3	-732.2
2016年	2525.8	-8.4	937.1	-7.5	1588.7	-9.0	-651.6
2017年	2802.6	10.9	1027.5	9.6	1775.1	11.7	-747.6
2018年	3134.3	11.8	1087.9	5.9	2046.4	15.3	-958.5
2019年	2845.8	-9.2	1110.0	2.1	1735.7	-15.2	-625.7
2020年	2852.6	0.3	1125.0	1.4	1727.6	-0.5	-602.6
2021年	3623.5	26.9	1488.6	32.4	2134.9	23.3	-646.3

（1）基础设施互联互通

中韩两国的合作十分密切，涵盖能源、道路、通信等各基础设施领域，如中国东北铁路网与朝鲜半岛南北铁路网连接项目、中韩朝俄蒙陆海物流网络连接方案、中韩朝俄日蒙国家广域电网建设项目、图们江区域合作开发项目等都是涉及两国基础设施领域合作的项目。中国青岛的"中韩快线"及"青凭越班列"等连接中韩两国的国际交通班列对两国交通设施建设与物流产业的发展有重要推动作用。此外，双方还在贸易、工业和能源等合作领域签署了19项谅解备忘录，为两国在基础设施上的互联互通奠定了基础。

2018 年 9 月 18—20 日，韩国举办了第六届全球基础设施合作会议。在"道路 & 铁路"平行论坛上，两国承包商会的领导人简要概述了"一带一路"的发展前景及合作特点，并重点对两国承包商如何把握"一带一路"的发展机遇、如何深化基础设施领域的合作提出了一系列建议。同年，中韩还签署了《中韩航路优化合作备忘录》，为中韩通道的建设提供了强大的政策支持。2020 年 5 月 1 日，中韩率先开通疫情下的"快捷通道"，用来便利韩国全境和中国 10 个省市重要急需人员的往来。这是加强双方抗疫合作的重要措施，推动了疫情状态下双方商务、物流、生产和技术服务等领域急需人员的往来。

（2）双边贸易投资往来

中韩签署自贸协定给"一带一路"和"两新政策"在贸易投资领域的对接提供了重要保障。在自贸协定签署之后，两国零关税产品贸易额持续增长，达到了双边贸易总额的 50%。中韩 FTA 持续发挥作用，在农水产品、家用电器、鞋帽服饰等领域降低关税，极大地缩减了两国贸易往来的税务成本。

（3）第三方市场合作取得进展

近年来中韩两国在第三方市场上的合作也发展顺利。2018 年，中国与韩国在厄瓜多尔合作建设的太平洋炼油厂项目进展顺利。同年三度中朝领导人会晤、两度南北领导人会晤及首次朝美领导人会晤，给"新北方政策"带来了更大的拓展空间，其战略范围涉及俄罗斯、中亚国家和蒙古国等，远超出过去图们江区域的开发范围，为促进"一带一路"倡议延伸到朝鲜半岛等地区带来便利条件。

基于"一带一路"与"两新政策"的重合区域，中韩可以共同积极开发北部的蒙古国、俄罗斯和南部的越南、印度尼西亚等国家的市场，使各国发挥各自的优势，从而形成"1 + 1 + 1 > 3"的多赢局面。2019 年 5 月 10 日在北京召开的中日韩合作国际论坛在三国合作20年之际迎来了新的机遇。2019年8月发布了《"中日韩＋X"合作概念文件》，并提出了中日韩同蒙古国、缅甸、柬埔寨在沙尘暴防治、疾病防控及低碳城市等领域的6项合作建议。

此外，中国石油（CNPC）与韩国大宇集团在缅甸开发海上天然气领域的合作已经持续了十年以上，合作方式既包括联合勘探，也包括大宇集团将所开发区块的天然气出售给中国。海外的经贸园区方面仍有强化的空间，尽管有韩国的企业已经入驻部分经贸园区，但像泰国罗勇工业园，有美国、马来西亚甚至特立尼达和多巴哥企业入驻，却没有韩国企业入驻。

（4）人文交流领域对接合作

近年来，两国的学术活动与人文交流活动逐渐增多。2018年，中韩人文交流政策论坛在北京召开，此次论坛成功推动了中韩两国人文与文化领域更广泛、深入、高层次的交流与合作，对于巩固和夯实两国战略合作伙伴关系做出了巨大的贡献。2019年，在中韩两国科技部门的共同努力下，"中韩青年科学家交流计划"取得了显著成效，为两国青年科学家搭建了良好的平台来积累经验并提升其科研能力，为各创新主体培养了先进人才。

表8.4 2018—2020年中韩主要合作交流活动

	活动名称	主题
2018年1月8日	"2018，中韩关系怎么走？"研讨会	从中韩关系、中韩经贸合作、人文交流三个角度，表达了对对方国家的期待，也从不同角度对上述领域合作做了展望
2018年4月18日	中韩"一带一路"合作研讨会	就半岛局势缓和背景下，中韩如何加强"一带一路"合作展开探讨
2018年5月17日	"一带一路"中韩企业高峰论坛	通过中韩企业文化思想交流，为实现两国联动式发展注入新能量

续表

	活动名称	主题
2018 年 7 月 12 日	中韩 FTA 的未来与展望国际学术研讨会	就中韩两国经济发展形势、影响因子、未来走向与他国开展多边贸易合作等议题进行深入探讨，旨在促进"一带一路"地区的共同发展
2018 年 9 月 15 日	2018 朝鲜半岛国际论坛（KGF）中国会议	朝鲜半岛新经济构想"一带一路"倡议与中韩合作
2018 年 10 月 13 日	"一带一路"中韩海洋合作国际学术研讨会	围绕中韩"一带一路"海洋合作的人文历史基础、海洋合作路径以及中韩共建"一带一路"的战略意义展开交流
2018 年 10 月 14 日	第五届中韩海洋合作研讨会	就"中韩两国在黄海和东海上的合作"相关议题展开深入交流
2018 年 11 月 8 日	2018 中韩海洋可持续发展论坛	围绕海洋环境治理可持续发展进行深入探讨
2019 年 6 月 4 日	中韩版权研讨会	数字环境下中韩版权交流与合作，交换版权立法、执法及产业发展最新进展
2019 年 11 月 8 日	中韩国际私法学术研讨会	中国国际私法的最新发展与启示：以国际管辖和外国判决承认与执行为中心
2019 年 11 月 28 日	中韩产业技术合作交流对接会	一对一探讨产业合作和交流，助力两国技术转移、产业化和创新领域的合作
2019 年 12 月 3 日	第五届中韩公共外交和平论坛	探索半岛形势变化下的中韩合作新模式
2019 年 12 月 28 日	中韩（威海）人才交流合作大会	"创新共享·合作共赢"，为两国人才领域的双招双引提供国际人才智力支撑
2020 年 7 月 30 日	守望相助、共克时艰——中韩合作抗疫展	展示中韩两国政府及社会各界互帮互助、同舟共济的友好情谊

资料来源：李斌等：《中国"一带一路"与韩国"两新政策"的对接与合作》，《当代韩国》2020 年第 4 期。

3. 韩国产业优势及劣势分析

（1）产业优势

韩国产业主要由制造业和服务业构成，造船、汽车、电子、钢铁、纺织等产业产量均进入世界前 10 名。大企业集团在韩国经济中占据十分重要的地位，目前的大企业有三星、现代汽车、SK、LG 等。

①投资环境总体良好，有较强吸引力

韩国政府积极鼓励企业利用外资，对新产业涉及前置审批的外资采取负面清单的形式管理，为融合型新产品的上市提供快捷的服务，还会对创新、就业拉动效果较好的外资企业给予现金返还等一系列优惠，并在全国范围内设立了各具特色、行政管理相对宽松的特殊经济区，韩国主管部门也会定期听取外资企业反馈的所面临的困难与建议以改善营商环境。此外，韩国交通物流便捷，网络通信设施一流，文教体育卫生等社会管理模式成熟。韩国人均 GDP、GNI 均超过 3 万美元，消费方式多样新潮，在通信、时装、游戏和电影等方面引领全球消费潮流，是全球性的试验市场之一。

韩国投资环境的吸引力可以从软环境和硬环境两个方面来分析。从投资的软环境看，近年来韩国的经济发展态势较好，市场消费潜力较大，政府积极鼓励企业利用外资并出台了一系列有利于外商投资的政策与措施；从投资的硬环境看，韩国的地理位置优越，交通运输便捷，通信设施世界一流，在世界银行发布的《2020 年营商环境报告》中，营商便利度在全球 190 个国家和地区排名第 5 位。

②制造业实力雄厚

韩国制造业 2020 年的增加值为 4067.56 亿美元，占全年 GDP 的 25%，代表产业有电子、汽车、造船、钢铁、石化等。其信息通信技术（ICT）产业在过去短短 30 年间就取得了世界瞩目的成就，如半导体、平板显示器等产品制造业居世界领先地位。2019 年，由于全球 ICT 产品市场增长放缓、存在基数效应等，出口同比下降 19.7%，降至 1769 亿美元，但仍创下了历年出口额第三的成绩。其中，半导体、显示器面板、手机、电池、电视机等是主要出口产品。三星电子、SK 海力士是韩国半导体行业的代表性企业，在全球 DRAM 市场的份额合计达 75%以上，在 NAND 闪存市场份额合计达 54% 以上，在存储半导体市场保持领先地位。

③造船产业在全球居领先地位

韩国在 LNG 运输船、超大型原油运输船（VLCC）、液化天然气驱动船、环保型运输船等高技术、高附加值的船舶领域也拥有巨大优势。从政策上来看，2018 年韩国政府出台了 5 年计划助力海运造船业振兴，为此设立了专门的国有控股公司（韩国海洋振兴公社）。从数据上来看，据韩国贸易协会统计，2019年韩国造船完工量为 951 万修正总吨，同比增加 23.51%；出口 201.8 亿美元，同比减少 5.17%；新接船舶订单量为 943 万修正总吨，同比减少 25.34%；截至 2019 年年底在手订单量为 2260 万修正总吨。韩国于 2018 年（时隔 6 年）重回"世界造船订单量第一"，并于 2019 年再次蝉联，在造船业居全球领先地位。

④电动汽车市场发展势头强劲

新型环保汽车产业也是韩国政府重点扶持的三大产业之一。大企业集团如现代、三星、SK、LG 等纷纷加快了对无人驾驶汽车、电动汽车等新型环保汽车的开发与研究。2020 年，韩国政府对以氢能源汽车为主的未来型汽车产业积极提供财政扶持，加强配套设施建设，极力打造世界高水平的未来汽车产业生态环境。现代汽车集团抓紧这次机遇，不断加大对氢能源汽车的研发投入、生产线建设、氢气站建设和对外销售，发展势头强劲。

（2）劣势

自然资源较匮乏。韩国本土的矿产资源较少，已发现的矿物共有 280 多种，然而其中有经济价值的仅有 50 多种，有开采利用价值的矿物有铁、无烟煤、铅、锌、钨等，但由于储量都不太大，韩国的主要工业原料大多依赖进口。

国内劳动力短缺，外籍劳务需求较高。韩国于20世纪80年代后期模仿日本的做法，以研修生的方式引进外籍劳务人员，2003年开始废除研修生方式，通过单一的雇用许可制方式引进外籍劳务人员。近年来，疫情的扩散使得外籍劳务人员在国家之间的移动受到了限制，韩国中小制造业、农畜渔业逐渐出现劳动力不足的现象。为解决这一问题，韩国政府审议通过了2021年外国人政策施行计划。一方面，计划将延长外籍劳工在韩国的就业期限，允许在韩国合法居留的外国人参加限时季节工作；另一方面，韩国将放宽研发人员、新产业从业人员申办签证的条件。

经济对外依存度高，内需市场限制经济发展。根据韩国海关和韩国央行的数据测算，2011—2020年，韩国经济外贸依存度均超过60%，年平均外贸依存度高达70.26%。截至2020年，韩国对中国进口的零部件和材料依存度为29.3%，日本为28.9%，美国为12.9%。特别是在半导体领域，韩国对中国进口依存度甚至高达39.5%，为日本和美国的2.2—6.3倍。随着近几年贸易保护主义和单边主义抬头趋势明显，加之新冠疫情的暴发，全球供应链和产业链均遭到重创，韩国产业也遭受巨大影响。虽然2021年韩国GDP同比增长4%，创近11年新高，但造成新高的原因是外销出口强劲，其内需市场仍旧低迷。

4. 中韩经贸关系潜力巨大

（1）促进基础设施合作，为经济增长提供动力

最大限度地发挥包括交通、物流在内的基础设施的积极作用，将有利于实现可持续发展。中国一直重视项目在经济、社会、财政、金融和环境等方面的可持续性，坚持根据普遍接受的国际原则，推进可持续、高质量基础设施建设，提升本地区贸易、投资和服务竞争力。另外，两国还将通过现有机制应对地区和全球问题，推进双方在数字经济和电信等科技创新领域开展合作。

（2）加强金融合作

金融合作是中韩经贸发展的重要驱动力，也是中韩未来经济合作的新亮点。加强金融合作将有助于中韩两国的经济贸易合作，进而带动东北亚乃至全球的经济增长。一方面，中韩两国在产业、区域、经贸方面的合作日益密切，为双方金融合作奠定了重要基础；另一方面，中韩两国的金融体制及监管机制相近，这也为中韩金融合作开拓了更多渠道和领域。

（3）RECP 将强化东北亚经贸合作

自 2022 年 2 月 1 日起，《区域全面经济伙伴关系协定》（RCEP）对韩国正式生效，中国对原产于韩国的部分进口货物实施 RCEP 协定税率。比如，中国对韩国产的纺织品和不锈钢等的关税削减到零，对韩国产的发电机、汽车零部件等降部分税。而韩国对中国产的糊精等产品也实施零关税，对中国产的服装、干贝、瓷砖等实行低税率。

中韩自贸协定在此之前已经签署并实施，此次又叠加了 RCEP 在货物、服务投资等领域的市场准入，加上贸易的便利化、电子商务、知识产权等规则方面的优惠政策，中韩两国间的经贸关系将进一步强化，两国及区域内的价值链合作将会更加密切。

（三）卢森堡：双循环中欧金融中间站

1. 国家基本情况

在 2020—2021 年"一带一路"投资友好指数测算中，卢森堡总指数为 34.51，名列共建"一带一路"合作国家第 5 位，其中宏观环境友好指数为 31.23，人力资源友好指数为 32.73，基础设施友好指数为 34.46，制度环境友好指数为 35.27，金融服务友好指数为 38.48。

表 8.5　　　　　卢森堡"一带一路"投资友好指数及分指标得分

	投资友好指数	宏观环境友好指数	人力资源友好指数	基础设施友好指数	制度环境友好指数	金融服务友好指数
得分	34.51	31.23	32.73	34.46	35.27	38.48

卢森堡全称"卢森堡大公国"，位于西欧地区，东邻德国，南接法国，西部和北部边境与比利时接壤，是一个典型的内陆国家。卢森堡地势呈现出北高南低的特点，其国土面积与我国东莞市面积基本相当，仅有 2586 平方千米，北为高原南为丘陵，其气候温和，为温带海洋至温带大陆过渡性气候。卢森堡在欧盟中具有重要地位和作用，欧洲法院、欧洲审计院、欧洲投资银行等欧盟重要职能机构均开设在卢森堡境内。

卢森堡的官方语言为法语、德语和卢森堡语，全国超过 90% 的居民信奉罗马天主教。作为一个发达国家，其金融服务业和商贸物流业在国家经济中占主导地位。由于其在欧洲大陆的特殊地理位置，其交通运输网络和邮政电信网络发展完备、四通八达。

作为欧洲大陆现今仅存的大公国，卢森堡实行君主立宪制，虽然国土面积相对狭小并且资源有限，但卢森堡经济极度发达，人均国内生产总值长期稳居世界前列。2020 年，卢森堡的人均 GDP 高达 11.692 万美元，而全球人均 GDP 仅约为 1.106 万美元，卢森堡人均 GDP 约为全球人均水平的 11 倍，名列 IMF 成员国人均 GDP 水平的第一位。主要支撑卢森堡高水平人均 GDP 的原因有两点：一是人口少，卢森堡全国总人口数仅为 60 万左右；二是金融行业发达，是欧元区内最重要的私人银行中心、全世界排名第三的信托中心以及世界第二大基金管理中心。

（1）交通

卢森堡交通基础设施完善，截至 2019 年年底，其国家级公路总里程为 2908 千米，其中高速公路为 161 千米，铁路运行总

里程为 275 千米。民航方面，2018 年卢森堡民航客运量为
403.7 万人次，货运量为 89.5 万吨。卢森堡是全球首个提供免
费公共交通的国家，自 2020 年 3 月起，取消了公共交通（铁
路、公路客运、公交）售票制度。卢森堡政府认为，这一举措
有利于道路拥堵、污染问题的更好解决，并能够对低收入者形
成有效的公共支持。

（2）自然资源

由于国土面积狭小，卢森堡自然资源特别是化石能源极度
贫乏。卢森堡最主要的自然资源是森林，其森林面积约为 900
平方千米，覆盖了其 1/3 的国土面积。能源方面，进口能源占
比高达 98%，以天然气和石油为主。2016 年的数据显示，卢森
堡全国电力消费中，自产电力占比 11.7%，其中 7.1% 由可再
生能源创造。卢森堡政府一直以来对核能持反对态度。

（3）国际关系

卢森堡长期以来主张"国家平等、和平交往，反军备竞赛、
遵守国际法，尊重人权和小国利益"的国际关系交往准则。卢
森堡奉行以欧洲为重点的外交政策，是欧洲煤钢共同体、欧洲
共同体和欧盟、北约的创始成员国。同比利时和荷兰长期保持
经济联盟的合作关系。在欧洲安全问题上，卢森堡坚持在北约、
欧盟和欧安会组织框架范围内，建立欧洲集体安全体系，并致
力于推动欧洲一体化，强调俄罗斯和巴尔干半岛地区对欧洲的
整体安全具有极其重要的影响。在与亚太国家交往中，卢森堡
重视和积极发展与亚太地区国家的经济贸易合作事项，积极推
动欧亚国家和地区之间的政治对话，与新兴大国的合作关系日
益增强。在对非洲交往中，卢森堡的主要行动是发展援助，以
达成消除贫困、促进发展、维护安定的良好远景。在对美关系
上，卢森堡认为美国在欧洲事务中应发挥积极作用。目前与卢
森堡建立正式外交关系的国家共有 147 个。

2. 产业优势和劣势

（1）产业结构

世界银行数据显示，卢森堡第一产业占 GDP 比重约为 0.3%，比重较低且呈波动下降趋势；第二产业占 GDP 比重约为 11.6%，主要是由钢铁工业所支撑的；第三产业占 GDP 的比重为 88.1%，金融服务业对 GDP 增长贡献较大。

（2）产业优势

钢铁工业、金融服务业和广播电视业是卢森堡的三大支柱性产业。

钢铁工业：卢森堡在钢铁工业上有着先天优势，其本身就拥有大量的高质量铁矿石资源，且与德国的萨尔煤矿、法国的阿尔萨斯—洛林煤矿接壤，因此卢森堡的钢铁业十分先进。从采矿、冶炼到锻造，卢森堡拥有与钢铁相关的数十个包含以钢铁为基础的衍生工业在内的完整产业链条，特别是在钢铁生产技术和程序研发、相关设施设备的系统设计和制造上处于领先地位，从而发展成了世界上最主要的钢铁国家之一。钢铁业作为卢森堡的传统工业，在其工业领域里占有较大比重，是工业领域中最重要的部门。2019 年卢森堡国内钢铁产量为 222.8 万吨，产值占 GDP 的比重达到了 1.5%。而世界最大的钢铁集团安赛乐米塔尔集团总部设立在卢森堡，粗钢产量超过 1 亿吨，员工人数超 20 万，是位居前列的世界 500 强企业。

金融服务业：卢森堡是世界上最著名的八大金融中心之一，是欧洲最大的基金管理中心，仅次于美国。金融服务业在国内政策推动下，已经成为卢森堡的第一大产业。2019 年，在卢森堡开展业务的上市银行有 127 家，外国银行占比接近 80%，法国巴黎银行、西班牙国家银行、汇丰银行、中国银行和中国工商银行等世界闻名的银行均在卢森堡设立了分支机构。20 世纪 60 年代以来，卢森堡的银行营业额占国民生产总值的比重累计增长达 20 倍，银行所得税占全国公司税收总额的 80%；卢森堡共有 91 家保险公司，其中包括财产保险公司 42 家、人寿保险公司 46 家和综合性保险公司 3 家，另有再保险公司 208 家。这些金融机构组成了卢森堡全面卓越的金融服务网络。

卢森堡作为金融中心，拥有非常发达的证券市场，其最早的证券交易所建立于 1928 年，目前已有上市挂牌交易的证券超过 3.6 万只。世界第一笔外汇债券于 1969 年在卢森堡发行。大量涌入卢森堡债券市场的欧洲货币，全球债权人对卢森堡欧洲债券的青睐与偏好，使卢森堡的证券市场获得了"欧洲债券晴雨表"的称号。同时卢森堡也成为欧洲点心债券发行中心，发行主体主要为欧洲本地投资者。作为欧洲证券上市交易的主要场所，卢森堡证券交易所在全球证券业和投资基金业具有举足轻重、难以动摇的地位。

人民币业务上，卢森堡的离岸人民币业务十分活跃，卢森堡金融推广署的相关数据显示，在中国香港发行以人民币计价的点心债券、人民币合格境外投资者以及人民币投资基金是其最主要的业务，卢森堡投资基金持有的以人民币计价的资产规模超过 2000 亿元，80% 以上是人民币权益性资产。

广播电视业：卢森堡的广播电视业起源于 20 世纪初期，虽然卢森堡国土面积小、人口少，但它是名副其实的广播电视领域大国，这主要得益于自身发展战略的不断调整及国家政策的帮扶。欧洲卫星公司总部设立在卢森堡，其拥有 40 颗卫星，是世界第二大卫星运营商，卫星信号几乎覆盖全球，覆盖率达到 99.99%。

同时，卢森堡政府为实现经济多元化，在吸引互联网企业方面竭尽全力，目前已有亚马逊、Skype、PayPal、Apple iTunes 等全球知名的互联网企业总部搬到卢森堡。同时积极鼓励科技金融、物流运输、空间技术、清洁能源及环保等行业发展。

（3）产业劣势

畜牧业是卢森堡农业的核心业态，畜牧业在卢森堡农业总产值中的比重超过4/5，但农业在该国的国内生产总值中占比不足1%，从业人口占比也不到4%，且农业占国内生产总值的比重不断下降，种植业主要农产品有小麦、黑麦、大麦和玉米，多半由拥有50公顷以上土地的大农场经营，粮食无法自给自足，需要依赖进口。

3. 卢森堡与中国的产业合作

（1）汽车产业

中国的汽车企业一直十分重视产品出口和国际化发展，欧洲市场是中国汽车企业"走出去"战略中非常重要的一环。在欧盟的汽车认证中，卢森堡拥有丰富的认证经验和技术优势，对中国汽车出口欧盟可以提供完善和成熟的认证服务。在汽车业务上，中卢两国具有广泛的合作基础和潜力，卢森堡的汽车零部件制造业享誉全球，能够和中国汽车产业形成优势互补。

（2）银行产业

卢森堡以其全球金融投资中心、拥有银行保密法、税务优惠政策、灵活监管等优势，成为中国许多控股、投资公司及银行的首选注册地，许多中资银行选择卢森堡作为欧洲业务的拓展平台。

随着中欧双方经贸往来越发密切，中国与欧洲的贸易量越来越大，中资银行依靠卢森堡的金融中心地位来开拓整个欧洲业务市场的战略得以实施。卢森堡是欧盟的创始成员国之一，卢森堡的银行业监管充分符合欧盟监管规定要求。因此，中资银行在卢森堡获得牌照之后，就可以在其他欧盟国家开展业务并设立分支机构。此外，每当欧盟出台新的法律法规时，高效的行政部门和金融监管部门也使得卢森堡能够第一时间响应，将其及时纳入本国的监管体系，在反馈速度和办事效率上十分有优势。

比如前身为中国工商银行卢森堡有限公司的工银欧洲，便与卢森堡合作，利用单一护照制的监管优惠政策，在巴黎、米兰、阿姆斯特丹、布鲁塞尔和马德里等地均设立了分行，方便工商银行拓展欧洲业务。同时，由于伦敦逐步提高了银行准入门槛，加大了对银行准入的监管力度，因而许多中资银行选择转移到卢森堡，利用卢森堡的政策优势开展欧洲业务。

（3）人工智能产业

与世界 AI 领域发展同步，中国企业和 AI 技术近几年开始崛起，政府投资持续推动，市场不断扩大，相关企业也开始"走出去"和国外企业合作，在 AI 领域进行更深一步地挖掘和探索。

2018 年，卢森堡国家产业中心——LHOFT 理事会吸纳了深兰科技（Deep Blue）作为合作伙伴，这是 LHOFT 选择的唯一一家人工智能企业。深兰科技拥有多家世界级 AI 实验室，英特尔人工智能联合实验室是其中的知名代表。通过合作伙伴关系的建立，深兰科技和卢森堡国家实验室联合成立了"深兰欧洲人工智能科学研究中心"，主要围绕自动驾驶、机器人、区块链和金融数据等多领域进行研究工作。卢森堡经济发展局对该研究中心及下属的联合实验室均有所资助。相关合作研究，既符合欧洲数据安全发展的趋势，也为中国的 AI 企业打开欧洲市场提供了便利。

（4）教育及文化产业

2018 年复旦大学与卢森堡大学共同建设成立了孔子学院，并且在数字经济与法律研究等领域建立了学术联系，共同合作的"抗疫系列讲座"也为两校医学合作奠定了基础。正式对外开放的孔子学院图书馆，也成为卢森堡普通民众了解中华文明和汉语的重要渠道，中卢两国学者持续通过交流合作保持共赢，共同致力于发展前沿学科。

卢森堡语言文化中心不仅仅教授和传播语言，更是传播中华文化的精华；卢森堡中国文化中心与卢森堡国家戏剧院保持密切联系，中外艺术家在诗歌朗诵、器乐演奏、舞蹈、书画等方面保持着密切联系。文化艺术的力量巨大，能够温暖人心，联结心灵，中卢两国通过文化产业合作，能够促进两国文化交流，求同存异、美美与共。卢森堡文化和旅游部国际交流与合作局与卢森堡中国文化中心深入合作，开展线上线下活动，为中卢两国文化交流、增进互信做出了巨大贡献。

（5）航空货运产业

"郑州—卢森堡"国际货运航线是中卢两国航空货运产业合作的典范。2014年1月，河南民航发展投资集团对卢森堡货航发起收购，得到了其35%的股权，由此架起了"郑州亚太物流中心、卢森堡欧美物流中心"双中心，横贯亚欧、连接中欧、覆盖全球的"空中丝绸之路"。

郑卢"空中丝绸之路"建立后，效果突出、潜力巨大。一方面充分利用河南对外开放的政策优势；另一方面充分发挥卢森堡飞行签证中心的区位优势，有效推进了两地间直飞、包机航班的建设工作。依托"空中丝绸之路"，通过航空货运促进商贸往来，对加深两地在物流、金融、高端制造、跨境电商等产业的合作发展具有积极作用，促进了两地从互联到互通，使郑卢"空中丝绸之路"形成了引领中部航运、服务全国联通、辐射世界市场的发展格局，未来将进一步推动两国在更多领域、更广地域、更高质量和更高层次上进行合作，推进"一带一路"倡议实施落地。

4. 未来可能的合作

（1）绿色金融产业

卢森堡财政部皮埃尔·格拉美亚部长认为中国在发展绿色金融方面走在世界前列，而卢森堡金融地位十分特殊，具备较强的专业优势，两国可以在该领域加强合作，有望在合作中引领全球绿色金融发展。

卢森堡证券交易所上市的绿色债券占全世界绿色债券的50%左右，但仅占全球债券发行总量的2%。绿色债券年增速达20%，由此可见绿色债券增长潜力巨大，而中国发行的绿色债券涉及清洁交通、可再生能源及污染防控防治等多个领域，许多投资人尤其是大型投资机构都愿意考虑绿色、可持续的投资方式以规避传统能源的负面影响，而卢森堡在今后的资产配比中也会更加关注这些方面，在经济效益方面能达到更好的前景。中卢金融机构可以加强合作，共同挖掘绿色债券的市场潜力。

（2）金融科技产业

中国在金融科技领域的发展已经领先全球，支付宝、微信等支付方式影响力显著。卢森堡金融科技中心是卢森堡财务部、经济部、国务部以及13家私企为推动金融服务行业技术创新而设立的一个公私合营机构。中国的金融科技企业的发展战略及国际布局与卢森堡国际金融中心战略相吻合，中卢双方加强在金融科技领域的合作，既有利于中国拓展卢森堡市场，也有利于为卢森堡高成长潜力科技公司提供更好的资源对接服务，为卢森堡成为欧洲范围内的金融科技发展及资源配置中心提供机遇。

（3）饮品产业

2021年卢森堡驻华大使在湖北访问时，品尝了湖北诸多品种的茶叶，并大为赞赏，对于外国友人而言，中国的茶文化一直是神秘又令人神往的。卢森堡驻华大使致力于促进卢森堡商人与湖北茶农、茶商之间的联系，希望能够通过茶产业促进两国交流互通。

卢森堡的葡萄酒也享誉全球，在促进中国茶叶销往卢森堡的同时，也可以考虑和卢森堡的葡萄酒庄园加强产业合作，通过卢森堡葡萄酒周的宣传，将卢森堡的葡萄酒引入中国，更进一步地加强中卢两国在各自的强势饮品领域的交流，让中国的茶味道走进卢森堡，让卢森堡的葡萄美酒打开中国市场，互通互鉴、实现共赢。

（四）阿联酋：中东新能源合作示范地

1. 国家概况

在2020—2021年"一带一路"投资友好指数测算中，阿拉伯联合酋长国总指数为33.22，名列共建"一带一路"国家第6位，其中宏观环境友好指数为19.23，人力资源友好指数为31.85，基础设施友好指数为38.63，制度环境友好指数为48.40，金融服务友好指数为31.48。

表8.6　　阿联酋"一带一路"投资友好指数及分指标得分

	投资友好指数	宏观环境友好指数	人力资源友好指数	基础设施友好指数	制度环境友好指数	金融服务友好指数
得分	33.22	19.23	31.85	38.63	48.40	31.48

位于阿拉伯半岛东部的阿拉伯联合酋长国，北临波斯湾，拥有长734千米的海岸线。其西部和南部国境线与沙特阿拉伯接壤，东部与阿曼相邻。阿联酋总人口为950万人，外籍人口占比接近90%，主要来自印度次大陆、北非和中东地区。该国的主要信仰是归属逊尼派的伊斯兰教。官方语言是阿拉伯语，英语在该国较为通用。阿联酋以丰富的石油和天然气资源享誉全球，其石油和天然气储量均居全球第6位，已探明约150亿吨石油储量、7.7万亿立方米天然气储量。石油生产和石油化工工业是其支柱产业，使阿联酋成为世界上最富裕的国家之一。近年来，发展多元经济、扩大贸易、鼓励创新和增加非石油收入比重是该国政府的首要任务，水泥、炼铝、塑料、建材、服

装、食品加工等产业得到有效发展，农牧渔产业也受到了高度重视。该国重视发展文教和卫生事业，大力发展以信息技术为核心的知识经济，在可再生能源研发上也进行了巨大投入。通过多年发展经营，阿联酋已逐步成长为中东地区的金融、商贸、物流、会展和旅游中心，成为中东地区重要的商品集散地。2020 年阿联酋的 GDP 总额为 3606 亿美元。

（1）自然资源优势

能源：阿布扎比酋长国拥有阿联酋超过 95% 的石油和天然气储量。石油和天然气储量均居全球第 6 位，已探明约 150 亿吨石油储量、7.7 万亿立方米天然气储量。硫黄、镁、石灰岩等也是该国的主要矿产资源。

植物：椰枣树是阿联酋最具代表性的经济作物，全国种植规模超过 4000 万棵，椰枣年产量达 100 万吨，共有 120 多个品种。

水产：得益于毗邻波斯湾的优越区位，该国水产资源也较为丰富，盛产珊瑚、珍珠，已发现鱼类和海洋生物多达 3000 多种。

（2）战略交通要道

杰贝阿里港：世界最大的人工港，码头长达 15 千米，拥有 67 个泊位，其配套设施和服务达到世界一流水平。杰贝阿里港 2 号码头于 2013 年完工后，该港口形成了高达 1500 万标准箱的年吞吐能力。迪拜环球港务公司（DP WORLD）官方网站数据显示，杰贝阿里港 2018 年吞吐量为 2210 万标准箱。作为中东北非地区的第一大港，目前该港口的集装箱吞吐量稳居世界前 10。

哈利法港：阿布扎比最大的商业港口，已成为阿布扎比的主要货运港。目前，哈利法港口吞吐量为 250 万标准箱和 1200 万吨一般货物。

迪拜国际机场：始建于 1960 年，经历过多次扩建以达到当前的巨大规模。2019 年迪拜国际机场接待旅客 8640 万人次，2020 年受新冠疫情影响严重，迪拜国际机场接待旅客 2590 万人次，同比下降 70%。2021 年开始恢复，接待旅客 2910 万人次。目前，该机场日起降约 500 架次，已成为世界第二繁忙机场，到 2025 年，预计年旅客数量将突破 1 亿人次大关。

阿勒马克图姆国际机场：迪拜第二座国际机场，计划打造成为世界上最大的客运和货运枢纽。由于多方面因素干扰，至今尚未完全完工。全部完工后，拥有 5 条跑道和 4 座航站楼的阿勒马克图姆国际机场，将提供 1.6 亿人次的年客运能力和 1200 万公吨的年货运能力。

（3）国际关系

阿联酋长期以来奉行的外交政策是中立、不结盟、睦邻友好，长期主张国家和地区争端应当通过和平协商方式解决，始终是维护世界和平的积极参与方。阿联酋自独立以来，一方面强调同英国、美国等西方国家加强联系、保持交往关系，另一方面也重视通过阿拉伯、伊斯兰和不结盟运动等多边机制来发展同第三世界国家的友好关系。随着亚太地区在全球事务中发挥着越来越重要的作用，阿联酋也在积极实施"东向"政策，着力发展同中国、日本、韩国等亚洲国家的经贸、政治等国家间合作交往关系。在该国所处的海湾地区，阿联酋主张各海湾合作委员会成员国之间应加强团结合作，发挥海湾国家在全球事务中的积极力量。

中国：阿联酋自 1984 年同中国建立正式外交关系以来，两国关系友好发展，领导人保持密切交流和互访。近年来，中阿关系快速发展、合作交流日益紧密。2018 年 7 月，中国国家主席习近平对阿联酋进行了历史性首次访问，两国的全面战略伙伴关系得以建立，阿联酋也是首个与中国建立战略伙伴关系的海湾阿拉伯国家。

美国：两国关系较密切，在地区稳定及反恐立场上双方保持高度一致。

英国：英国在历史上曾经是阿联酋的宗主国，在阿联酋独立后，两国之间仍保持着传统的交往关系。

伊朗：阿联酋同伊朗关系"政冷经热"。一方面在涉及宗教、民族、地区重大利益以及"三岛"领土问题方面，两国互有纷争；另一方面，在伊朗因核危机遭受制裁时，阿联酋作为贸易枢纽，为伊朗正常商品进出口发挥了极其重要的贸易中转作用。

沙特阿拉伯：阿联酋和沙特阿拉伯同属阿拉伯国家，政治、经济、军事等方面合作广泛。两国同为逊尼派君主国，同为海湾阿拉伯国家，同为石油输出国组织，同为海合会成员，关系密切。

2. 阿联酋与中国产业合作情况简述

2012 年，中国同阿联酋正式建立国家间的战略伙伴关系，阿联酋也是首个同中国建立战略伙伴关系的海湾阿拉伯国家。阿联酋多年来积极响应"一带一路"倡议，作为创始成员国，积极推动建立亚洲基础设施投资银行。目前，中国是阿联酋的最大贸易伙伴，阿联酋也是中国在阿拉伯地区第一大出口目的地和第二大贸易伙伴。

两国在经济上的差异与互补性，以及在经济发展路径上契合的共同利益，成为两国坚实合作成果与未来光明前景的基础。一方面，中国的能源需求为阿联酋经济的传统支柱油气产业提供了广阔的市场；另一方面，阿联酋于 2017 年推出了第四次工业革命战略（4IR），计划未来不再局限于资源导向型发展，逐步摆脱对油气产业的依赖性，谋求经济结构转型升级、发展多元经济，将人工智能、可再生能源、空间技术、核电、数字经济、生物科学、通信等领域作为未来经济发展的新方向，这同样是中国在产业结构调整与经济转型升级中重点规划的发展领域。

当前，中资企业在阿联酋投资兴业势头良好。一方面积极参与到阿联酋的优势油气产业、大型基建、通信产业、金融经贸等传统产业发展之中，另一方面也在积极开拓阿联酋的新能源、高新技术、新兴产业等新市场。在阿联酋设立公司或办事处的中国企业已超过4000家。中国商务部提供的数据显示，中国对阿联酋的直接投资流量在2019年已经达到12.07亿美元，中国对阿联酋直接投资存量截至2019年年底累计达76.36亿美元。主要合作项目包括：Al Yasat石油作业公司，由阿布扎比国家石油公司和中石油国际公司合资成立；阿布扎比哈利法港2号码头，中远海运通过收购取得了该码头的运营权；海陆石油合作开采，阿布扎比陆上石油区块中，中石油和振华石油分别拥有8%和4%的股权收益，阿布扎比海上石油区块中，中石油则掌握着两个区块各10%的股权收益；通信数据领域，华为与阿联酋国家电信公司成为战略合作伙伴关系并成为电信主流供应商，阿里巴巴与迪拜米拉斯集团合作成立合资公司Yvolv，并合作进行对迪拜数据中心的建设开发工作。

3. 产业优势与劣势分析

（1）产业优势

2018年油气部门占GDP的比重为25.9%，批发零售业占比11.2%，金融服务业占比9.2%，制造业占比8.9%，建筑业占比8.3%。石化、航空、转口贸易、金融、炼铝、服装制造等产业成为阿联酋本国的优势产业。

石油业：阿联酋的石油资源丰富，石油生产在其经济中长期占据核心位置。阿布扎比酋长国是该国主要石油生产地，按已探明的石油储量与目前的开采量计算，阿布扎比的石油生产还可持续120年，即目前的石油生产正处在成熟期。2019年，受OPEC与减产协议限制，阿联酋石油产量约为每天260万桶。根据阿布扎比国家石油公司的长期规划，有望在2030年前实现日产500万桶的石油生产能力。

塑料工业：阿联酋丰富的石油资源同样为石化产业发展奠定了基础。1998年11月，阿布扎比国家石油公司和丹麦北欧化工公司合资设立了博禄公司，截至2017年年底，该公司产能已达450万吨，成为全球最大一体化聚烯烃生产基地。2017年，阿布扎比在塑料行业共投资超过约556亿美元，设立塑料工厂201家。

炼铝业：在阿联酋的非石油产业中，炼铝是其主要产业之一。迪拜铝业和酋长国铝业在2013年6月合并成立的阿联酋环球铝业集团是目前全球第四大的铝业公司。2017年该部门为阿联酋提供了60950个就业岗位。2021年，阿联酋成为首个采用太阳能制铝的国家，第一年足以生产40000吨铝，成为阿联酋铝业的又一突破与里程碑。

航空业：依托阿联酋在中东地区的区位优势，在全球航空业疲软的情况下，阿联酋依然保持了良好的发展势头，过去十年间该国民航总局收入持续呈上升趋势。据阿联酋方面统计，2018年阿联酋各机场共接待达1.29亿人次的航空旅客，其中迪拜国际机场成为全球国际旅客最多的机场，共接待旅客9460万人次。2019年10月《阿拉伯商业周刊》消息显示，阿联酋航空业有13.3%的GDP占比，市场规模达到474亿美元，创造就业岗位接近80万个。2020年阿联酋航空业受新冠疫情影响严重，迪拜国际机场接待旅客2590万人次，同比下降70%。

纺织服装业：纺织服装业是阿联酋第二大出口产业，占到阿联酋GDP的10%。阿联酋也是世界主要的纺织市场之一。迪拜酋长国拥有阿联酋国内最大的纺织产业，其年产值达24亿美元。据中国商务部数据估计，迪拜目前拥有4家纺织厂、300余家成衣厂、近600家成衣批发商、9000家零售商及超过13000家服饰店。

金融业：阿联酋金融体系较为完善。2004年，全球最年轻、完全实现自由化的迪拜国际金融中心在迪拜建立，在这里开展业务的大型跨国金融机构包括德意志银行、瑞士信贷、摩根士丹利、美林等知名金融机构。在迪拜国际金融中心注册的业务活跃公司在 2019 年年底已经达到 2437 家。迪拜已经快速成长为全球第六大国际金融中心。

转口贸易业：世贸组织（WTO）表示阿联酋迪拜港已经成为全球第三大转口中心，仅次于新加坡和中国香港。多年来，迪拜的非石油贸易占比已超过 97%，其中转口贸易占 27.6%，迪拜作为地区和国际"中转站"的地位凸显。2016—2018 年三年阿联酋转口贸易总额约 2834 亿美元，占贸易总额的 25%。

（2）产业劣势

阿联酋作为石油和天然气资源都很丰富的国家，与其他产油国相似，其经济发展模式以出口石油为主。阿联酋以石油出口为核心的经济发展模式决定了其本国经济强烈的外向型特征，经济结构上对外经济的高度依赖，使其对外依附性极强。

从资本积累上看，石油出口及由石油出口衍生的相关海外资产是阿联酋经济发展的资本主要来源。

劳动力供给上，外籍劳工是阿联酋劳动力资源的主要来源。

工业品、消费品供给上，绝大多数技术设备和消费品都需要从国外进口，甚至石油相关的部分产品和石油生产也强烈依赖于国际市场提供的相关资源。

这种经济发展模式使得阿联酋在对外经济、国际贸易发展快速成熟，资本积累速度较快的同时，也更容易受到来自全球市场和外部经济环境的冲击与影响。

2008 年国际金融危机就是一个典型冲击。这场金融危机，一方面导致该国外资短时间内集体出逃、大型项目资金链迅速破裂，另一方面阿联酋主权财富基金持有的资产也在短时间内遭遇了大幅缩水的资产贬值危机。

与此同时，该国旅游、贸易等行业需求受国际金融危机冲击大幅下滑,这种低迷的经济状况也令其房地产和信贷业务发展受阻。因此在阿联酋投资,需要对国际市场波动导致的风险进行细致的评估,对经济波动保持高度的敏感性,做好风险管理与预防。

中东地区一直以来都饱受日益增长蔓延的恐怖主义威胁,虽然阿联酋国内社会环境相对安全,政治环境较为稳定,但中东地区的安全风险日益提升,仍然对阿联酋的经济发展和国家安全产生了较大的冲击与威胁。阿联酋的包容性和外向型经济政策塑造了阿联酋在海湾地区独特的竞争优势,但这一开放便利的市场机制在为阿联酋带来繁荣经济的同时,也成为国际恐怖分子跨境犯罪、走私贩毒、筹集恐怖主义资金的渠道和工具,威胁着阿联酋的国内安全和国际声誉。

在国际关系中,由于阿联酋对美国的积极态度,使得阿联酋丧失了长期保持的中立地位。在美国、以色列与伊朗敌对关系不断激化的背景下,阿联酋很可能在这一国际冲突中受到波及,并因此卷入地区争端,而周边国家冲突的扩大化,使得其国内遭受影响的可能性不断加剧,并可能使得阿联酋投资环境的不确定性进一步恶化。

当前,作为阿联酋最古老的生产行业之一的水泥业,其发展遭遇了包括产能严重过剩、成本急速上升、进口产品竞争激烈、环保标准差异大等在内的多重困难。首先是产能严重过剩。目前该国水泥年产量为 4200 万吨,但国内年需求仅有 1200 万吨,近 3000 万吨的年产量沦为过剩产能。且本地水泥厂大多只拥有一条生产线,工厂产能难以调整,而人力成本上升又使得暂停生产难以实现,如此困境下,本地水泥厂纷纷推迟甚至停止了自身的扩建计划。其次是成本急速上升。一方面是熟料生产成本受天然气价格上升影响剧烈,另一方面水泥整体成本也受到了电力价格上升影响而持续走高。然后是进口产品竞争激烈。2014 年,该国进口了 20.1 万吨水泥,本地水泥生产商认为这导致本地水泥需求下降，主要来自进口水泥带来的恶性价格竞争。最后环保标准差异大也对其水泥业造成了较大的消极影响。在替代能源的使用以及环保标准执行力度上，本地的水泥生产商存在较大分歧，因环保设备的采购规模的不同而使得生产商再投资出现差异，扰乱了产业正常的发展秩序。

房地产与建筑业：阿联酋的房地产业在该国经济发展中有着重要作用，但2008年国际金融危机令阿联酋的房地产业务发展受到重创。危机后，阿联酋房地产与建筑业也随经济恢复进入复苏轨道。然而，当地房价与租金趋势在2014年年末由于经济不景气与市场供给大幅上升而开始全面下降，经历了连续6年的下跌仍表现十分低迷。直至2021年才开始出现反弹，至2022年真正步入正轨。

4. 未来可能的进一步合作

作为海湾国家中最为重要的商贸金融物流中心，阿联酋在发展中国家的经济多元化发展中独树一帜。在全球排名中，其全球竞争力、创新营商环境名列前茅。作为共建"一带一路"天然合作伙伴，中阿经贸合作前景广阔、潜力巨大。

（1）能源产业投资机会

国际油价持续长期疲软，碳排放问题越来越受到各国重视，近年来各国在替代性能源和新能源的研究开发和实际应用领域得到了突破性进展，世界工业对石油的依赖在逐步减少，因此资源强势有所削弱，投资机会好。但中国经济体量大、对能源需求大，仍需要大量进口。

（2）高新技术产业投资

阿联酋摆脱石油产业依赖，发展非石油经济，着力推动经济多元化的愿望强烈。近年来，该国政府持续对旅游业、高端制造业及基础设施保持高强度的资金投入和政策支持力度，2017年，阿联酋推出了阿联酋版第四次工业革命战略（4IR），关注的重点发展领域包括创新性教育、机器人医疗、生物工程科学、可再生能源技术、数字经济、区块链技术、无人驾驶技术、3D打印、由集中式发电转型为分布式发电、开发空间探索和相关技术等。阿联酋期望通过实施4IR战略，巩固和确立阿联酋在全球第四次工业革命中的中心地位，将科技创新和发展未来科技打造成提升工业经济贡献、促进经济持续发展的核心增长力量。

阿联酋致力推进国家先进创新战略和迪拜3D打印战略，改造制造业的未来，在人工智能领域已经启动了多项举措，包括设立世界上第一位人工智能部长等。这些与中国当下人工智能、数字经济等领域的快速发展不谋而合，双边有很大的合作空间。

（3）纺织服装产业

近年来，纺织服装行业在阿联酋迅速增长，这得益于阿联酋低廉的外籍劳工成本、通达世界的交通条件和完善的基础设施建设，欧美以及周边海湾国家是该国纺织业主要出口目的地。迪拜对纺织面料和制品的需求旺盛，超过115亿美元/年，是该国主要的纺织业生产基地，相关市场具有庞大且长期的发展潜力。自1978年改革开放以来，中国在纺织服装加工方面有着丰富的发展经验，在进入阿联酋市场中，具有先进成熟的技术优势和量大质优的产品竞争力，中阿两国在纺织服装业具有广阔的合作前景。

（4）汽车产业

阿联酋作为世界上最富裕的国家之一，拥有庞大的汽车消费需求和巨大的汽车消费市场潜力。这一方面得益于阿联酋较高的收入和生活水平以及低廉的燃油价格，也得益于阿联酋缺少铁路运输系统和完善发达的公路交通基础设施。同时，阿联酋拥有大量的外籍劳工，国内贫富分化十分突出，这些大量的低收入外籍劳工也存在大量的汽车出行需求。因此，一方面近年来快速发展的中国新能源汽车和中国高端汽车能够契合高收入人群的汽车消费需求；另一方面价廉物美的中国中低端汽车也能满足低收入劳工的出行需求，符合阿联酋汽车消费市场需求，在阿联酋具有显著的竞争力。以此为契机，中国可以更好地实现新能源汽车"走出去"。

（5）建材业产能合作

近年来阿联酋快速增长的商贸业、旅游业和金融服务业助推了其高速发展的城市化进程。高速的城市化使得阿联酋开展了大量的大规模建筑项目和基础设施建设，以钢铁、铝材、水泥、塑料、五金器件为代表的建筑材料需求旺盛。该国政府和企业对当地的建材和建筑业投入了大量资金，在建筑机械、建筑工程设备、工程用车及汽配件等领域产生了广阔的市场需求。这些大型工程项目的建设在未来将持续相当长的一段时间。因此该国的建材批发零售市场潜力巨大，具有较大的发展空间。中国建材以高质量低价格的特点在全球建材市场广受青睐，在阿联酋市场也同样极富市场竞争力。中国企业应当抓住这一时机，同阿联酋相关项目、产业和企业深度对接、加强合作，推动中国建材更好更多地进入阿联酋市场。

（五）新西兰：澳新合作新基地

1. 国家基本情况

在2020—2021年的"一带一路"投资友好指数测算中，新西兰总指数为31.60，名列共建"一带一路"合作国家第7位，其中宏观环境友好指数为14.90，人力资源友好指数为32.65，基础设施友好指数为26.47，制度环境友好指数为35.53，金融服务友好指数为50.51。

近年来，大洋洲最大的国家澳大利亚站在了反华急先锋的位置，严重影响了中澳关系，中澳经贸往来受到了严重制约。与澳大利亚相反，新西兰从本国民众福祉出发，加大与中国的合作，中新经贸往来得到了新的发展，成为中国与大洋洲合作的新典范。

表8.7　　　　新西兰"一带一路"投资友好指数及分指标得分

	投资友好指数	宏观环境友好指数	人力资源友好指数	基础设施友好指数	制度环境友好指数	金融服务友好指数
得分	31.60	14.90	32.65	26.47	35.53	50.51

（1）国家介绍

新西兰位于太平洋西南部，西部与澳大利亚隔着塔斯曼海相望，两国相距1600千米。新西兰分为南北两地，南、北两岛被库克海峡相隔。其领土以库克海峡分隔，由北岛、南岛及一些小岛组成。北岛与斐济、汤加相望，南岛则邻近南极洲，北岛拥有首都惠灵顿以及最大的城市奥克兰。新西兰以山地丘陵地形为主，平原面积较小，平原占比不足25%。新西兰的水利资源非常丰富，但是河流短而湍急，航运不便。新西兰南岛的特色地貌是冰河与湖泊，其北岛则以火山和温泉而闻名于世。库克峰是新西兰的最高峰，位于南岛，海拔3754米。新西兰拥有约1.5万千米的海岸线，属温带海洋性气候，冬季平均气温10℃左右，夏季则在20℃左右。平均年降水量600—1500毫米。

新西兰素有"长白云之乡"和"百分百纯净国度"之称。通过影响深远的《阿凡达》《指环王》等电影，新西兰优美而独特的自然风光为全球观众所知并深深为之迷醉。新西兰的多个国家形象享誉全球：毛利文化独具特色、葡萄酒香郁醇厚、乳制品质量上乘、猕猴桃多样质优。

毛利人最早在14世纪前后来到新西兰岛定居生活。从1642年开始，进行环球地理探索的荷兰人和英国人先后抵达了新西兰。新西兰在1840年成为英国殖民地，随后在1907年，英国在新西兰成立了帝国自治领。第二次世界大战结束不久的1947

年，新西兰正式成为拥有完整独立主权的主权国家，但仍然以英国国王为国家元首，并至今保持着英联邦的成员国身份。

新西兰作为高度发达的资本主义国家，经济富裕、社会发展水平较高。世界银行的评估显示，新西兰是世界上最方便营商的国家之一。在该国发展史上，新西兰成功地从以农业为主的农业国和原料出口国转型成为成熟的工业国，并成功打造了具有国际竞争力的市场经济。在全球农产品市场中，鹿茸、羊肉、奶制品和粗羊毛的出口总额长期保持世界首位。新西兰十分重视环境保护，保护区面积占到国土总面积的30%。全国建立的自然保护区和生态区达数百个之多，作为国土面积并不大的一个岛国，新西兰拥有世界遗产3项、国家公园14座以及海洋公园3座。

（2）自然资源情况

煤炭、黄金、铁矿石、天然气是新西兰的主要矿石油气资源，此外也拥有储量不大的银、锰、钨、磷酸盐、石油等资源。已探明3000万吨的石油储量、1700亿立方米的天然气储量和高达150亿吨的地下煤炭储量。

新西兰有丰富的森林资源，30%的全国土地面积都是森林，面积约810万公顷，其中180万公顷为人造林，630万公顷为天然林，主要的产品有原木、圆木、木浆、纸及木板等。

（3）交通情况

①公路

全国公路总里程约9.4万千米，其中，8.3万千米为地方公路，1.1万千米为国家高速公路。新西兰约70%的货运通过公路运输，在全球人均公路里程数榜单中名列前茅。因为新西兰是一个与其他国家完全分离的岛国，自然没有公路线路与其他国家相连通。

②铁路

新西兰铁路总运营里程约4000千米，Kiwi Rail有限公司是新西兰最大的铁路交通运营商——新西兰铁路集团的子公司，负责新西兰全国的铁路经营业务。新西兰铁路最初用于南北岛各主要城市间的货物运输。随着完善的公路系统逐步建立，铁路逐步从单一的货物运输功能转向货运、客运和观光游览多种功能。运送市中心和卫星城上下班往返人员的惠灵顿城铁是目前新西兰使用频率较高的铁路班次，其他地区和线路的在运班次较少。

③空运

奥克兰机场、惠灵顿机场、克赖斯特彻奇机场和皇后镇机场是新西兰对外联络的4座国际机场。奥克兰国际机场是该国最大的机场，每年从这里入境的国际游客占全国入境旅客总数超70%，国际航线覆盖范围包括亚欧美三大洲、澳大利亚及各太平洋国家。前往澳大利亚悉尼、墨尔本和布里斯班的航线是该国最为主要的国际航线，而其余三座国际机场规模都比较小。该国国内航线的运营公司是新西兰航空公司和捷星航空公司。因为新西兰多岛、多山地、多丘陵的自然特点，城市之间均有航线连接，航空系统较为发达。极限运动在新西兰广受欢迎，因此其私人小飞机保有量和私人飞行驾照持有人数，均位居全球前列。在和中国的航空联系上，奥克兰到上海和北京的直航航线分别在2007年和2008年由新西兰航空开通，但奥克兰—北京直航航线因成本原因在2012年7月被迫取消，2014年中国国家主席习近平访新期间，中国国航与新西兰航空签署合作意向书，2015年12月，由中国国航重新开通该航线。2011年中国南航开通广州—奥克兰直航航线，2015年12月开通广州—克赖斯特彻奇直航航线。2015年9月中国东航开通上海—奥克兰的直航航线。中国海航于2016年11月开通深圳—奥克兰直航航线。2017年6月，中国川航开通成都—奥克兰直航航线。

④水运

新西兰港口众多、设施发达，拥有13个主要港口，主要依靠海运运输进出口货物。奥克兰港、陶朗加港和克赖斯特彻奇立特顿港是新西兰前三大港，港口吞吐能力约为4800万吨。此外，新西兰每天有数班轮渡在北岛的惠灵顿和南岛的皮克顿之间往来。

（4）国际关系

新西兰对外交往以保障新西兰主权安全和维护经济利益为根本目的，强调维护世界和平，特别是太平洋地区的和平。在地缘交往中，同澳大利亚和太平洋岛国的关系是新西兰对外政治、防务和经济关系的核心立足点；将亚太地区视作对外关系的优先领域；与欧洲国家保持和维护着良好的传统交往关系；积极发展同拉美国家的政治和经济关系；是美国的传统盟国。在多边合作和交往中，支持和积极参与联合国援助和维和行动，乐于在国际组织中发挥积极作用和影响力；对投资自由化和推动全球贸易持积极态度，重视地区间经济合作。在军事和国家安全问题上，强调维和、援助和防御性军队等多功能的军事建设；以全面销毁核武器为最终目标，主张推动国际核裁军进程；对建立东南亚及南太平洋无核区持支持态度；积极参与国际反恐合作，对伊拉克战争持反对意见，积极支持和参与阿富汗、伊拉克的战后重建工作；在朝核问题上，希望能够通过和平方式解决，反对朝鲜发展核武器。

①同英国的关系

因为殖民历史和移民文化的缘故，新西兰与英国传统联系密切，作为英联邦成员国，新英领导人沟通频繁。但新英经贸关系多年来呈现退步趋势，作为新西兰曾经最大的贸易伙伴，英国目前仅是其第六大贸易伙伴、出口国及第十大进口来源地。据新西兰官方统计，2019年，新英实现了59.22亿新元双边贸易额，其中新西兰完成31.6亿新元出口和27.62亿新元进口。截至2019年第一季度，英国在新西兰投资存量达710亿新元。2019年3月底，英国成为新西兰第5大投资来源国。并且英国是新西兰第四大旅游客源国，2018 年 1—4 月，英国共有 25 万人次到新西兰旅游。

②同澳大利亚的关系

1943 年新西兰与澳大利亚正式建立外交关系。澳新关系在该国外交防务政策中处于优先地位，在政经、社会、安全及国际事务等方面保持着长期密切合作，两国领导人定期会晤，频繁接触。澳大利亚是新西兰最大的投资来源国和第二大贸易伙伴。据新西兰官方统计，2019 年，新澳实现 271.5 亿新元的双边贸易额，其中新西兰实现 131.1 亿新元进口和 141.4 亿新元出口。截至 2019 年第一季度，澳大利亚在新西兰投资存量达 1290 亿新元。2019 年 1—10 月，到新西兰旅游的澳大利亚人达 153 万人次。澳大利亚继续保持新西兰第一大旅游客源国。

③同美国的关系

1942 年新西兰与美国正式建立外交关系。新、美、澳三方于 1951 年共同签订《澳新美安全条约》，由此新西兰成为美国的盟国之一。美国也是新西兰的第四大贸易伙伴和第三大投资来源国。据新西兰官方统计，2019 年上半年，双边贸易额为 190 亿新元，其中美国向新西兰进口 94 亿新元，出口 96 亿新元。2019 年 1—3 月，美国在新西兰投资 74 亿新元。2019 年 1—10 月，美国到新西兰旅游 36 万人次，数量仅次于澳大利亚和中国，是新西兰第三大旅游客源国。

④同欧盟的关系

同欧盟的交往是新西兰对外交往中的重要外交关系。2004 年 3 月，在新西兰外长访欧期间，与欧盟签署了《新欧深化关系协定》。新西兰官方数据显示，2019 年新欧之间实现了 239.26 亿新元贸易总额，其中新西兰实现了 90.58 亿新元出口和 148.68 亿新元进口。欧盟已经成为仅次于中国和澳大利亚的新西兰的第三大贸易伙伴。

⑤同中国的关系

自 1972 年 12 月 22 日建交以来，中新关系发展较为顺利，两国领导人长期保持着良好沟通、友好接触和频繁互访。

2. 目前与中国的产业合作简述

中国同新西兰的经济结构存在天然的互补优势。中国对新出口商品包括机电、服装、玩具等传统优势工业制成品。同时又从新西兰进口了大量农牧初级产品以满足中国国内市场需求。近年来，新西兰贸易平衡状况改善的重要原因之一是对中出口的快速增长。特别是 2008 年《中国新西兰自由贸易协定》（以下简称《中新自贸协定》）生效后，中新双边贸易进入了高速增长期。同时，在国际金融危机爆发的背景下，中新两国互补的经贸关系也经受住了严峻考验。目前，中新两国的经贸关系可以说是处在历史的最好时期。

货物贸易上，2016 年 1 月 1 日起，新西兰对中国进口产品实施零关税；2019 年 11 月双方完成升级谈判，2021 年 1 月 26 日双方签署议定书；中国从新西兰进口的 97% 商品实施零关税；2021 年 11 月，新西兰正式批准 RCEP，中新贸易走上一个新台阶。服务贸易上，新西兰对中国做出高于 WTO 的承诺，涵盖了商务、建筑、教育、环境 4 大部门的 16 个分部门；中国也对新西兰做出了高于 WTO 的承诺，包括了商务、环境、体育娱乐、运输在内的 4 大部门的 15 个分部门。

此外，在投资、合作、海关、透明度、人员流动、检验检疫、知识产权等方面，2008 年的《中新自贸协定》也做出了一系列旨在实现自由化、便利化的安排或制度性规定。中新两国在 2016 年 11 月正式启动中国—新西兰自贸协定升级谈判。经过七轮升级谈判，在 2019 年 11 月 4 日自贸升级谈判正式宣布结束。此次升级谈判，新增了电子商务、环境与贸易、竞争政策和政府采购等章节，并对原有的海关程序与合作、原产地规则及技术性贸易壁垒等章节进行了升级，还在服务贸易和货物贸易市场准入、自然人移动和投资等方面做出了新的承诺。

两国双边货物贸易增长稳定。中国海关数据显示，2019 年中新两国实现了 182.9 亿美元的双边贸易总额，同比增长 8.5%；其中，中国实现 57.4 亿美元出口，同比略降 0.7%，实现 125.6 亿美元进口，同比大增 13.3%。中国作为新西兰第一大贸易伙伴、第一大进口来源地及第一大出口市场地位长期稳定。

新中两国合作由来已久，科学和创新上的合作是两国关系的重要部分。过去两国主要在农业和园艺方面合作，但近几年，合作扩展到了广泛的一系列科学领域：水文、环境、食品安全及保障、生物化工、药物研发、计算机科学、数据建模、先进材料以及取证学。

近些年来，中国已成为新西兰科技创新的主要国际合作伙伴。2018 年 3 月，两国签署了一个五年计划，共同支持四个重要领域上的合作：食品科学、生命科学和生物医学、环境科学及先进技术。

在食品科学方面，2019 年，中国农业农村部食物与营养发展研究所先后对新西兰初级产业部奥克兰办公室、安硕（Asure Quality）实验室、MilkTestNZ 实验室、恒天然集团巴氏杀菌乳、UHT 灭菌乳、发酵乳生产工厂以及牧场等进行了学术交流和考察，并与梅西大学（新西兰中国食品保证交流网和新西兰食品安全科学研究中心的主办方）签署了研究和教育领域合作谅解备忘录，中新双方将加强在食物营养领域的交流与合作，扩大中国食物营养在世界的影响力。此外，新西兰还建立了三个新—中研究合作中心，分别在食品安全、水研究和非传染性疾病三个领域开展合作研究。这三个研究中心还负责组织新西兰各高校的对外合作，以最大化它们与中方的合作。

在生命科学和生物医学方面，中国国家自然科学基金委员会（NSFC）与新西兰健康研究理事会（HRC）达成的科学合作谅解备忘录显示，2020 年双方拟继续共同资助中新两国科学家在生物医学领域开展创新研究与合作。合作的领域包括代谢疾病、抗生素耐药性、脑健康和呼吸系统疾病等。就开发新的数据采集、特征描述和分析方法，开发新的或个性化的预防、诊断和管理方法，理解优先资助领域相关的基础和病理生理学机制，降低共同风险因素影响，以及传统医药在治疗中的作用等开展研究。中国还开展了科学家交换项目（Scientist Exchange Programme），资助最多十位科学家一同前往对方国家进行研究。目前，中国已资助了 126 位科学家。

在环境科学方面，中国环境科学研究院与新西兰皇家科学院环境科学研究院（ESR）在两国总理见证下签署了合作备忘录，在污水处理、农业面源污染治理等方面开展了良好交流和务实合作。近年来中国政府对生态环境保护工作高度重视，生态环境保护取得了显著成效，环保产业势头良好，在现有合作基础上，中新双方有能力、有潜力在更多环境保护领域开展更深层次的合作和联合研究。

新中两国的科技创新优势是互补的。中国在"硬科学"和工程领域非常有优势，而新西兰在生物、环境科学以及人文领域有优势。新中两国科技合作的广度决定了两国丰富的科技政策。2018 年 3 月，新西兰和中国签署了一份五年计划。两国将对之前提到的四个重要科学领域提供研究资金，并要求两方的科学家都参与到研究活动中。

3. 产业优势劣势分析

（1）优势产业

①乳制品业

新西兰的乳业在国民经济中占据举足轻重的地位。全国有超过 1.2 万个牧场，牧场 80% 集中在北岛，总面积达 1100 万公顷。截至 2019 年 6 月，全国奶牛存栏量 630 万头。新西兰出口以奶粉、黄油、奶酪和奶油等为主的乳制品。新西兰最大的企业——恒天然（Fonterra）集团是全球第一大乳制品出口企业和第四大乳制品生产企业。该国乳业总产值的25%由外资企业创造，投资者来自全球60多个国家和地区，说明其整个食品与饮料行业开放度高。中国是新西兰第一大乳制品出口市场。

②畜牧业

新西兰传统优势产业是畜牧业。按出口总额统计，新西兰是世界第12大农产品出口国，截至2019年6月，全国的羊存栏数达2680万只，牛存栏数达1020万头（其中，奶牛有630万头，肉牛有390万头），鹿存栏数达81万只。位居世界第一的羊肉、鹿肉和乳制品出口是新西兰的传统优势产品，贡献了全球贸易额75%的羊肉出口和50%的鹿肉出口。此外，还贡献了全球贸易额27%的羊毛出口，仅次于澳大利亚。

③林业

作为世界第二大针叶原木出口国的新西兰，其原木产量虽然仅占全球的2.3%，但针叶原木出口规模占据了全球贸易14%的份额。该国陆地面积中有30%是林地，约有810万公顷，包括630万公顷天然林和180万公顷人工林，主要林木品种是辐射松。中、韩、澳、日、美、印尼和中国台湾地区是其主要出口目的地，出口产品以原木、木浆、纸及木板等为主。

④旅游业

新西兰是享誉全球的知名旅游目的地国，2015年，旅游业首次超过乳制品业，成为该国最大的出口收入来源产业。新西兰政府旨在提高新西兰旅游业的竞争力，推出了"2025旅游计划"，从而推动旅游业在2025年实现410亿新西兰元的收入。据新西兰商业、创新和就业部预测2018—2024年旅游业发展情况，预计来新游客年均增长率为4.6%，到2024年达510万人次，这些游客在新西兰支出将达到148亿新元。

⑤教育业

新西兰拥有全世界顶尖的教育体制。新西兰教育机构众多、结构完备，目前在全国开设有国立中小学 2800 余所、大学 8 所、技术学院 25 所以及教育学院 5 所。新西兰政府大力实施教育出口战略，打造了全面开放、面向全球的教育市场。在 2008 年国际金融危机之后，为吸引国际学生，新西兰出台了一系列留学生支持政策，如允许国际学生在毕业后直接取得一年的工作签证，因此吸引了大量国际学生前往新西兰留学深造。新西兰教育部数据表明，该国在读的正规高等教育学生中国际学生占比达 15%。

（2）弱势产业

①钢铁等重工业

新西兰向来以无污染、自然风光好和自然资源丰富著称，其重工业并不发达。新西兰因受本国较为严格的环境保护法律限制，又主要以农业产业立国，并且新西兰国内市场较小，地理位置较为隔离，本国并没有发展出较大规模的钢铁和化工等产业。此外，新西兰重工业发展缓慢的主要原因还在于工程师（化学、数学、地理、土木工程、电子、网络等）、汽车电工、柴油电机机械师和电气工等领域面临人才短缺的情况。

②建筑业

在新西兰建筑业中最为突出的是技术工人和粗工的劳动力短缺问题。全球著名人力资源管理集团万宝盛华集团新西兰公司（Manpower Group NZ）发布的 2019 年人才短缺报告（2019 Talent Shortage Survey）指出，2019 年新西兰紧缺领域包括了建筑业（建筑项目经理、工头、测绘师）。与此同时，新西兰的劳动力价格也十分高昂。2020 年 4 月 1 日，新西兰政府上调最低工资标准：成人最低工资为 18.90 新元/小时，初始工作或受训者最低工资为 15.12 新元/小时。新西兰平均工资为 31.84 新元/每小时。雇主必须为每周超出 40 小时或每两周超出 80 小时的工作时间支付最低工资。劳动力的昂贵和短缺、建筑人才的匮乏等因素使得新西兰的建筑业受到制约。

另外，高昂的建筑成本很大程度上也限制了新西兰建筑业的发展。新西兰人口少、市场小、企业规模小、工期长。除木材外，大量建筑材料严重依赖进口，促使了建筑成本的提高。同时，复杂烦琐的建筑施工管理规定、较高的施工技术要求，也导致建筑业发展相对迟缓。

③制造业

由于新西兰用于制造的大部分原材料主要依赖进口，且劳动力成本十分高昂，新西兰也没有非常先进的技术和生产力，因此新西兰的制造业一直处于弱势地位。目前，中国对新西兰主要的出口商品中就包括了大量工业制成品，包括但不限于家具、服装、寝具、玩具、钢铁制品、塑料制品、车辆及零部件等。

4. 未来可能的深入合作

2008 年中新双方签订的《中新自贸协定》正式生效，这份协定极大地促进了两国双边贸易的快速增长和两国经济合作不断深入发展，是中新两国经贸关系的压舱石，也是中新两国深化合作共同发展的助推剂。随着国际贸易规则和全球贸易市场及国际贸易活动的变化与发展，2016 年两国启动自贸协定的升级谈判，这一行动既符合两国经贸关系发展趋势、顺应了国际贸易形势的剧烈变化，也有利于促进大洋洲与亚洲国家的经贸关系、促进亚太地区经济一体化不断深化进步。2019 年两国宣布自由贸易协定升级谈判顺利结束。2021 年 11 月，新西兰正式批准 RCEP，升级后的自贸协定实际比 RCEP 协定更有利于双方深入合作，为中新双方的经贸关系参与方带来更多机遇与经济收益，也在持续促进两国经济关系朝更加紧密、互利共赢的未来快速进步。其作用主要体现在以下几个方面。

第一，进一步消除和打破了两国之间的经贸管理、关税征收、本地行政管理规则和技术性贸易壁垒等行政阻碍和规则壁垒。其中，在木材加工产业方面，增加了中国对自新进口的部分木材纸制品的关税全额豁免，这不但促进了新西兰相关产品对中国的进口增长，还有助于中国相关国内产业的转型升级，节约和保护中国国内木材森林资源。在电器产业方面，中新双方将建立互认专门工作机制。

第二，扩充了自贸协定的覆盖范围，丰富和补充完善了多领域的协定内容。新增的章节补充了关于电子商务、环境与贸易、竞争政策和政府采购等领域的自贸协定内容，在新增服贸和货贸市场准入、促进自然人流动和优化促进双边投资等领域也做出了新的承诺。

第三，贸易便利化相关协定也得到了进一步完善，确定了持续扩大双边开放水平的工作机制。一是在通关手续上进一步简化；二是采用风险管理、信息技术等新技术新方法提升通关服务效率；三是更大程度开放市场准入，通过负面清单持续提升开放水平。

在升级后的自贸协定框架下，一方面促进了一批中资企业进入新西兰市场，在新西兰投资兴业，为当地经济注入新动力、发掘新市场、激发新西兰的市场潜力；另一方面也有效提升了中国对外开放水平，引进更多优质的新西兰商品，提高和满足中国消费者对高质量消费的需求，同时通过双边服务贸易的升级，也将提升中国相关领域服务企业对内和对外的服务水平，提升相关企业的国际竞争力。此外，关于环境保护、环境标准等方面的互认机制和对标规则，也将极大促进中国生态文明建设，促进中国更好实现经济发展与生态保护均衡推进，对全球生态环境治理、解决气候问题等具有积极意义。

（六）东南亚四国（马来西亚、泰国、印度尼西亚、柬埔寨）：友好贸易邻邦

1. 地区相关国家概况

在 2020—2021 年"一带一路"投资友好指数测算中，马来西亚总指数排在了第 8 位，泰国排在了第 19 位，印度尼西亚排在了第 41 位，柬埔寨排在了第 56 位。由于东南亚国家经济联系密切，本报告将这四个国家一并进行讨论。

马来西亚总指数为 31.38，其中宏观环境友好指数为 19.53，人力资源友好指数为 27.64，基础设施友好指数为 26.58，制度环境友好指数为 29.69，金融服务友好指数为 53.02。

泰国总指数为 28.03，其中宏观环境友好指数为 17.36，人力资源友好指数为 32.76，基础设施友好指数为 19.51，制度环境友好指数为 26.97，金融服务友好指数为 47.75。

印度尼西亚总指数为 21.53，其中宏观环境友好指数为 12.54，人力资源友好指数为 42.01，基础设施友好指数为 16.06，制度环境友好指数为 24.25，金融服务友好指数为 24.32。

柬埔寨总指数为 20.04，其中宏观环境友好指数为 12.88，人力资源友好指数为 24.94，基础设施友好指数为 7.93，制度环境友好指数为 15.82，金融服务友好指数为 42.53。

表 8.8　　东南亚四国"一带一路"投资友好指数及分指标得分

	投资友好指数	宏观环境友好指数	人力资源友好指数	基础设施友好指数	制度环境友好指数	金融服务友好指数
马来西亚	31.38	19.53	27.64	26.58	29.69	53.02
泰国	28.03	17.36	32.76	19.51	26.97	47.75
印度尼西亚	21.53	12.54	42.01	16.06	24.25	24.32
柬埔寨	20.04	12.88	24.94	7.93	15.82	42.53

（1）国家介绍

马来西亚国土被南中国海分隔成东、西两部分。西马位于马来半岛南部，与泰国、新加坡、马六甲海峡相邻。东马位于加里曼丹岛北部，邻近印尼、菲律宾、文莱。全国海岸线总长4192千米，国土面积约为33万平方千米，总人口为3275万人，以马来人与华人为主，在具体比例上，马来人占比69.1%，华人占比23%，印度人占比6.9%。经济上，马来西亚以外向型经济模式为主，重点发展产业为电子业、制造业、建筑业和服务业，同时为消除贫困、重组社会，实施"新经济政策"，以马来人和原住民优先，2020年GDP总额为3362亿美元。

泰国总面积为51.3万平方千米，总人口为6880万人，是东南亚第二大经济体，仅次于印度尼西亚。在经济上，由于泰国以出口贸易为重，实行自由的经济政策，较依赖外部市场，尤其是美、日、欧等国家和地区，故该国的对外贸易额也在东南亚位居第二，仅次于新加坡。泰国的工业和服务业占该国国内生产总值比例较大，并以着重聚焦发展电信和新型服务贸易业为目标，提高其竞争力。受新冠疫情影响，2020年泰国GDP同比下降6.1%，为5064亿美元。

印度尼西亚位于亚洲东南部，是全球最大的群岛国家，实际拥有17508个大小岛屿，因此得名"千岛之国"。印度尼西亚是东盟的第一大国，其人口、面积和经济总量均在东盟中占据近一半的比重。印度尼西亚拥有陆地面积190万平方千米，海洋面积317万平方千米，拥有2.6亿人口，居全球第四。因此，印度尼西亚对外在亚洲地区和国际各类事务中，作为一个重要国家不断体现着其独特价值。其经济增速多年以来一直维持在5%左右，但受新冠疫情影响，2020年印度尼西亚GDP同比下降2.07%至1.06万亿美元。

柬埔寨位于亚洲中南半岛南部，西南邻暹罗湾，东南亚著名河流湄公河由北到南穿过柬埔寨全境。该国政府在执政上重点为稳定政局、发展经济，外交上奉行独立、和平、永久中立和不结盟的外交政策。柬埔寨人口约 1528 万人，主要集中在中部平原地区。近年来，柬埔寨经济发展十分迅速，但因受新冠疫情影响，柬埔寨经济 2020 年遭受冲击，GDP 约合 262.12 亿美元，同比下降 3.7%。

（2）地区自然资源优势

东南亚地区诸国由于地理位置与气候优势，资源种类与数量都十分丰富，能源、矿产、农林与海洋资源是东南亚诸国的主要资源。

能源资源：马来西亚石油和天然气储量丰富，产能大。统计资料显示，截至 2019 年年底，已探明石油储量 4 亿吨（约 28 亿桶），在亚洲排名第 4 位，仅次于中国、印度尼西亚与越南。同时，马来西亚在东南亚地区常年为第二大石油生产国，2019 年石油产量为 2980 万吨，仅次于印度尼西亚。截至 2019 年，马来西亚已探明天然气储量 9 万亿立方米，天然气储量为亚太地区第六大国家。同时，马来西亚是东南亚第一大天然气生产国，近 10 年来，每年天然气产量水平稳定保持在 700 亿立方米左右，能够满足国内消费及出口需求。2019 年天然气产量为 788 亿立方米。

矿产资源：泰国的矿产资源种类丰富且储量极大，锡矿、锑矿、钽矿和钾盐等矿产资源更是占据了世界主要地位。具体而言，锡矿总储量世界第一，约 150 万吨，占世界总储量的 12%；锑矿 2008 年的储量世界第二，为 42 万吨，占世界总量的 20%；钽矿储量占世界总储量的 26.7%；钾盐储量世界第一，约为 4367 万吨。

农林与海洋资源：印度尼西亚以棕榈油和橡胶为主的农林产品，其中棕榈油产量居世界第一，天然橡胶产量居世界第二。马来西亚与印度尼西亚在农产品方面优势相似，农产品主要有棕榈油、橡胶、可可、木材、胡椒和热带水果等。马来西亚在棕榈油及相关制品的生产与出口方面居世界第二、天然橡胶出口方面居世界第三。

泰国森林资源丰富，国家森林面积为 1440 万公顷，森林覆盖率达 25%。不仅植物种类极为多样，达 30 多万种，且有大量的珍贵木材，如柚木是泰国主要的名贵木材。柬埔寨木材储量超过 11 亿立方米。森林覆盖率高达 61.4%，同样盛产各种高级木材，以柚木、紫檀、黑檀为主。同时，柬埔寨还拥有丰富的水资源，该国的洞里萨湖为东南亚地区最大的天然淡水湖，其西南沿海地区则是重要渔场，高产鱼虾等水资源。

（3）战略交通要道

马六甲海峡：位于马来半岛和印度尼西亚苏门答腊岛之间，管辖权由新加坡、马来西亚和印度尼西亚共有。海峡走向为东南—西北。它的西段属缅甸海，东南端连接南中国海。海峡全长约 1080 千米，西北部最宽达 370 千米，东南部的新加坡海峡最窄处只有 37 千米，是连接印度洋与太平洋之间的重要通道。此外，其连接了中国、印度与印度尼西亚这三个人口大国，还在西亚到东亚船只的往来航行中占据重要地位，世界 1/4 的运油船经过马六甲海峡。由于海运繁忙以及独特的地理位置，马六甲海峡被誉为"海上十字路口"。

清盛港：位于泰国最北部的清莱府。清盛港是澜沧江—湄公河这条中泰航线上泰国最重要的港口，承载了大量中泰之间的贸易往来。一方面，来自中国的日用品、水果和蔬菜，会从云南省经海运抵达清盛港，再运送至泰国全国的不同地区；另一方面，泰国生产的食品、汽车、棕榈油也经过清盛港，出口至中国和其他周边国家。因此，清盛港被认为是当地的贸易集散中心，泰国政府也计划将其发展为通往大湄公河次区域的门户。据清盛当地海关的统计资料，2011 年清盛港进口货物额约为 11 亿泰铢，其中来自中国的商品达 97.3%，出口货物额约为 90 亿泰铢，其中 43.1% 出口到中国。2011 年进出清盛港船只为

3937 航次，中国船只为 1301 航次。

中泰铁路：中国投资泰国铁路的合作项目，连接中国云南昆明和泰国首都曼谷。路线从泰国东北部重要口岸廊开府到首都曼谷，再到泰国东部工业重镇罗勇府。这条铁路是泰国第一条标准轨高速铁路。一期工程为曼谷至呵叻，全长 253 千米，设计最高时速达 250 千米，一期项目已于 2020 年 11 月 26 日举行了承包商合同签署仪式。作为中国在东南亚的邻邦，在中国"一带一路"的对外合作中，泰国的合作非常重要。这条铁路不仅在小范围中能够带动其沿线地区、经济产业蒸蒸日上，也将在大范围上进一步补充泛亚铁路中线，奠定泰国作为地区互联互通枢纽和东盟重要经济中心的地位。由于中泰铁路完工后将成为连接泰国东部与中国南方的贸易通道，泰国也着重发力于东部建设经济走廊，为将来进一步加强泰国有针对性地对接中国广阔的国内市场、促进泰国的不断繁荣做好准备。

克拉地峡运河：仍在规划中的克拉地峡运河全长 102 千米，宽 400 米，水深 25 米，是一条双向航道的运河，横贯泰国南部的克拉地峡。该运河建造的重大意义体现在，东南亚地区航行的船只将不再仅能通过马六甲海峡进入太平洋，而是可以减少 1200 千米，直接取道印度洋的安达曼海航行，给中国、日本、韩国等国家的商业贸易都将带来重大影响。克拉地峡运河这一规划，不仅惠及广东、福建、上海、江浙等沿海地带，更有助于中国加强与东南亚、中东、非洲、欧洲各国的贸易往来，尤其能在"一带一路"倡议中的"一路"上起重要作用。另外，在美国"重返亚太"政策下，美国和新加坡有密切的军事合作，一旦中美发生冲突，中国大部分进口石油必经的马六甲海峡遭美方封锁，等于掐断中国的经济命脉，但克拉地峡运河的开通，可让中国摆脱此困局，东南亚战略格局也将出现重大改变。

雅加达丹绒不碌港、丹戎佩拉港：印尼的前两大国际港，也是其作为群岛国家发达的水路运输的代表，年吞吐量分别约为250万个标准箱、204万个标准箱。除此之外，印尼全国共有各类港口约670个、主要港口25个。

西哈努克港：柬埔寨唯一的深水海港，主要进口原料、车辆、药品和日用品，出口服装、大米或其他农产品。该港海运线路大多可通过新加坡中转以抵达美国、欧盟、中国、印度尼西亚、日本、马来西亚、菲律宾、新加坡、韩国、泰国、越南等国家和地区。2020年，西哈努克港吞吐量为644.01万吨，同比下降1.6%。

（4）国际关系

马来西亚是东盟的核心成员国之一，也是"77国集团"和不结盟组织的创始成员国。在外交政策上奉行独立自主、中立、不结盟，并以东盟为基石。作为小国，重视与大国之间发展外交关系，与发展中国家和伊斯兰世界国家之间的团结合作，同时促进东亚国家之间的合作。

中国与马来西亚有着长期友好的外交关系和传统友谊，正式建交于1974年5月31日，双边关系总体发展顺利。在中马的外交关系与国际合作方面，两国建交后合作较为密切。例如，两国于1999年签署了关于未来双边合作框架的联合声明，两国领导人则于2004年就中马战略性合作达成共识，并于2013年成功建立了两国间的全面战略伙伴关系。此外，马来西亚在与中国的关系上还做到了两个"第一个"，即第一个邀请中国加入"10＋1"的国家与第一个邀请中国参加东亚峰会的国家。

泰国在外交上奉行独立自主的外交政策和全方位的外交方针，重视周边国家的外交，同邻邦之间不断发展友好关系，并重视维持大国平衡。作为东盟的重要国家，泰国十分重视地区内各国间的国际合作，2012—2015年担任中国—东盟关系协调国，持续促进东盟一体化和中国—东盟自贸区的建设，支持东盟与中日韩合作。重视经济外交，推动贸易自由化，积极参与大湄公河次区域经济合作。泰国积极发展与伊斯兰国家的关系。

谋求在国际维和、气候变化、粮食安全、能源安全及禁毒合作等地区和国际事务中发挥积极作用。

在与其他大国的国际关系方面，泰国是美国的安全盟友，是"非北约主要盟国"，且泰美在贸易上也互为重要的贸易伙伴。日本则常年是泰国最主要的外资来源地和第二大贸易伙伴。泰国总理素拉育于2007年4月正式访问日本并签署《泰日经济伙伴协定》，计划在10年内建立泰日自贸区。2013年1月，日本首相安倍晋三对泰国进行正式访问。中泰建交后，两国在多个领域均全面开展了稳定且友好的国际合作，中泰关系发展顺利，两国的高级官员之间同样交流密切。2012年，两国在双边关系上发展迅速，如签署了7项双边合作文件，合作内容涉及经贸、防洪抗旱、农产品等共同关切领域；发表《关于建立全面战略合作伙伴关系的联合声明》，并签署《中泰战略性合作共同行动计划（2012—2016年）》和《关于可持续发展合作谅解备忘录》。2018年8月，中泰两国在曼谷签署《关于开展泰国"东部经济走廊"建设合作的谅解备忘录》。

印度尼西亚奉行独立自主的积极外交政策，注重多边主义，坚持大国平衡原则，与中国、美国、欧盟保持友好关系。印度尼西亚与美国在1949年建交。2010年11月，美印签署全面伙伴关系协议。2018年12月，印尼与欧盟自由贸易联盟签署了全面经济伙伴关系协定，欧盟成为其重要战略合作伙伴。印尼积极参与了中国的海上丝绸之路倡议，并参加了《中国—东盟自由贸易区协定》。

柬埔寨在外交上，奉行独立、和平、永久中立和不结盟的政策，反对侵略和干涉，以和平共处五项原则为出发点，发展同所有国家之间的友好关系，主张相互尊重国家主权，以谈判的方式和平地解决国家间的争端。美国重视同柬埔寨的关系，给予柬埔寨纺织品和旅游产品出口以优惠政策。作为柬埔寨的主要援助国之一，柬埔寨重视发展同日本的关系，2013年12

月，两国成为全面战略合作伙伴。中柬两国友谊历史悠久，目前两国关系处于上升发展时期。2020 年 2 月 5 日，洪森首相访问北京，成为新冠疫情暴发后第一个访问中国的政府首脑。

2. 与中国产业合作简述

中国近年来对马来西亚直接投资增速显著提高，据马方部门统计，2019 年，中国企业经批准，在马来西亚制造业领域投资 37.4 亿美元。中国对马投资主要集中于种植、农产品加工、石油化工、电力、新能源等领域。中马钦州产业园区与马中关丹产业园区，又被称为"两国双园"产业园，已成为中国—东盟产业合作中的新平台，代表了中国同东盟合作的新动力、新亮点。产业园在装备制造、电子信息、食品加工、新能源汽车、生物技术等多个领域促进了两国的合作。

中国和泰国两国各自在经贸方面具有本国的独特优势，泰国经济中，出口一环需要中国广阔的国内市场，中国则在进口上需要泰国国内的初级资源。农副产品、化肥、纺织品、机械和电子设备、建筑材料等是中国出口到泰国的产品。2019 年，中国自泰国进口橡胶及其制品达 40.12 亿美元，占自泰国进口总额的 13.8%；进口塑料及其制品达 34.68 亿美元，占自泰国进口总额的 12%。中国对泰国出口集成电路 141 亿美元，占对东盟出口总额的 27.8%。在投资方面，2004—2016 年，中国对泰国直接投资集中于金属与机械设备，占比为 38.6%，其次为农业投资，占比为 18.99%，化工、矿产的占比分别为 12%、10.2%。

2013 年 10 月，中国国家主席习近平在印尼国会演讲，首次提出共建"21 世纪海上丝绸之路"，两国的双边经贸合作自此不断扩大，中国对印尼的大量直接投资在经贸合作中占据了重要地位。据印尼官方统计，2019 年中国对印尼直接投资达 47 亿美元，为印尼第二大外资来源国，占当年外资总额的 16.7%。

目前，中国对印尼的投资集中于互联网、有色金属、汽车、建材电气和食品等产业。在贸易方面，据中国海关统计，2019 年中印尼双边贸易额达 797 亿美元，创历史新高，同比增长 3.1%，中国已经连续 9 年成为印尼最大的贸易国。中国和印尼的贸易互补性同样很强，印尼在资源密集型初级产品出口上有优势，如棕榈油。目前印尼是世界范围内向中国出口棕榈油的第一大国，中国则同样是印尼棕榈油最大的出口国。

中国对柬埔寨在电力、农业、旅游开发、经济特区、信息通信等产业的投资带动了柬埔寨的不断发展。据中方统计，2019 年中国对柬埔寨直接投资 7.46 亿美元，集中于多个工业领域，如电力、通信、纺织业、农业、医药、能源矿产等，此外服务业也同样是对柬投资的重要领域。2019 年，中柬双边贸易额达 94.2 亿美元，对中国的农产品出口尤其是大米出口成为柬埔寨出口的主要组成部分。

3. 产业优势与劣势

（1）产业优势

东南亚诸国由于区位的一致性，在丰富的农业资源、廉价的劳动力与独特的旅游资源等方面均有一定的相似度，依托这一得天独厚的发展条件，各国均纷纷大力发展农业、制造业与以旅游业为代表的服务业。

①农业

农业是泰国的支柱产业。泰国全国耕地面积约 1500 万公顷，占总面积的 31%，农业产值占 GDP 比重超过 10%。农产品是泰国重要出口商品之一，主要农产品包括稻米、天然橡胶、木薯、玉米、甘蔗、热带水果。泰国的橡胶的生产与出口量，以及木薯和大米的出口量均为世界之最。橡胶年产量约 450 万吨，占全球的 30% 以上，基本均出口到国外，占每年全球出口总量的比重超过 40%。2018 年，橡胶的出口为泰国带来 46.02

亿美元收入。木薯产量世界第三，60%用于出口。

印尼气候湿润多雨、日照充分，拥有得天独厚的耕种条件。其主要经济作物包括棕榈油、香蕉、咖啡和可可。其中，棕榈油的产量在2018年达到创纪录的4300万吨，同比增长12.5%。作为世界第三大热带森林国家，印尼的林业资源十分丰富，森林覆盖率高达54.25%，林业能够解决印尼3000万人的生计。作为"千岛之国"，印尼拥有长达8.1万千米的海岸线，领海渔业区面积为270万平方千米，鱼类多达7000种，渔业资源十分丰富，而据印尼政府估计，潜在捕捞量超过800万吨/年，渔业资源仍有待充分开发。

农业是柬埔寨国民经济第一大支柱产业，农业产值占柬埔寨GDP的22%，劳动力充足，40%左右的国民以务农为生。种植作物以水稻为主，2019年出口大米62.1万吨。2019年橡胶种植面积为40.6公顷，割胶面积为24万公顷，产量为28万吨，几乎全部出口，收入为3.7亿美元。

②制造业

自2012年始，泰国出口量最大商品为汽车，主要出口到澳大利亚、菲律宾、沙特阿拉伯、印度尼西亚和马来西亚5个国家。2018年，泰国在机动车生产上排名世界第十二，并在轻型商用车生产上排名世界第五，在东盟区域内的机动车生产上，泰国为区域内第一大国。

制衣业是柬埔寨占据支柱地位的产业。以美国、欧洲、日本三国为代表的世界上28个国家和地区对柬埔寨有普惠制待遇（GSP）等优惠政策，柬埔寨充分利用这一国际上的优惠政策，加之其劳动力低廉这一极有利于制衣产业发展的优势，成功地吸引大量外资投入该国制衣业。据柬方政府部门的数据，2019年全国共有工厂1730家，雇用工人1041174人，其中1069家纺织、服装、制鞋和箱包厂，雇用工人92.33万人，增长5%。2019年柬制衣制鞋业工人最低工资为每月190美元。

③旅游业

东南亚地区拥有丰富的旅游资源，其独特的自然景观和人文景观吸引着外国游客，马来西亚的吉隆坡、马六甲，泰国的曼谷、普吉，印尼的雅加达、巴厘岛，柬埔寨的金边、吴哥窟均为闻名世界的旅游地。东南亚各国纷纷依托本国的景观资源做大做强本国旅游业，使其占各国 GDP 的比重为 15%—30%，同时探索出了独特的发展模式。

马来西亚对旅游业开展了独特的旅游配套服务，如医疗旅游、体育活动、热带森林或海洋自然景观旅游配套，专业组织的商贸旅游配套等。所谓"医疗旅游"，即医疗检查与旅游相结合，一举两得。2012 年，马来西亚指定近 50 家私立医院，以及超过 10000 个病床床位用于服务国外游客的医疗旅游需求。近年来，前往马来西亚进行医疗保健旅游的游客数以年平均15%—20% 的速度增长。心脏、骨科、整形、牙科与试管婴儿的相关手术，以及健康检查等是马来西亚医疗旅游中较为火热的医疗保健项目。

在旅游业的推动下，第三产业的发展政策使泰国走出了一条与大多数国家截然不同的产业发展道路。在泰国的产业结构变化中，并未按照"配第—克拉克定理"所论证的，国家需要先发展第二产业再发展第三产业，反而以"第一产业—第三产业—第二产业"的顺序，成功实现了以第三产业的发展带动其经济的迅速提升。

近年来，柬埔寨沿海地区的旅游业发展逐步成为该国政府经济重点发展领域。2012 年 1 月，柬埔寨通过了《柬埔寨海滩地区开发和管理委员会王令》和《柬埔寨王国海滩地区开发规划》等议案，以成立沿海发展管理国家委员会的方式，在未来逐步加强海滩地区旅游项目的开发与管理。此外，柬埔寨也通过旅游产品多样化战略，如该国规划中的"暹粒吴哥和金边至西南沿海地区和东北生态旅游地区"，不断挖掘其国内有沿海特色且丰富的旅游资源，加快沿海地区的经济发展。

（2）产业劣势

由于东南亚诸国在经济发展基础与发展道路上并不相同，因此其发展过程中面临的相应问题也并不相同。马来西亚与泰国经济发展情况相对较好，希望逐步走高质量的发展道路，虽然不存在较为严重的基础设施建设等问题，但有一定的政治或治安的不确定性；印尼与柬埔寨虽然各个领域均在高速发展，但经济相对落后，人民脱贫依旧是十分迫切的目标，基础设施建设也仍存在较大问题。因此，东南亚地区国家在经济发展的制约因素上，既有国与国之间的共性因素，也有与其发展水平相关的国家特殊因素。

政治因素，如党派斗争、政府腐败，在马来西亚、泰国与印尼都有不同程度的体现。马来西亚国内共有 40 多个政党，政治上由多个政党组成的政党联盟进行执政，联盟分为执政党联盟和反对党联盟。虽然马来西亚政局情况基本稳定，但其国内的政治斗争有愈演愈烈的趋势。2013 年，马来西亚国内产生了其史上最激烈的一次大选，虽然大选由"国民阵线"联盟获胜，但反对派的力量日渐壮大。反对派认为"国民阵线"联盟在选举中最终的胜利，是通过选举舞弊得到的。因此，反对派在马来西亚国内以大规模抗议、游行、社会运动进行斗争。这种政治斗争上的不确定性与社会运动，自然对马来西亚国内的投资环境带来了一定的风险。未来，执政党联盟、反对党联盟和公民社会三方，如何实现政治上的良性互动，保证稳定的环境，将是马来西亚局势以及经济上能否吸引更多外资的重要前提。

泰国在政治稳定方面的问题则体现在，该国 2017 年的宪法颁布后，政党权力和生存空间被大幅压缩，政党与军人集团之间因为各自不同的诉求展开了斗争与博弈，这种可能不稳定的政治环境将导致潜在的大规模集会、示威、游行，从而影响泰国的政治环境与社会稳定，不利于其经济上各产业的进一步发展。

　　印尼国内的政治环境同样不够稳定，反对党在国会中力量较大，恐怖主义现象比较严重。政府内部和主要机构存在较严重的腐败问题，动摇了投资者的投资信心。另外，在"中国威胁论"的影响下，部分印尼群众对华人存在怀疑和戒心，阻碍了双边投资合作的正常进行。

　　法治因素，如治安问题、制度不健全等，对马来西亚和印尼产生了影响。马来西亚邻近世界主要的毒品产区金三角，导致在马来西亚对毒品犯罪的量刑高至唯一一项死刑的情况下，国内猖獗的毒品交易依旧难以被禁止，这也衍生出由毒品带来的治安问题。为打击毒品犯罪，该国将消耗巨大的财政资金，对经济发展产生了一定的挤压效应。

　　法律制度的苛刻与不健全同样构成干扰。印尼的劳工法对工人的权益过度保护。在当地的劳工法制度下，工人无论因为什么理由离开，企业都要对工人进行补偿。另外，印度尼西亚的法律制度不够健全，对外国投资商的限制多且经常变化，这可能会造成投资项目的中断，使得项目无法顺利开展。外资企业在印度尼西亚投资申请审批手续时间长且程序复杂，这也增加了投资商的投资成本。

　　印尼与柬埔寨在基础设施建设上的落后也严重制约其发展。1997年的亚洲金融危机和2004年的印度尼西亚大海啸对其基础设施造成很大破坏。印度尼西亚基础设施落后导致运输成本高、投资环境差，并制约了印尼的经济发展。柬埔寨的基建也存在与发展需要不匹配的问题，公路、港口、航空等交通设施的运转在近年来恶化。虽然其国内有着发展农业与旅游业的资源优势，但是落后的交通与其他基建问题阻碍了农业与旅游业水平更进一步的提升。此外，基建问题也使得柬埔寨的工业化之路举步维艰，制约了其经济的全面发展。

4. 下一步合作

受 2020 年突发的新冠疫情影响，国际范围内的产业链与供应链正在产生与时代相适应的改变，逐步区域化、本地化。国际上一些国家出于经济安全的战略考量，或将部分产业链迁回本国，或围绕周边地区进行布局。产业链、供应链因此变得更短、更有弹性。在当前形势下，"双循环"的新发展格局将为区域合作提供更大机遇。2020 年，尽管受到疫情的冲击，中国—东盟之间的贸易额反而逆势增长，达到 6.7%，东盟也就此取代欧盟成为中国最大的贸易伙伴，中国则连续十年成为东盟最大的贸易伙伴。

2013 年，柬埔寨政府发布了《四角战略第三阶段政策》，该战略着重增加基建，尤其是交通设施的建设投资，促进同其他国家的互联互通，发挥农业的产业优势，提高农业附加值，以及现代化、商业化水平。2016 年，泰国政府提出工业 4.0 战略，提出经济模式从劳动力密集型向高附加价值和创新驱动转型，从生产商品转向生产创新产品，侧重高科技、产业创意与创新。2018 年，马来西亚政府提出"国家工业 4.0 政策"，提出要在 2025 年将马来西亚打造为亚太地区智能制造战略合作伙伴、高科技产业投资目的地、高技术解决方案提供国的目标。据此，中国与东南亚诸国下一步的合作应根据东南亚各国所提出的相关规划，有针对性地利用自身在数字经济、网络通信等新兴领域的产业优势，积极同东南亚各国合作，着力发展数字经济、智慧城市、基础建设、绿色经济等经济模式，最大限度地利用好第四次工业革命的契机。

数字经济产业的相关合作是中国同马来西亚与泰国之间具有广阔发展空间的合作领域。2020 年为中国与东盟数字经济合作年，未来在数字经济领域合作潜力巨大，成为双方合作的新增长点之一。根据社交媒体脸书和咨询公司贝恩联合发布的

《东南亚数字消费者报告》，从人数来看，东南亚数字消费者人数到 2020 年年底将突破 3 亿人，占该地区 15 岁以上人口近七成；而从消费者支出来看，东南亚地区的支出在 2025 年将从 530 亿美元跃升至 1470 亿美元，增至 2020 年的近 3 倍。

马来西亚为加快推进数字化进程，推出了 2021 年数字经济发展蓝图，旨在帮助马来西亚快速恢复因新冠疫情而受损的经济，创造新的增长动能。中国企业在 5G 建设、互联网、数据中心、人工智能等方面都有着较好的技术积累和实践经验，应积极广泛地参与马来西亚的数字化转型。

基础设施建设合作是共建"一带一路"的落脚点，因此应加强中国同泰国、印尼与柬埔寨的基础设施建设合作，稳步推进"一带一路"倡议对接《东盟互联互通总体规划 2025》，重视通过交通基础设施建设，不断加强与东南亚国家间的互联互通。

中泰铁路项目稳中推进，已取得了阶段性重大进展。这将推动"陆海新通道"与澜湄合作机制对接，打造澜湄经济带。"陆海新通道"将在国家间的贸易和产业合作中发挥重要"大动脉"的作用，北至欧洲与中亚地区，南到南亚与东南亚地区。一旦澜湄合作与"陆海新通道"相结合，泰国等湄公河地区国家的商品就可以直接进入中国中西部大市场，同时也可辐射到中亚和欧洲市场。有关方可以通过政策沟通和顶层设计，支持口岸便利化、规则标准互认、数据信息共享以及更加便利与高水平的贸易。以顶层设计带动产能提升、园区合作、跨境经济，加快澜湄经济带持续向好发展。

推动粤港澳大湾区与泰国东部经济走廊对接。粤港澳大湾区位于环太平洋贸易圈和环印度洋贸易圈的交汇处，作为中国新时代下对外开放的重要平台，在战略上承担着引领环太平洋贸易向环印度洋贸易转移的重任。大湾区在多个新兴的高科技领域，如信息技术、高端装备制造、绿色低碳、生物医药、新材料、海洋经济等具有比较优势。泰国的东部经济走廊拥有良好的工业基础，在机器人、航空物流、生物燃料和化学、医疗、数字经济等新兴产业具有良好潜力。二者对接合作，互补性强，能够产生协同效应，从而促进彼此具有比较优势的产业不断高端化、智能化和绿色化。

自 2014 年以来，印尼高度重视基础设施建设，需求迅速增长。中国在铁路、公路、港口、电力、供水等方面的基础设施建设领域具有技术优势，同时中国具有丰富的管理经验和优质的服务能力。中国未来可以继续与印度尼西亚在基础设施建设领域展开投资合作。特别是，中国可以加强对印尼的港口、码头等海上基础设施的投资合作，并根据两国各自的海洋优势和海洋产业开展海洋贸易投资和海洋科技合作。一方面，中国可以帮助印尼充分发挥其独特的地理优势从而实现其海洋战略，促进印尼的经济发展；另一方面，可以使印尼成为中国海上丝绸之路的中转点和重要支点，从而进一步拓展中国到东南亚各国、中东、欧洲的海上通道。实现中国"海上丝绸之路"与印度尼西亚"全球海洋支点"的对接，促进两国互利共赢。

近年来，中柬两国在基础设施的合作建设方面成果显著。考虑到柬埔寨目前仍是一个基础设施现状较为落后的国家，可以预见，柬埔寨在未来仍将期待"一带一路"的基础设施建设，中柬双方将在农田水利、交通、通信、能源、运输等基础设施领域持续开展数量更多、水平更高的合作，互惠互利。

绿色经济是世界经济发展的趋势，也是中国"碳达峰""碳中和"目标实现的重要路径。中国企业在海外越来越注重采用环保理念为指导的技术，关注低碳、清洁的合作领域。马来西亚拥有丰富的太阳能、水力资源，是绿色经济合作的理想目的地，未来有望发掘更多的合作机会。

未来中国需要扩大对印尼出口市场的多元化，稳步提高对印尼出口商品的附加值。中国此前的出口重点在劳动密集型和资源密集型产品上，但近年来，低廉劳动力这一中国过往的优势，相较于同样为人口大国的印尼渐渐消失。现阶段，中国在家电、汽车、电子产品等商品上的优势逐渐凸显，因此中国应加大技术创新，向印尼出口技术密集型的高科技产品，优化出口商品的质量和结构。

作为 RCEP（区域全面经济伙伴关系协定）的发起国，马来西亚于 2022 年 1 月 21 日批准 RCEP 并于同年 3 月 18 日对马来西亚生效。印尼于 2022 年 8 月 30 日完成 RCEP 批准程序，泰国、柬埔寨于 2022 年 11 月批准 RCEP，2023 年 1 月 RCEP 对印尼、泰国、柬埔寨生效。RCEP 的批准生效将极大促进中国与东盟诸国的经贸合作，使中国—东盟全方位合作迈上新台阶。

（七）奥地利：医疗生物技术合作前景广泛

1. 国家概况

在 2020—2021 年"一带一路"投资友好指数测算中，奥地利总指数为 30.60，排名"一带一路"合作国家第 9 位，其中宏观环境友好指数为 22.67，人力资源友好指数为 34.18，基础设施友好指数为 32.60，制度环境友好指数为 31.56，金融服务友好指数为 33.88。

表 8.9　　　奥地利"一带一路"投资友好指数及分指标得分

	投资友好 指数	宏观环境 友好指数	人力资源 友好指数	基础设施 友好指数	制度环境 友好指数	金融服务 友好指数
得分	30.60	22.67	34.18	32.60	31.56	33.88

奥地利是著名的中欧国家，其地理位置决定了奥地利欧洲交通枢纽的核心地位，国土面积为 83879 平方千米，东有匈牙利、捷克、斯洛伐克，南邻意大利，西有瑞士、列支敦士登，

北接德国。全国约有 890 万人，16.7% 是外籍人员，德语是奥地利的官方语言，天主教是该国的主要宗教信仰。

自中世纪起，到第一次世界大战结束，奥地利长期居于欧洲列强地位，对中欧地区实际统治长达 650 年的哈布斯堡王朝就坐落在奥地利境内。奥地利首都维也纳，是该国最大的城市，因其历史悠久、繁荣的音乐教育和音乐文化而享誉世界，被誉为"音乐之都"和"欧洲古典音乐的摇篮"。维也纳也是一座国家化城市，包括联合国、欧佩克（OPEC）等国际组织均在维也纳设有组织机构或总部机构。

奥地利资本主义发展充分，社会经济繁荣，人民生活富裕，人均 GDP 在 2020 年高达 44900 欧元。作为一个资本主义国家，奥地利工业国有化程度极高，95% 的基础工业和 85% 以上的动力工业都由国有企业所控制，70% 的工业产值和工业就业岗位都来自国有企业。采矿、建筑、机械制造、电子和汽车制造等行业是该国主要的工业门类。奥地利积极参与欧盟事务，致力于推动欧洲一体化进程，也是世界上为数不多的永久中立国。

交通：地处欧洲中部，是欧洲重要的交通枢纽。

铁路：全国运营铁路总长 5615 千米。2019 年客运量为 3.171 亿人次，货运量为 1.026 亿吨。

公路：奥地利公路总里程为 12.75 万千米，包括 2242 千米的高速公路和快速道路。2019 年客运量为 3010 万人次，货运量为 4.02 亿吨。

水运：奥地利境内的多瑙河航线约为 350 千米。航运货运量在 2019 年达到了 850 万吨。

空运：成立于 1957 年的奥地利航空公司是该国主要的航空公司，在 2009 年被汉莎航空并购为集团子公司。维也纳施威夏特国际机场是该国最重要的机场，维也纳机场也是转机到欧洲其他城市的中转机场，其在世界上有很多国际航线，第二大城市格拉茨市也有去意大利及欧洲各国的航班。据奥地利统计局数据，2019 年奥地利民用航空客运量为 3620 万人次。

（1）自然资源

奥地利拥有丰富的森林资源和水力资源，全国森林覆盖率达 43%，目前拥有约 11.35 亿立方米的木材蓄积量。此外，奥地利还拥有包括镁、铁、石墨、褐煤、石油、天然气等在内的多种矿石和石化资源。

（2）国际关系

中国：1971 年 5 月 28 日中国与奥地利正式建立外交关系。至 20 世纪 80 年代末，中奥关系稳定发展。20 世纪 90 年代以来，两国关系呈现良好发展势头，双方互访频繁，各领域交流与合作发展迅速。进入 21 世纪，中奥关系全面深化发展。2001 年 5 月，两国隆重庆祝中奥建交 30 周年。之后的数十年，中奥大使互访来往不断。

2. 产业优势和劣势

（1）产业结构

服务业是奥地利的支柱性产业。根据奥地利统计局数据，截至 2019 年，奥地利第一产业总值为 51.8 亿欧元，占 GDP 比重为 1.3%，农业用地占全国面积的 16%，农业发达，机械化程度高；第二产业总值为 1147 亿欧元，占 GDP 比重为 28.7%；第三产业总值为 2789 亿元，占 GDP 比重为 70%。服务业和工业的较高占比使得奥地利拥有较强的抗风险能力。

（2）产业优势

奥地利拥有相当成熟的工业和服务业。机械工业、化工业、食品和饮料工业、金属加工业及汽车业均为奥地利重要的工业组成部分，而服务业中比较发达的是旅游业和金融业。

机械工业：机械工业产值约占奥地利工业产值的 1/4，研发投入超过 7 亿欧元。主要包括金属加工、机械和设备制造，在特种机械、定制机械和锅炉建造等领域该国拥有较强的国际竞争力。

汽车工业：汽车行业是奥地利的一大支柱行业，有700多个企业，约37万从业人员，近90%的产品出口到全球各地。该国汽车产业创新实力强大，主要体现在新能源汽车、汽车新材料、轻质结构和零部件等细分领域。除了麦格纳、奥钢联、米巴和AVL等国际知名汽车供应商之外，奥地利还有一些擅长满足特殊市场需求的小型公司。凭借其悠久的传统及汽车工程领域方面的经验，奥地利是中国乃至世界上最大的汽车市场及汽车制造商的合作伙伴。奥地利汽车工业的年营业额约为250亿欧元，产品主要销往海外，其生产的发动机和传动装置享誉全球。过去25年间，奥地利的汽车行业吸引了78亿欧元的投资，上奥州、施泰尔马克州和维也纳是该国主要的汽车产业集群所在地，施泰尔市的宝马发动机厂是宝马集团最大的发动机厂，覆盖了将近2/3的宝马发动机生产。

能源及环保产业：奥地利的发展战略重点是能源环境技术。其领先的技术在生物质能、太阳能、未来建筑和可再生资源等领域优势显著。作为奥地利的特色产业，能源及环保产业具有明显的集群化特点，上奥州生态能源产业群和环境技术产业群、下奥州绿色建筑产业群等均在国际上具有较强的代表性。未来奥地利可再生能源的结构将朝着51%的生物能、41.2%的水电、4.5%的风电和0.3%的太阳能发电方向发展。奥地利经过20多年的发展，已经成为世界领先的节能国家。产品的范围从最先进的门窗与新风系统，到被动房技术及木结构建筑，再到生物质加热技术与太阳能系统。建筑专业规划、咨询与认证，也是奥地利所专有的现代知识技术的一部分。

旅游业：旅游业是奥地利服务业中的支柱产业。根据奥地利统计局数据，2019年奥地利接待了过夜游客1.5亿人次，其中外国游客高达1.1亿人次，外国游客多来自德国、荷兰、英国、意大利、比利时等国家，游客平均逗留天数约为3.3天。

奥地利有各类旅馆合计 6.64 万家、床位 110 余万张，能为奥地利发展旅游业提供稳定保障。

金融业：奥地利共有银行 800 多家，包括第一集团银行、奥地利银行和奥合国际银行等，中国银行、中国工商银行均在奥地利设立了分支机构。

冬季运动行业：冰雪运动在奥地利是大众运动，奥地利的因斯布鲁克市还曾经举办过两届冬奥会，所以奥地利在冬季运动方面有着完善且优质的产业链。许多奥地利的设施和产品已经应用在中国的冰雪场，如缆车、门禁、造雪造冰设备、室内滑雪训练、户外运动服饰等，中国的冰雪运动队也每年前往奥地利开展训练。

（3）产业劣势

虽然奥地利具有较强的未来竞争力，但在教育、养老保险、移民等方面仍面临诸多挑战。2019 年，沥青工、厨师、会计师、各类型工程师均为奥地利的紧缺职业，且随着人口老龄化压力不断加剧，适龄劳动力的缺乏必定会对奥地利相关产业的发展产生一定的负面影响。

3. 目前的产业合作

近年来中国对奥地利的投资不断增长，已成为奥地利的第六大投资来源国，也是在亚洲地区最重要的来源国。在奥地利投资落户的中资企业大概 100 家，大多数都是在 2006 年以后设立的。2009 年以后，除了"绿地投资"，中国企业去并购的项目也发展起来，所投资的行业范围比较广，如电信、轨道交通、金融服务、物流航空、汽车等。有一些企业在奥地利设立欧洲或者中东欧总部。

（1）能源及环保产业合作

2011 年中国领导人访问奥地利期间，中奥双方确定了两国的首个国家级国际合作平台项目——中奥苏通生态园项目，以建设体制创新、生态环境建设先导、国际高端产业聚集、可持续发展等为园区的发展合作目标。奥地利在节能建设、新能源技术领域处于全球领先地位，和南通市的产业发展方向高度一致，因而奥地利在能源及环保方面的先进理念和技术能够与南通更好地对接。

中国—奥地利合作中心是该园区的重要部分，建筑面积为3000平方米，以低碳、节能为目标，作为绿色节能建筑示范工程，合作中心充分利用多种清洁能源，采用奥地利建设标准，集展示、研发、办公、经贸及文化交流等功能于一体，是奥地利乃至欧盟节能环保行业同中国合作的示范平台和载体，吸引了众多科研机构和企业总部进入。

节能环保是中奥两国的合作重点，具有较高的战略合作意义。中奥双方通过专题研讨、学术交流和参观考察等多种合作形式，促进了中奥两国在节能环保领域的技术交流和深度合作。

（2）乳业产业

中奥乳业产业国际合作项目已完成了框架协议签约仪式，参与项目的成员既有奥地利自然资源与生命科学大学教授及高级顾问等奥方技术专家，也有奥地利华人商会及奥地利中国和平促进会等民间组织。

随着国内越发注重食品安全和饮食结构合理化，绿色、有机、健康已经成为广大民众的共同追求，而奥地利有机农业享誉全球，畜牧业高度发达，拥有世界上最好的有机牧场以及全球领先的乳制品技术和标准，其技术和产品质量堪称国际一流。参与合作项目的奥地利克恩特乳业是有着93年历史的著名乳企，其新鲜原奶被评为世界上品质最好的原料奶，生产约400个不同的产品，而中方的江苏农垦拥有一定的资源优势和市场优势，是华东地区乃至全中国重要的国有奶牛养殖基地，具有广阔的合作前景。

框架协议签订之后，双方将在饲料生产、奶牛养殖、乳制品加工、乳制品行业研究等领域共同探索合作，建立高标准的乳业产业链和国际乳品行业研究所。本次合作将进一步促进两国食品产业交流，增进双方优势互补，以合作谋创新，共同成就未来。

（3）工业产业

工业是中奥合作最多的领域，中奥两国工业制成品优势互补。电器设备和机械、服装、玩具、照明灯具、鞋和皮具是奥地利从中国进口的主要商品门类，奥地利的机械与自动化机械产品则获得了中国市场的青睐。

作为中国在欧盟的重要技术引进国之一，中国与奥地利所签订的技术引进合同超 2000 份，涉及材料、电子、机械等领域。在特种钢、半导体、工业设备、精细化工等高新技术领域，奥地利多家跨国公司通过投资合作积极参与到中国国内的经济建设之中，为推动中国经济发展、技术进步、产业发展创新做出了突出贡献，其中多贝玛亚公司是全球领先的索道技术公司，为中国旅游基础设施的建设做出了重大贡献，获得良好的经济和社会效益。

同时，中资企业也积极到奥地利投资兴业，西飞国际、中国高科、三一重工、华为、中国首钢等都是在奥地利投资的代表性企业。奥地利在中欧地区的领导地位，也使得更多的中资企业将奥地利作为对欧发展扩张的桥头堡，由此形成和完善了中、奥及其他欧洲国家的三方合作发展模式。

（4）冰雪产业

作为现代滑雪运动的发源地之一和传统冰雪强国的奥地利，一方面在滑雪器械、索道和缆车技术及滑雪道的安装设施等领域保持世界领先地位，另一方面在冰雪运动、冰雪旅游上也有丰富经验、先进技术。在"带动 3 亿人上冰雪"的北京 2022 年冬奥会宣传口号指引下，中国冰雪产业急速成长，对冰雪产业的发展力度逐渐加大，和奥地利的合作空间巨大。

技术创新是冬季运动产业发展的重要推动力，滑雪运动的安全、便捷和性价比对用户来说十分关键，因而冰雪行业的技术创新对提升用户体验感尤为重要。AST 公司是全球冰雪运动领域的顶级运营商和供货商，在全球 35 个国家安装了超过 3000 个人工冰场和雪场，2000 年 AST 公司进入中国市场后，为中国冰雪产业发展提供了一定的助力。2014 年 AST 公司与中国国内资本合作成立了奥悦冰雪旅游投资有限公司，该公司投资了株洲、齐齐哈尔、镇江等一系列旅游综合开发项目。奥悦冰雪的中奥合作模式既获得了双方政府的高度认可，也为其他产业合作提供了范本。

2022 年北京冬奥会期间，AST 公司承担了北京首钢园区、冰球、短道速滑、冰壶、花样滑冰训练基地的制冰工作，为冬奥出了一份力。

（5）数字经济产业

上奥州与山东进行密切的合作往来已有 20 年，近年来在传统经贸领域之外，双方在数字经济产业链上展开了新的合作。

Hagenberg 软件园是约翰内斯—开普勒大学林茨分校的附属机构，软件园中有多家企业与中国有着密切合作，比如 Blue-Source 已为多家中国企业提供了移动解决方案，STIWA 已经在中国设立了运营中心。软件园的主要项目是通过软件赋能，助力工业生产的安全规范；ESS 软件主要是模拟液体流动软件的开发，特别是针对汽车工业的流体流动、汽车涂装等技术；MIC 致力于提供定制化软件服务，已在中国成都、大庆和浙江陆续设立了基地。类似与高端技术相关的软件和公司在软件园里比比皆是。

中方注重数字经济、智慧社区、智慧城市、智慧交通以及城市大数据运营中心的建设，中奥在数字经济产业的合作深度聚焦这些领域，为中方的新型智慧城市提供完整的配套解决方案。

4. 未来可能的合作

（1）汽车产业

中国汽车保有量、进出口额均在逐年攀升，中国的国产汽车企业在智能驾驶、智慧车机、新能源汽车等领域已经形成一定的国际竞争力和独特技术优势，已经基本摆脱过去对外资车企简单模仿、低质低价竞争的低端发展道路。但传统汽车制造业，特别是在汽车设计、整车制造、高品质零部件等领域，奥地利等西方传统汽车产业大国仍具有领先的技术水平和长期存在的巨大市场需求，因此在汽车自动化生产、汽车设计、高品质零部件等领域，中奥双方具有巨大的合作空间和潜力，中奥两国汽车产业的互补性也越发凸显。同时，奥地利也可以通过与中国领先的通信技术企业、互联网企业和新能源汽车企业的深度合作，促进本国汽车消费市场向绿色交通、智慧交通转型，实现绿色发展，为奥地利消费者提供更加先进的新能源智慧汽车产品。

（2）科研产业

中国通过多年来的资金投入和持续研究，在量子物理、纳米技术等多领域已经拥有具有国际竞争力的创新和科研能力。中奥两国开展高水平科研合作的基础扎实、前景广阔。中奥两国科研优势突出，具有较强的互补性，在基础科学、应用科学研究等多领域都有着广泛的合作空间，中奥双边产学研与高质量工业发展具有战略意义，双方可以在发展中互惠互利。

（3）医疗及生物技术产业

奥地利的医疗器械设备和康复设备的研发、生产、制造在全球具有领先地位，如 VAMED 公司生产的设备和设施能够出口全球。政府对保障公众健康投入很大，医疗支出大约占 GDP 的11%。当地医疗基础设施完善，公立与私立医院数量基本相当，该国生物制药及生物技术发展势头强劲，在奥地利显现出越来越重要的产业地位。

因而中奥双方在合作开发医疗信息平台软件、数据分析和可视化技术方面、医学领域医院信息平台搭建方面和医疗领域双方产品的市场交互及进一步研发合作方面都具有较大的合作潜力。同时中方可以进一步推进中医药"走出去"，通过合作项目的深化实施，与奥地利进一步加深在中医药领域的合作研究，推动现代西方医学与传统中医药相互促进、结合互补。

（八）意大利：可持续发展的合作伙伴

1. 国家基本情况

在2020—2021年"一带一路"投资友好指数测算中，意大利总指数为30.18，名列共建"一带一路"合作国家第10位，其中宏观环境友好指数为28.64，人力资源友好指数为32.24，基础设施友好指数为28.76，制度环境友好指数为29.26，金融服务友好指数为33.04。

表8.10 意大利"一带一路"投资友好指数及分指标得分

	投资友好指数	宏观环境友好指数	人力资源友好指数	基础设施友好指数	制度环境友好指数	金融服务友好指数
得分	30.18	28.64	32.24	28.76	29.26	33.04

（1）国家介绍

意大利是南欧地区最具影响力的国家，其国土主要由亚平宁半岛、西西里岛与萨丁岛组成。国土面积约为30.1万平方千米，国内人口约为6002万人，以意大利人为主。官方语言是意大利语，天主教是该国的主要宗教信仰，北部与法国、瑞士、奥地利及斯洛文尼亚相邻，圣马力诺与梵蒂冈两个微型国家位于意大利内部，被意大利环绕。意大利以孕育了重塑欧洲、影响世界的罗马文明而闻名于世，意大利首都罗马是世界四大古都之一，在西方世界长期扮演着政治中心的关键角色。意大利也是欧洲文艺复兴的主要发源地。

意大利资本主义制度发达，是欧洲四大经济体，长期活跃在地区和国际事务之中，是欧盟、北约、申根公约、G8 和联合国的重要成员国。意大利在历史文化、时尚艺术等领域享誉全球，是拥有世界遗产最多的国家，米兰作为意大利的经济工业中心，素有世界时尚之都的美誉。

（2）交通

意大利拥有完善的交通基础设施，该国拥有世界最完善的交通系统之一，国内各种交通运输总里程位于世界前 20，人均交通运输里程拥有量则处于世界前十。

①公路

公路是意大利国内运输的主要形式，也是欧洲设施最完善、运输效率最高的公路系统之一。意大利公路密度居欧洲前三。其中高速公路全长 6600 千米。

②铁路

意大利拥有密集的铁路网，多隧道，全长 16356 千米，在欧洲国家中排名第三，占欧洲铁路总里程的 10.7%。旅客运载量为年均 4.73 亿人次，货物运载量为年均 8700 万吨。意大利的高速铁路建设较早，早在 1992 年，就已经在罗马到佛罗伦萨之间建成了高速铁路。意大利高铁总里程在 2004 年达到 1525 千米，意大利国内高铁网络建成。目前意法两国正在建设欧洲最大的跨国高铁，连接意大利都灵与法国里昂，共投入 85 亿欧元，计划于 2023 年完工。

③水运

意大利水运发达，以海运为主，拥有大小不一的港口 148 座。热那亚港、那不勒斯港、塔兰托港是该国的主要港口。全国港口年均总计有 9000 万客流量和 463 亿吨货物吞吐量。

④航空

意大利航空运输拥有优越的先天条件，3小时内就能从意大利本土到达欧洲和地中海的各大主要城市。罗马菲乌米奇诺、米兰利纳特、马尔奔萨、都灵卡塞莱等是该国主要的几座机场。

（3）资源

意大利自然资源相对不是十分丰富，仅有水力、地热、天然气等能源和大理石、黏土、汞、硫黄以及少量铅、铝、锌、铝矾土等矿产资源。能源供给和主要工业原料的75%均依靠进口。意大利重视发展以地热、水力和太阳能为主的可再生能源，是世界第二大地热发电国和第九大水力发电国，早在2011年已经成为世界第一光伏装机容量国，可再生能源供给占能源总需求的25%。

（4）国际关系

意大利立足欧洲、依靠北约，主张联合国安理会改革，在反恐问题上主张加强国际合作、标本兼治，主张世界多极化和加强地区性合作，对当前国际金融体制持改革主张，倡导加强全球经济治理，在国际金融机构合作上与中国等新兴国家联系紧密，是亚投行创始成员国之一。

欧盟：意大利是欧盟创始成员国。为应对全球化挑战，积极推动欧盟一体化建设，将强大团结的欧盟视为维护该国安全和利益的基础保障。欧洲主权债务危机爆发后，为应对危机，意大利倡议设立欧盟内部的统一基金，支持欧盟三大经济治理措施。2020年新冠疫情在欧洲暴发后，意大利多次呼吁欧盟团结一致抗击疫情，积极推动欧盟成员国就复兴计划达成一致，并在总额达7500亿欧元的基金中获得2090亿欧元资金支持，成为所占份额最大的国家。

美国：意大利是美国的传统盟友。第二次世界大战后，在政治、经济和军事关系上均同美国保持紧密联系。重视发展跨大西洋伙伴关系，主张发展与美特殊伙伴关系。据2021年6月28

日报道，美国国务卿布林肯当天访问意大利，并与意大利外长迪玛约召开了联合新闻发布会。迪玛约在发布会上宣称，意大利与美国的盟友关系，比与中国的关系"更为重要"。迪玛约声称，意大利是美国的盟国，也是北约和欧盟成员国，"这不仅是一个战略联盟，而且还是一种'价值观'，使得'民主国家'可以解决'人权问题'，而意大利一直站在第一线"。

北约：意大利于 1949 年出于美国利益需要加入北约，是其核心力量，认为北约是欧洲主要防务力量，在保障欧洲和各成员国安全方面发挥核心作用。主张北约与欧盟在危机处理与维和行动方面进行密切合作。支持北约东扩，倡导北约与俄罗斯建立新型伙伴关系。

俄罗斯：意大利认为俄罗斯是世界政治、军事和能源大国，积极发展与俄罗斯的关系。意大利是俄罗斯在欧洲第二大、在全球第三大贸易伙伴，重视俄在欧洲政治、安全领域的合作，同俄在经贸、能源、科技和文化等领域的合作不断加深。意大利不主张对俄采取大规模制裁措施。2018 年 10 月，意总理孔特访问俄罗斯。

巴尔干国家：意大利积极促进地区合作，谋求在巴尔干地区发挥作用。用于巴尔干重建的投资额在欧盟国家位居第二。是中东欧国家的重要贸易伙伴。

地中海国家：地中海地区是意大利地缘战略的重点。作为"地中海和平稳定宪章"的倡议国和欧盟—地中海伙伴关系国成员，意大利积极推动欧盟与地中海国家之间加强对话，呼吁欧盟关注地中海地区局势，实施欧盟—地中海战略，支持巴塞罗那进程。

亚非拉国家：意大利同亚太地区国家、东南亚国家保持良好的经济合作。积极参与印巴问题、朝核问题、阿富汗战后重建等亚太国际事务，重视发展与中国、日本、伊朗、中亚五国的双边关系。基于和北非国家深厚的历史渊源，意大利积极拓展同非洲国家关系，积极参与对非援助，加强多领域双边和多边合作。

2. 产业优势劣势

意大利是欧盟第二大制造业强国，实体经济发达。中小企业专业化程度高，适应能力强，被誉为"中小企业王国"，以出口为导向，在多个工业领域具有国际竞争力。地区经济发展不均衡，产业结构差异巨大，北方工商业发达，南方以农业为主。2019 年意大利 GDP 为 1.787 万亿欧元，人均 GDP 为 2.85 万欧元。

（1）航空航天

航空航天是意大利的优势产业。2015 年，航空航天产业营业额超过 200 亿美元，员工人数约为 5 万人，在全球排第 7 位，在欧洲排第 4 位，是意大利高技术领域的最大制造业。主要由国有资本为主的大型企业和 300 多家中小企业构成，有从原材料、零部件到发动机，再到战斗机、直升机和运输机的总装集成的完整门类。其中，航空航天产业的基干是 Leonardo（原 Finmeccanica）及其子公司、中小型企业（SME）、研究中心和大学形成科研生产一体化网络集群。

（2）机床加工

2018 年全球机床主要生产国家排名前五的分别为中国、德国、日本、意大利、美国，其中意大利产值为 72.4 亿美元。意大利一些机床企业已经进入菲亚特、马自达、标致、宝马的供应链。意大利机械行业 2016 年实现产值 450 亿欧元，同比增长 1.1%，其中出口超过 260 亿欧元，吸引投资 9.55 亿欧元，产生了超过 21 万个就业岗位。意大利机械产品的主要市场是德国、中国及美国。

意大利的重型机床处于全球先进水平，其代表有 Innse（茵塞）、Pama（帕玛）、Pietro Carnaghi（皮特·卡纳基）、Lazaati

（拉扎提）等。

（3）机器人

意大利是最早发展工业机器人的国家之一。目前意大利已具有在机器人制造领域的独特优势，在以焊接机器人、车辆组装机器人、车身喷涂工艺机器人为代表的汽车制造领域的机器人研发生产上处于世界领先水平。相关企业已超 200 家，与德国、日本相比在部分领域具有全球领先优势。

（4）医药

医药产业也是意大利优势产业之一。意大利的医疗器械产业很完备，其医疗器械出口额大大高于进口额。意大利医疗器械市场年均创造 80 多亿欧元销售额，在欧盟位居第四。与德国同为欧洲重要的医疗器械出口国。2016 年，意大利医药行业产值近 300 亿欧元，拥有制药企业 200 余家、63500 名从业人员、6100 名研发人员。医药产品为该国主要出口产品之一。在 2016 年近 300 亿欧元的产值中，出口占 73%，约 210 亿欧元。

医药行业是意大利研发创新最活跃的产业，长期以来在医药领域的研发投入高于生产投入。医药产业研发资金密集度居各行业榜首，是平均水平的 5 倍。超过 81% 的意大利医药企业都在从事科研创新。

相关数据显示，意大利医疗器械企业总计约 3957 家，从业者超过 76400 人，年产值约为 165 亿欧元，出口市场以美国、法国和德国为主。

根据中国海关数据，2015—2017 年，中意医疗器械进出口贸易总额为 10.21 亿美元，年复合增长率为 9.27%。2017 年，中意医疗器械进出口总额为 6.15 亿美元，同比增长 12.27%，占全球医疗器械进出口市场的 1.46%。其中出口额为 3.86 亿美元，同比增长约 14.36%。中国从意大利进口医疗器械以一次性耗材（其他注射器、针、导管等）、彩超、其他人造的人体部分、医用 X 射线应用设备、肾脏透析设备为主。国内医院使用的 ECMO 设备就有部分来自意大利索林集团（Sorin Group），索林集团还是全球仅有的五家能生产心脏起搏器的企业之一。

（5）高速铁路、城市轨道交通技术

在高铁和城轨设计、施工、铁路安全关键技术的集成和车辆制造技术等领域，意大利都处于国际领先地位。安莎尔多公司为丹麦哥本哈根地铁生产的无人驾驶地铁，技术水平先进。在机车制造、安全控制系统等领域，MERMEC 机械制造公司是该国的代表性企业。

（6）汽车工业

作为世界汽车主要生产国和重要的汽车市场之一，意大利拥有独立自主完整的汽车产业体系，在整车、发动机设计与制造，汽车技术研发和制造工艺等领域均处于世界先进水平。

1899 年创建的菲亚特汽车公司在长期的发展过程中，逐步成长为意大利第一大汽车制造企业，同时其集团公司还在金融、保险、航空、能源等产业上多有涉足。菲亚特以其具有绝对优势的国内汽车产量占比成为意大利汽车的代名词。21 世纪初期，该公司曾遭遇经营危机，但经过多年努力，已经基本脱离危机，保持着稳健发展的良好势头。在欧盟委员会的批准下，2009 年菲亚特完成了对美国克莱斯勒汽车的收购案。此后，通过不断的股权收购和调整，克莱斯勒汽车在 2014 年成为其全资子公司，并成立了全球第七大汽车制造企业——菲亚特克莱斯勒汽车股份有限公司（FCA）。

截至 2016 年年底，FCA 在意大利及全球设有 162 个制造厂、87 个研发中心，拥有员工 23.1 万人。2016 年营业收入为 1110 亿欧元、利润为 61 亿欧元。2016 年，FCA 共生产 110 万辆车，产量达 2007 年以来的最高水平。2016 年，意大利的汽车销量为 182 万辆，同比上涨 15.82%，FCA 的市场份额为 28.94%。

（7）汽车零部件制造

意大利在轮胎与精密机械、器具机械、齿轮、连接件和模具的生产等汽车零配件制造领域，长期位居世界前列。布鲁果拉 OEB 工业股份公司是世界上最大的汽车工业固定件生产企业之一，此外 Bitron 公司和 Brembo 公司也是该国汽车零部件制造企业中的代表企业。

（8）农业

意大利境内 56% 的土地都用于农业生产，农业产量居欧盟前三，果蔬、葡萄栽培和橄榄作物是其主要农业产出。该国的农业吸纳了约 140 万人的劳动人口。全国拥有接近 300 万个农场，单个农场平均面积约为 7 公顷。由于多样的自然环境和地貌地形，意大利农业呈现多元化、区域特征强的发展特点。

2016 年，意大利农业增值总量为 316 亿欧元，居欧盟首位。意大利农场主协会的一项报告指出，2016 年意大利农产品出口额达到 384 亿欧元，其中最受国外市场欢迎的农产品是意大利葡萄酒，2016 年出口额为 56 亿欧元，新鲜水果和加工水果（46 亿欧元）、新鲜蔬菜和加工蔬菜（37 亿欧元）紧随其后，橄榄油出口额为 12 亿欧元。

葡萄酒是意大利的传统优势行业，全国共有约 65 万家葡萄酒生产企业，每年创造了超过 130 亿欧元的销售收入，此前长期仅次于法国，葡萄酒产量位居全球第二。2015 年，意大利葡萄酒产量超过法国，生产酿造大约 48.9 亿升葡萄酒，相当于 65.2 亿瓶。根据意大利农场主协会 Coldiretti 和 Symbola 基金会发布的信息，2015 年意大利葡萄酒出口与 30 年前相比增长 575%。目前，在全球葡萄酒出口国中，意大利已经坐稳头把交椅。品种分类上，55% 为红葡萄酒，45% 为白葡萄酒。德国、英国、荷兰、法国和奥地利是意大利葡萄酒的主要出口目的地。

农业机械化水平也能体现意大利农业的较强优势。20 世纪 70 年代，意大利农业就已经全部实现机械化，水稻是实现全部机械化的首个品种，此后小麦、大麦、玉米也陆续实现了机械化作业。在 20 世纪 90 年代，意大利的农业机械化就已经达到了较高水平。

（9）皮革业

意大利的皮革产业闻名全球，其生产技术和产品产量在全球市场中名列前茅。该行业拥有 1300 家企业，年营业额为 52 亿欧元，雇用员工 1.8 万名。意大利国家统计局数据显示，2016 年意大利皮革及相关产品销售额为 202.29 亿欧元，同比增长 8.04%。维琴察、托斯卡纳、索洛夫拉和米兰是该国皮革业企业的主要聚集地区，长期保持着与国外供应商和客户的紧密关系，具有极强的国际导向性。意大利皮革产业的两大优势和特色分别是质量上乘的优质产品和设计时尚的造型设计，这两大特色使得意大利皮革制品在全球享有极高声誉。

（10）服装纺织

意大利纺织服装业是意大利国民经济的支柱产业，其产品闻名世界，范思哲、古奇、泽尼亚、普拉达等是业内顶级的知名品牌，引领着全球时尚，成为身份地位的象征。形成了设计特色、生产创新、销售完善的系统性产业构架，使意大利成为全球纺织服装生产和出口强国。

3. 与中国的合作现状

机床和机器人是中国自意大利进口的主要优势产品。意大利已经成为中国机床市场的第六大供货国。在中意经贸中，机床贸易占据重要地位。意大利销往中国的机床总价值占到意大利机床出口总额的 10%，在这一领域两国具有广阔的合作潜力和市场前景。2019 年意大利与中国签署共建"一带一路"合作谅解备忘录，中意两国经贸合作日益紧密。

意大利机床产业发展历史悠久，在特定领域国际竞争力强。以重型机床、大型机床为代表的意大利机床得到了中国企业的青睐。近几年，中国制造业企业转型升级速度加快，高端制造业企业对高端、定制化机床需求旺盛，意大利机床在中国拥有旺盛的市场需求。

中国的大型标准化机床生产企业和意大利的小型专业性强、高定制化的机床厂商之间具有极强的互补能力和合作空间。在2019年第二届中意机床论坛上，两国机床工具企业就未来合作展开进一步对话。

4. 未来有可能的合作

在先进机床方面，意大利政府近两年推出了该国的工业4.0计划，鼓励和促进了该国企业加大在技术研发和高端设备制造上的投资力度和规模，特别是在高端机床设计和制造领域，意大利在该领域的全自动化、数字化和互联化上已经形成较强的技术竞争优势，对于中国相关制造业企业来说，是高质量先进机床进口的优良选择，能够满足中国制造业转型升级的市场需求。

在可持续设计方面，意大利设计的自我更新能力、生产工艺以及在循环性和可持续性的基础上对材料进行的定性研究，是后疫情时代意大利经济复苏的基石，设计所面临的新的挑战是可持续性。因此，城市重建和材料循环再利用问题成为在华意大利设计日的主题，这与罗马申办2030年世博会的主题完全一致，该主题的提出，也是建立在绿色及数字转型为土地再生提供机会的基础上。北京首钢制氧厂的改建是一个恢复废弃工业场地的典范，该工业场地已成为一个受欢迎的空间，这要归功于意大利都灵理工学院在技术和城市规划领域的卓越经验。位于奥林匹克游客中心的氧气工厂，迎接了来自世界各地的运动员和记者，它从一家钢铁厂转变成为世界了解中国的窗口，见证了意大利和中国之间良好的合作，特别是见证了2026年米兰—科尔蒂纳接过冬奥接力棒。在未来，越来越多的建筑会吸收意大利可持续设计的理念。

第三方市场合作方面，从比较优势的角度来看，两国企业和产业在不同产业、不同领域具有自己的独特优势，同时这些产业和领域间也有着较强互补性。在第三方市场无论是推动哪一国的优势产业发展，都离不开另一国优势产业的配套和支撑，因此中意两国在第三方市场合作上潜力巨大。

（九）俄罗斯：合作空间广阔

1. 国家基本情况

在2020—2021年"一带一路"投资友好指数测算中，俄罗斯总指数为25.33，名列共建"一带一路"合作国家第24位，其中宏观环境友好指数为18.87，人力资源友好指数为40.14，基础设施友好指数为23.99，制度环境友好指数为24.48，金融服务友好指数为26.13。

尽管俄罗斯的投资友好指数得分并不高，但其既是"五常"之一，又与中国背靠背，在很多国际问题上与中国有着充分的合作。按外交部发言人的讲话，中俄合作无上限。因此，非常有必要将俄罗斯与中国间的"双循环"基础作一简单述评。

表8.11　　俄罗斯"一带一路"投资友好指数及分指标得分

	投资友好指数	宏观环境友好指数	人力资源友好指数	基础设施友好指数	制度环境友好指数	金融服务友好指数
得分	25.33	18.87	40.14	23.99	24.48	26.13

（1）国家介绍

俄罗斯是世界上国土最辽阔的国家，有1709.82万平方千米，东西横向跨度最长达到9000千米，南北最宽则甚至达到4000千米，横跨整个欧亚大陆，领土包含了欧洲的东部和亚洲的北部。国内共有 85 个平等的联邦主体，包含 22 个共和国、9 个边疆区、46 个州、3 个联邦直辖市、1 个自治州和 4 个民族自治区。

俄罗斯自从独立以来，在科技、政治经济、国际事务影响力等方面均展现出了大国风采。进入 21 世纪后，普京总统执政，俄罗斯的经济发展稳定且快速，连续 8 年的 GDP 年均增幅达到 6.7%，与其他国家不断深入的国际经贸往来也显著提升了俄国民的生活水平。在机械、冶金、油气、煤炭化工、航空航天、核工业等重工业部门，俄罗斯均有较大优势，部分工业的技术处于世界先进水平。

（2）自然资源情况

俄罗斯的自然资源既种类多样，又储备雄厚，具有很强的资源自给自足能力。

①森林资源

俄罗斯是世界上森林覆盖面积最大的国家，共 8.67 亿公顷，占俄全境土地面积的一半，木材蓄积量为 820 亿立方米。

②矿产资源

俄罗斯有多种储量占世界较大比重的矿产资源，包括天然气、钾盐、煤、铁、铝、铀、黄金、镍、锡等，且天然气、钾盐、铁矿石储量均为世界第一，煤炭、铝矿、锡矿储量为世界第二。具体而言，天然气已探明储量达 48 万亿立方米，占世界的 1/5；铁矿储量达 650 亿吨，约占全世界总量的 2/5；锡储量达 43 万吨，占世界总量的 13%；煤与铝的储量分别为 1570 亿吨和 4 亿吨。其他储量世界领先的矿产中，铀储量达 48.6 万吨，占世界总量的 8%，居世界第四；黄金储量达 1.42 万吨，居世界前列；镍储量达 690 万吨，占世界总量的 8%，居世界第四；铜储量达 6100 万吨，占世界总量的 7%，居世界第四。此外，俄罗斯的油气和矿产资源每年还在增加探明储量，将持续巩固其世界最大资源国的地位。

③水力和渔业资源

俄罗斯水力资源丰富，有超过300万条河流和280万个湖泊，拥有世界蓄水量最大的淡水湖——贝加尔湖。生物资源总量超过2580万吨，鱼类达2300万吨，渔业资源相当丰富。

（3）战略交通要道

俄罗斯广袤的国土与变化多样的境内土地条件，导致俄公路体系发展速度较慢，水平也较落后。其他方式如铁路、航空、水运等，虽已发展到一定水平，但多为苏联时期建成，因此较陈旧。俄总体上的交通基础设施建设相较于其大国地位仍有一定差距，在安永公司的评价中，俄罗斯铁路基础设施水平居世界第33位，港口、空运、公路则分别居世界第82位、第87位、第111位。2015年，俄拨款5010亿卢布用于道路建设，同比增长26%。其中，向公路建设拨款3730亿卢布。2018年3月，普京强调未来6年内将投入共11万亿卢布，主要用于国内公路建设和养护，尽快完成俄罗斯部分的欧亚交通大动脉建设，并对贝阿铁路、西伯利亚大铁路进行升级，目标为铁路过货能力增加50%，提升至1.8亿吨。虽然俄开始着力改善交通体系，但除个别大城市外，陈旧落后的状况仍需要更长的时间来改善。

2017年，俄罗斯货运周转量为54767亿吨千米，同比增长5.4%，其中，铁路运输为24930亿吨千米，同比增长6.4%；汽车运输为2509亿吨千米，同比增长1.3%；海运为459亿吨千米，同比增长6.5%；内河运输为645亿吨千米，同比下降4.0%；空运为76亿吨千米，同比增长15.2%；管道运输为26149亿吨千米，同比增长5.1%。

①公路

截至2016年年底，俄罗斯公路网总里程达165.9万千米。从俄联邦公路署的数据可以看出，目前俄罗斯国内近30%的公路质量并不符合养护标准。2017年年初，俄推行了650亿卢布的"安全、高质量公路"规划，预计将辐射38个城区，对5万千米的公路进行维修养护，并在两年内完成对全国公路网的维修。

俄罗斯公路位于欧洲部分的共有 25 条，这些公路主要与芬兰、乌克兰、白俄罗斯、立陶宛等欧洲国家公路相连，少数几条与哈萨克斯坦、中国等亚洲国家相连。可以看出俄罗斯公路建设仍以苏联时期的公路建设为基础，并未像亚洲等国那样实现建设方面的飞跃性发展。

②铁路

根据世界经济论坛发布的《2017—2018 年全球竞争力报告》，俄罗斯铁路基础设施水平位居世界第 23 位。截至 2017 年年底，俄罗斯公用铁路网总运营里程为 8.6 万千米，世界第二长，电气化铁路里程为 4.4 万千米，占比为 51.2%。为改善铁路运营速度问题，俄铁路公司已成立高铁部门，计划建成国内的统一高铁网络，连接东西部的主要城市。

目前，俄罗斯共有 11 条国际铁路干线与芬兰、立陶宛、乌克兰、白俄罗斯、阿塞拜疆、蒙古国、中国、朝鲜等国家相连，主要是十月铁路、北高加索铁路、莫斯科铁路、伏尔加河流域铁路、跨西伯利亚铁路、贝阿铁路。

③空运

俄罗斯机场共有 232 个，71 个是国际机场，主要机场有莫斯科的谢列梅杰沃国际机场、伏努科沃 1 号国际机场、圣彼得堡国际机场等。俄罗斯现有航空公司 46 家，其中 11 家年运力超过 100 万人次。2017 年，其航空客运量为 1.05 亿人次，同比增长 18.6%，其中国际客运量为 4248.4 万人次，同比增长 32.1%；国内客运量为 6256.8 万人次，同比增长 10.9%。客运周转量为 2593.85 亿人千米，同比增长 20.3%。货运量为 76 亿吨千米，同比增长 15.2%。现俄罗斯已开通上百条国际航线，其中俄罗斯"空中舰队"航空公司有 73 条、俄罗斯航空公司有 54 条、俄罗斯洲际航空公司有 46 条、俄罗斯西伯利亚航空公司有 22 条、联合航空公司有 6 条。

④水运

截至 2017 年，俄罗斯内河通航里程达 10.2 万千米。摩尔曼斯克、圣彼得堡、符拉迪沃斯托克、纳霍德卡等是俄国内重要的大型海港，莫斯科则被称为"五海之港"。伏尔加河将俄罗斯与欧洲通过水运紧密相连，远东地区则通过阿穆尔河（黑龙江）承担着俄在亚洲的大部分河运，作用巨大。2017 年年底，俄港口吞吐能力突破 10 亿吨，达到了 10.25 亿吨。俄罗斯计划在未来 6 年内能够进一步提升亚速海、黑海水域港口和铁路对接的能力，将其吞吐量提升 50% 至 1.31 亿吨。

（4）国际关系

①总体外交规划

2013 年 2 月，俄罗斯总统普京批准了新的《俄罗斯联邦外交政策构想》，将苏联空间的一体化作为绝对优先目标，因此对独联体、欧亚经济共同体、集体安全条约组织等联盟着重关注。另外，将优先关注欧盟与德国、法国、意大利、荷兰等天然气领域的重要伙伴国家。与美国的外交目标，则是寻求"反导系统不针对俄罗斯核威慑力量的法律保证"，并要求美国"遵守包括不干涉他国内政原则在内的国际法准则"。由于该构想认为世界政治经济重心正逐步转移至亚太地区，俄将发展同中国、印度之间的友好关系作为新构想下最重要的外交方向之一。

俄罗斯在新构想上提出了 3 个关键目标：一是协助促进世界经济复苏，为此"俄罗斯将积极促进建立公平、民主的全球经济贸易与货币金融体系"。二是反对干涉别国内政，为此莫斯科将"确保尊重人权和自由"，但同时要"考虑每个国家的民族、文化和历史特点"。在国际互联网上，俄罗斯将坚决抵制以干涉内政为目的的新技术的使用。三是坚持联合国的"不可替代性"，即不允许任何以负有"保护责任"为借口，"实施军事干预或其他形式的干涉"。

②与西方国家的关系

经历了乌克兰危机之后，西方国家在政治、能源、金融、军事等领域对俄罗斯实施了多轮制裁，俄罗斯亦实施反制措施。俄罗斯与西方国家的关系开始恶化，导致俄罗斯与西方各国的关系出现紧张态势，各方面的合作也由此受到了不同程度的影响，2022年俄乌冲突更加恶化了这种态势。目前俄西关系看不到缓和的迹象。

③与中国的关系

俄罗斯在多个领域与中国展开国际合作，不断增进双方平等互信的全面战略协作伙伴关系。俄中两国在主要国际政治问题上保持一致的原则立场，并以此为一大重要基础共同维护地区和国际社会稳定，解决紧迫问题，寻找途径应对人类所面对的新挑战和新威胁。两国也将在20国集团、金砖国家、东亚峰会、WTO、上合组织等多个国际框架下拓宽合作方式。俄罗斯认为，俄印中合作机制是重要的长期发展机制，这个机制有益于三国发展互惠互利的外交和经济合作关系。

2. 目前与中国的产业合作简述

中俄两国是合作密切的伙伴关系，近年来两国间全方位合作水平越发提高，经贸往来稳步向前。据中方统计，2020年因受新冠疫情冲击，中俄两国间贸易额达到1077.66亿美元，同比降低2.7%，其中，中国向俄罗斯的出口额为505.85亿美元，同比上升1.8%；中国从俄罗斯的进口额达571.81亿美元，同比下滑6.34%。中国对俄罗斯出口额主要集中于机械与钢铁制造、电气设备、服装制造、汽车制造、医疗器械及其他广泛的生活用品等行业，俄罗斯以此弥补其生活资料产能的这一短板。中国则主要从俄罗斯进口矿物燃料及产品、木材及各类制品、水产品等。

在投资方面，得益于俄远东发展战略所设立的跨越式发展区、符拉迪沃斯托克自由港等，中资可以此为机遇，投资于农业、化工、建筑业、原料加工等领域，与俄方进一步展开持续合作。2017 年 4 月，中俄两国展开政府间投资合作委员会第四次会议，并于该次会议上确定了 73 个优先进行投资发展的项目，预计投资总额将达到 1000 亿美元。有代表性的项目如农业产业集群（滨海边疆区）、中石化出资参股（西布尔公司）、木材加工综合体（哈巴罗夫斯克州）、乌多坎铜矿（贝加尔边疆区）。以下针对有代表性产业简述中俄间产业合作现状。

农业：农业是两国间重要的贸易领域，中国对农业合作十分重视。中俄在地理上位于不同气候带，俄罗斯国内的农业资源丰富，而中国有广阔的国内市场，双方存在互补，可以做到农业上的互利双赢。2017 年，中俄双边农产品的贸易额超过了 40 亿美元，大量俄罗斯的海产品、粮食和油籽进口到中国，中国的水果蔬菜和淡水产品则出现在俄罗斯人民的餐桌上。

能源化工：能源合作被称为中俄间合作的"压舱石"，在两国的经贸往来中具有基石地位。在能源与电气领域的合作中，俄罗斯均成为中国最大的进口来源国；而在原油与煤炭领域，俄罗斯也成为中国第二大进口来源国。2021 年 12 月，中俄东线天然气管道投产通气达两周年，其间累计已为中国输气 136 亿立方米。在 2021 年 1—11 月中，该管道累计输气 91.68 亿立方米，同比大幅增长 196%，中俄天然气领域合作水平的突飞猛进，为两国未来的能源化工合作注入了一针强心剂。除此之外，中石化还与俄方西布尔公司合作，于 2020 年开工建设阿穆尔天然气化工综合体项目，成为双方在天然气及其产品领域的又一合作。该化工综合体预期将成为世界上最大的聚合物产地之一，总产能为每年 270 万吨。

建筑业：建筑业将成为俄罗斯经济发展的新动力，因为中俄在建筑业领域中体现出互补性强、合作空间大的特点，而且可以带动整个产业链的合作持续健康发展。2006 年，中俄双方的建筑业协会共同签署《中国建筑业协会与俄罗斯建筑业协会合作意向书》。2018 年，俄罗斯总统企业家权利全权代表，俄中友好、和平与发展委员会俄方主席鲍里斯·季托夫称，俄罗斯提议与中国在住房建设领域开展更加积极的合作。俄罗斯的快速发展为中国公司提供了很多商业住宅建设的机会，让中国有机会发挥自身的建设能力。

科学技术：中俄均为国际上的科技大国，双方在科技领域已然开展了广泛的合作，成果在航空航天、船舶与海洋、医疗、化工以及民用生活等领域发挥着重要作用。以阿里巴巴、腾讯、滴滴等中国互联网企业为代表的中国数字经济持续在俄拓展业务，大大提升了俄数字经济发展水平。此外，中俄将于 2020—2021 年首次举办两国间的"科技创新"国家年，已计划实施活动超过 1000 项，这表明中俄在科技领域不断进行合作具有广阔可能性与发展前景。具体而言，双方将在战略性旗舰项目、联合实验室与研究中心、人才的双向流动、成果转化、创业投资等方面不断扩大科技协作。在未来，中俄将以科技领域双方合作水平的不断提升，促进两国间新时代全面战略协作伙伴关系长期良性发展。

3. 俄国产业优势与劣势分析

（1）优势产业

①石油天然气工业

俄罗斯的油气产业常年在其经济发展中占据核心地位，国家财政预算的制定都需要参考生产的乌拉尔牌石油价格。2019 年，俄罗斯油气开采与出口数据：石油开采 5.61 亿吨，同比增长 0.8%；原油加工 2.9 亿吨，同比下降 0.7%；石油出口 2.66 亿吨，同比增长 3.3%；天然气开采 7375.9 亿立方米，同比增长 1.7%；天然气出口 2450 亿立方米，同比增长 9.3%。

②冶金工业

俄罗斯拥有非常丰富的矿产资源，是世界上铁、铝、铜、镍等矿产主要的开采与生产国之一，冶金行业在俄经济中占据重要地位。冶金行业约占俄罗斯 GDP 的 5%，占工业生产的 18%。冶金产品是主要出口商品之一，在所有行业中能够为俄罗斯带来约 14% 的创汇额，创汇能力仅次于燃料动力综合体行业。

③国防工业

苏联庞大国防的大部分都被俄罗斯国防工业继承了，拥有较为完整的设计、研发、试验与生产体系，有齐全的生产部门，并且能生产海、陆、空、天武器和装备，这在世界上都是少有的。根据世界武器贸易分析中心数据，俄罗斯常规武器销售额仅次于美国，位居世界第二。2019 年俄罗斯武器出口近 142 亿美元，占世界总量的 15.4%，军用飞机、海军舰艇、陆军装备和防空武器等是主要出口的武器装备。

（2）弱势产业

①农业

俄罗斯土地条件优越，约 4 亿公顷的可耕地都在俄罗斯，占全球的 10%。人均可耕地面积达 0.85 公顷，在世界上位居第五，是全球平均水平的四倍以上。俄罗斯的黑土地优良且肥沃，占世界黑土地的 55%。由于气候和地理限制，仅 12.9% 的土地用于农业。在农业用地中，农作物生产占 60%，剩余基本上都是牧场和草地。

因此，农业是俄罗斯相对薄弱的产业，基本上大部分主要的农产品均需进口，只有粮食产量足以满足国内需求，具体而言，肉及肉制品的自给率仅为 72.4%，奶及奶制品自给率是 71.1%，蛋及蛋制品是 98.1%。肉类制品与水果蔬菜等是主要依赖进口的农产品，其中水果进口量占 80%，糖类占 40%，鱼类约占 37.5%，马铃薯约占 25%。

②纺织业等轻工业

受苏联经济结构的影响，俄罗斯的产业发展模式表现出相似的重视重工业、轻视轻工业的特征。然而，在俄罗斯经济发展的过程中，轻工业水平的薄弱在结构上对整个国家进一步的发展形成了阻碍，经济结构不合理。目前，俄罗斯国内生产的轻工业产品只能在纺织品、服装、鞋靴方面满足国内市场总需求的15%—20%，剩余绝大部分的轻工业制品需求依赖于从中国等国家进口来满足。

4. 未来合作空间广阔

经历了风风雨雨后，如今中俄两国之间的关系越发成熟、稳固，前景十足。根据两国元首确定的目标和方向，双方将拓展科技、能源和农业等领域多元化合作。

中俄两国在发展科技方面拥有巨大的互补优势和合作潜力，双方可以不断丰富科技创新合作机制，不断加大对科技创新合作的支持力度。以举办科技创新年为契机，两国将大力培育实施战略性项目，深化科技成果转化合作，促进人才双向交流，为高科技企业进入对方市场开展投资、拓展业务提供便利，通过科技领域的协作为两国携手共进提供坚实基础。除科技产业的合作外，重视教育合作与人才培养，科教并重也是中俄合作的未来前景。

中俄的科技创新合作，不仅能够共同提高技术能力和国际竞争力，在共建创新生态系统中加强战略协作，还能在全球科技治理秩序调整中和世界科技发展方向上加强战略协作，发出中俄自己的声音，必然对推动全球范围科技创新合作具有积极意义。

在能源领域，中俄签署了多项油气方面经贸合作的协议。远东天然气购销协议表明，俄方将每年向中国输气增加100亿立方米，由此每年对华输气量可达480亿立方米。原油购销合同则约定，俄罗斯将在十年中继续经哈萨克斯坦向中国输送1亿吨原油。截至2022年1月，中石油已累计自俄罗斯进口管道原油超过 3 亿吨，天然气超过 150 亿立方米。在未来，油气领域的中俄合作将稳定推进，拥有良好的发展前景，有助于促进中俄双赢。

在农业领域，中俄合作潜力巨大。两国农业部正在联合编制中国东北地区和俄罗斯远东及贝加尔湖地区的农业发展规划，该规划将进一步更好地为双边农业合作提供帮助与发展方向，为农产品贸易以及彼此的国际投资扫清障碍，促进顺畅发展，以实现中俄在农业投资与贸易、技术人员合作等方面的广阔前景。

（十）哈萨克斯坦："一带一路"中亚合作典范

1. 国家概况

在 2020—2021 年"一带一路"投资友好指数测算中，哈萨克斯坦总指数为 18.36，名列共建"一带一路"合作国家第 75 位，其中宏观环境友好指数为 11.95，人力资源友好指数为 35.11，基础设施友好指数为 13.41，制度环境友好指数为 23.03，金融服务友好指数为 18.47。

尽管哈萨克斯坦得分并不高，但它既是中亚重要的国家，又在很大程度上受中俄合作的影响。因此本报告也将哈萨克斯坦与中国间的"双循环"基础作一简单述评。

表 8.12　　哈萨克斯坦"一带一路"投资友好指数及分指标得分

	投资友好指数	宏观环境友好指数	人力资源友好指数	基础设施友好指数	制度环境友好指数	金融服务友好指数
得分	18.36	11.95	35.11	13.41	23.03	18.47

（1）国家简介

哈萨克斯坦地处欧亚大陆中心地带，国土面积约为 272.5 万平方千米，有 15% 的欧洲土地，是世界上最大的内陆国家和欧亚次大陆地理中心。西临里海，北接俄罗斯，南连乌兹别克斯坦、土库曼斯坦和吉尔吉斯斯坦，东部则与中国互为邻邦，地理位置十分重要。2020 年，哈萨克斯坦人口为 1863.22 万人，经济上受新冠疫情冲击，GDP 总量为 1698.35 亿美元，同比降低了 2.6%，比 2019 年减少了 118.32 亿美元。

（2）自然资源优势

哈萨克斯坦拥有丰富的石油与矿产资源，被称为"能源和原材料基地"。2018 年石油储存量为 396 亿桶，为世界第八大国。据哈方数据，目前其石油可采储量为 40 亿吨，天然气可采储量为 3 万亿立方米。哈萨克斯坦已探明 1200 多种矿物原料，多种矿产储量占全球较大比重，超过世界总量 10% 的矿产包括钨（超过 50%）、铀（25%）、铬（23%）、铅（19%）、锌（13%）、铜和铁（10%）等。

（3）战略交通要道

哈萨克斯坦的交通体系以公路和铁路为重。

双西公路：贯穿中国、哈萨克斯坦与俄罗斯的洲际公路，全长 8445 千米。东部的起点为中国连云港，最终抵达俄罗斯圣彼得堡，连接到欧洲的公路网络。该公路连接哈萨克斯坦境内沿线共五个州，总人口为 460 万人，全长 2787 千米。

铁路：哈萨克斯坦的铁路交通在整个交通体系中至关重要。目前铁路干线总里程为 1.51 万千米，其中复线约为 5000 多千米，电气化线路为 4100 多千米，站线和专用线路为 6700 千米。

航空：2019 年，航空公司累计运载旅客 850 万人次，同比增长 7.5%；各大机场服务旅客近 1700 万人次，同比增长 12.5%。目前哈共有 21 个大型机场、12 个国际机场，阿拉木图机场和努尔苏丹机场承担了多数航班。

阿克套港：作为一个内陆国，哈萨克斯坦水运并不发达。唯一的国际海港是阿克套港，也是航空、铁路、公路、海运和管道多种运输途径的交通枢纽。

（4）国际关系

哈萨克斯坦自称为"有实力的重要地区大国"，外交政策上以巩固独立和主权为中心，奉行"全方位务实平衡"外交。在具体的外交重点上，将独联体作为优先的外交事务，重视同大国俄、中、美以及中亚地区和欧盟的国家间的外交关系。哈萨克斯坦也积极同伊斯兰国家开展外交，推动伊斯兰国家和西方国家之间开展对话。

哈萨克斯坦是联合国、国际货币基金组织、世界银行等国际组织的成员国，希望成为亚太经济合作组织成员国，以进一步同亚洲国家开展国际合作。此外，哈萨克斯坦还加入了北约"和平伙伴关系计划"，主张建立亚洲安全体系，打击恐怖主义，以及通过世界各国团结共同应对人类的威胁和挑战。哈萨克斯坦已加入核不扩散条约，并签署了全面禁止核试验条约。

①哈萨克斯坦与美国

美国是哈萨克斯坦多元平衡外交的重要方向。哈美关系近年来得到稳步发展，双方在阿富汗问题、叙利亚问题、中亚地区安全问题、防扩散问题、禁毒问题上紧密配合。2018年2月，纳扎尔巴耶夫访美。2019年9月，托卡耶夫赴美出席第74届联合国大会，其间在美国《国会山报》（*The Hill*）上发表署名文章，表示将继续保持与美国紧密的伙伴关系。2020年2月，美国国务卿蓬佩奥访哈，重点推介美国中亚地区新战略。

②哈萨克斯坦与中国

1992年中哈正式建交，作为有着超过1700千米共同国界的国家，两国政治高度互信，经济深度融合，持续在各领域开展合作，哈萨克斯坦在联合国与上合组织等国际组织的框架内也同中国保持密切合作。2005年7月，两国成为战略伙伴。2011年6月，两国成为全面战略伙伴。在涉藏、涉疆等中国核心利益问题上，哈方一贯支持中方立场。

　　共建"丝绸之路经济带"是 2013 年 9 月中国国家主席习近平访哈期间提出，哈萨克斯坦方面积极参与共建"一带一路"。2019 年 4 月，哈萨克斯坦总统纳扎尔巴耶夫赴华出席第二届"一带一路"国际合作高峰论坛，习近平主席向纳扎尔巴耶夫颁授"友谊勋章"。6 月，上合组织比什凯克峰会期间，哈萨克斯坦新当选总统托卡耶夫与习近平主席会晤，强调中哈外交关系对哈萨克斯坦的重要性与优先性。9 月，托卡耶夫访华并与习近平主席会晤。两国元首一致决定，双方将本着同舟共济、合作共赢的精神，发展中哈永久全面战略伙伴关系。

　　2022 年 6 月中哈发布联合声明，在 21 世纪继续加强全面合作。2022 年 9 月 14 日，中国国家主席习近平对哈萨克斯坦进行了国事访问，两国关系进一步深化。

2. 与中国产业合作简述

　　中哈经贸合作总体发展势头良好。中国是哈萨克斯坦最主要的贸易和投资伙伴之一。据中国海关统计，2020 年，中国与哈萨克斯坦双边贸易额为 214.3 亿美元，同比下降 2.6%，双边贸易中方顺差为 19.9 亿美元，同比增长 42.7%，中国是哈萨克斯坦第二大贸易伙伴国。在哈萨克斯坦注册经营的中资企业数量超过 1000 家。2019 年开行过境哈萨克斯坦的中欧班列超过 6000 列。

　　据中国商务部统计，截至 2020 年年底，中方对哈各类投资累计 214 亿美元，中国是哈前五大投资来源国之一，占哈利用外国直接投资总额的 4.7%。中方对哈工程承包累计合同额为 389.7 亿美元，累计完成营业额约为 277.9 亿美元。虽然一定程度上受到新冠疫情影响，但由中方企业承建的多个项目有序推进复工复产并取得进展。目前，中哈的产业合作主要集中在农业、能源、交通运输等领域。

　　农业：中国的西安爱菊粮油工业集团在哈萨克斯坦的北哈

州投资建设了农产品物流加工园区，以菜籽加工和菜籽油生产创新为主，是中哈产能合作清单首批重点项目之一。该园区包含哈方国内最大的油脂厂，年加工量可达30万吨，为当地种植菜籽的居民带来了不错的收入。在图尔克斯坦州的金骆驼集团，有与中国合作的马奶和骆驼奶加工项目，已成为哈萨克斯坦最大的骆驼奶粉加工企业。使用了新技术以及产品独有的药用价值，使"哈萨克斯坦制造"品牌得以出口，受到广大外国消费者的欢迎。此外，哈萨克斯坦的面粉、肉类、蜂蜜等优质农产品也已进入中国市场。未来，双方将进一步通过产业上的互补，探索农业合作的更多可能，促进中哈农业合作持续向好发展。

能源产业：中国石油工程建设有限公司于2014年起，承建奇姆肯特炼油厂现代化改造工程，在奉行环境友好理念的条件下提高油品质量。2018年改造基本完成后，该炼油厂已成为一个超现代的技术综合体，也成功使得哈萨克斯坦的高品质燃料油实现自给自足，不仅暂停了燃料油进口，还开始计划向周边国家出口。油气运输上，双方共同修建了中国第一条跨境输油管线——中哈原油管道，三条中国—中亚天然气管线也均经过哈萨克斯坦境内。此外，中哈在新能源领域同样展开了合作，由国家电投旗下中国电力国际与哈方共同投资的札纳塔斯风力发电站已全面投产，目前已满足数万户家庭用电需求，充分利用了哈南部的风力资源，解决了其国内火力发电占比过高、南北供需不均的问题，哈萨克斯坦南部能源供应形势总体有所好转。札纳塔斯100兆瓦风电项目是目前中亚规模最大的风电项目。

交通运输：哈萨克斯坦位于欧亚中心，地理位置十分重要，交通物流体系自然成为中哈重要的合作领域，中国是哈萨克斯坦交通基础设施的最大投资国。尽管受到新冠疫情冲击，中欧班列的货运量仍做到逆势增长。哈萨克斯坦最近十年在交通基础设施方面投入约300亿美元，新投运和改造铁路超过5000千米，并且还将投运 24000 千米的公路，发达且密集的铁路与公路网将为中国未来进一步连接欧洲起到重要作用。中哈合作的部分重大交通物流基础设施已投入运营，包括连云港中哈物流合作基地、"霍尔果斯—东大门"无水港、阿克套港、哈萨克斯坦—土库曼斯坦—伊朗铁路、"双西公路"等，中哈未来将发展位于里海沿岸的阿克陶港口。

3. 产业优势与劣势分析

（1）产业优势

哈萨克斯坦地广人稀，资源尤其是油气资源丰富，地理位置优越，依托资源优势，哈萨克斯坦主要的优势产业有农业、矿业、加工工业等。

农业：哈萨克斯坦的农业发展潜力巨大，国内有 80% 的土地可耕种，可耕地面积超过 2000 万公顷，年播种面积 1600 万—1800 万公顷。小麦是哈萨克斯坦最重要的粮食产物，占粮食作物总产量的 90%，哈萨克斯坦是全球小麦、面粉出口量最大的国家之一。2020 年，哈萨克斯坦农业在疫情冲击下仍保持稳定发展，食品工业及畜牧业产值均持续增长。2020 年 1—11 月，哈实现农业总产值约 121 亿美元，同比增长 5.3%。全年共收获粮食 2100 万吨，粮食品质显著高于前一年，哈萨克斯坦仍是全球粮食大国。

采矿业：采矿业是哈萨克斯坦的支柱产业，2019 年采矿业总产值约为 421.01 亿美元，同比增长 3.7%，占工业总量超过一半。石油天然气开采业是主要产业之一。2019 年石油和凝析油产量为 9052.71 万吨，天然气为 564.35 亿立方米。另外还有矿产资源开采业。有色金属开采业、煤炭工业与铀矿开发主要集中在哈萨克斯坦南部、北部和中西部地区。

加工工业：哈萨克斯坦加工工业主要包括石油加工和石化工业、轻纺工业、建材、家用电器和汽车制造、机械设备和黑色、有色金属材料生产以及烟酒和食品及制药工业。近年来，其迅速发展为工业的另一支柱，2019年产值增长4.4%，占工业总值的近40%。在石油加工领域，2019年哈方共加工原油1607.9万吨，较2018年增长4.8%。近年来哈萨克斯坦大力发展汽车组装生产。目前，哈萨克斯坦的亚洲汽车公司与"金色草原"汽车工业公司为其两大汽车生产巨头，2019年总产量约为4.14万辆，占哈国内汽车产量的90%以上。2019年5月，中国通用技术集团所属中国机械进出口（集团）有限公司和江淮汽车联合收购哈国内最大规模汽车企业阿鲁尔集团51%的股权。

（2）产业劣势

IT与数字化领域：有哈萨克斯坦专家分析指出，哈萨克斯坦国企和私企的数字化实施速度不同，IT技术在各个经济部门的覆盖率不一致，存在将来出现数字化不平等的隐患。

此外，新冠疫情危机也暴露出哈萨克斯坦数字化领域的弱点。哈萨克斯坦目前的政府数字化服务能力能够满足电子数字签名的在线登记和社会福利的发放，但在利用大数据制定防疫措施和掌握市民交通出行动态方面能力不足。在疫情背景下尝试提供在线教育和其他社会服务时，也发现了许多缺陷。哈教育部认为，这主要是由于电信基础设施难以支撑超过250万的用户进行流媒体播放。

物流建设领域：当前哈萨克斯坦的基础设施，主要是物流建设与物流效率还存在一定问题。目前哈萨克斯坦物流运输以公路运输为主、铁路运输为辅，因内陆国原因，水运并不发达，货物交通运输主要集中在东部与南部地区，因此哈萨克斯坦目前的运输结构仍处于发展初期。根据世界银行2018年物流绩效指数，哈萨克斯坦的分数为2.81，在全世界160个国家和地区中排名第71位，仍有较大提升空间。

4. 未来可能的合作

哈萨克斯坦作为欧亚大陆中心的内陆国，区位优势明显，是中国与欧亚各国贸易运输往来的必经之路。两国在经济结构上具有互补关系，发展中彼此需要。如中国是世界主要的能源消费国之一，而哈萨克斯坦的能源矿产业是其支柱产业；中国需要在"一带一路"的国际合作中扩大对外投资，依托中欧班列与"一带一路"的欧亚各国开展经贸合作，而哈萨克斯坦需要引进外资促进经济发展，并加强运输体系和基础设施建设。

然而，目前中哈两国的合作仍以能源矿产领域的初级产品为主，对能源领域投资的过度集中也会带来一定风险。因此，未来应提升中哈经济合作的结构多元化程度，发展能源矿产以外领域的相关合作，努力提高产品的附加值。未来，中哈两国可以在以下方面进一步展开合作。

第一，积极参与哈方基础设施建设进程。针对在经贸合作过程中面临的哈方基础设施落后等问题，中国应发挥在铁路、公路、港口等基础设施建设方面的优势，积极参与哈方基础设施建设，完善哈方全面物流结构的建设。另外，提高物流效率，建立和完善区域转运协调机制，提升连接性和畅通性，进一步建立和推动落实中国与哈方现有的双边运输协定。比如，规范跨国运输收费标准、优化跨国道路运输线路、简化过境手续等，从而进一步降低成本，加深合作交流。

第二，加强对非能源领域的投资。哈萨克斯坦为促进本国工业化发展的"光明之路"计划提出，有针对性地加大对哈萨克斯坦的制造业的投资。优先在新能源、新材料、节能环保等新兴产业进行投资，充分发挥中国的技术领先优势，积极探索创新合作，促进高附加值和高新技术产品贸易。

第三，以通信业与数字化领域的合作作为中哈双边经贸合作的重要切入点。目前，哈萨克斯坦的通信业整体发展水平一般，而中国通信业技术水平较高且发展速度快，据中国网络空间研究院的数据，2019 年中国数字经济规模约为 5.5 万亿美元，占中国 GDP 总量的 36% 以上。在新冠疫情流行的背景下，哈萨克斯坦的数字化水平受到了较大的考验。有哈专家认为，中国的经验表明，利用数字技术进行深入分析，可以更快、更有效地抗击疫情，同时可以节省国家资源。未来，中国应抓住先机，加大对哈萨克斯坦数字经济的投资，满足哈萨克斯坦在这些领域对资金和技术的有效需求。中国可以有针对性地对哈方数字化领域进行投资，如数字系统、相关基础设施、无人驾驶技术、工业 3D 打印等。

（十一）南非：中非合作桥头堡

1. 国家基本情况

在 2020—2021 年"一带一路"投资友好指数测算中，南非总指数为 23.68，名列共建"一带一路"合作国家第 28 位。其中宏观环境友好指数为 11.89，人力资源友好指数为 29.99，基础设施友好指数为 14.51，制度环境友好指数为 34.70，金融服务友好指数为 43.03。尽管南非得分并不高，但南非既是金砖国家，又是非洲最重要的国家之一，中南合作可以给其他非洲国家作出示范，因此本报告也将南非与中国间的"双循环"基础作一简单述评。

表 8.13　　南非"一带一路"投资友好指数及各分指标得分

	投资友好指数	宏观环境友好指数	人力资源友好指数	基础设施友好指数	制度环境友好指数	金融服务友好指数
得分	23.68	11.89	29.99	14.51	34.70	43.03

（1）国家介绍

南非位于非洲最南端，陆地面积超过 121 万平方千米，名列全世界第 25 位，东、南、西三面临海，海岸线长约 3000 千米，整个国家基本为热带草原气候。

南非国民拥有很高的生活水平，南非是非洲第二大经济体，经济水平较其他非洲国家相对稳定。基础设施建设较完善，也有国内运行良好的股票市场。南非在黄金与钻石的产量上为世界第一大国，深井采矿技术也居世界前列，此外财经、法律、通信、能源、交通等同样是较为发达的行业。因此南非目前已被确定为世界中等强国，其非洲领先的地位也使其在地区和世界范围的国际事务中保持显著的影响力。

（2）**自然资源情况**

①矿产资源

南非矿产资源种类多、储量大、产量高，是世界五大矿产资源国之一，其地质被称为世界第二富含矿产的地质构造，目前已探明并开采70余种矿物，总价值约为2.5万亿美元。具体而言，储量、产量与出口量世界领先的矿产为铂族金属、锆族矿石、钛族矿石、锰铬矿石、铝硅酸盐、黄金、钻石、氟石、钒、蛭石等。

表8.14   2018年南非重要矿产资源储量

	储量	单位	占世界比重（%）
铝	715	千吨	0.9
锑	27	千吨	1.8
铬	200000	百万吨	40
煤炭	16044	百万吨	<1
钻石	70	—	9.3
铁矿石	770	百万吨	0.9
铅	300	百万吨	0.3
锰	200000	千吨	28.9
镍	3700	百万吨	4.7
铂族金属	63000	吨	94.0
锆矿物	14000	千吨	18.6
金	6000	吨	10.5

资料来源：南非矿产资源部。

②农业资源

南非主要的农业资源是家禽、牛羊肉、玉米、水果等，多种农产品如羊毛、葡萄酒、鸵鸟产品等产量世界领先。波尔山羊、柑橘与葡萄酒是南非著名的代表性产品，波尔山羊是蜚声国际的肉用羊，柑橘是世界著名果汁品牌的主要原料，葡萄酒2019年出口量达3.2亿升，世界排名第九。

（3）交通情况

南非的交通运输基础设施在整个非洲是最完整和现代化水平最高的，这既大大带动了本国的经济，而且也为周边国家的经济发展起到了至关重要的作用。

①公路

南非公路网分布广泛，既遍布国内全境，又延伸至接壤的其他国家，公路网络长度排名非洲第一，总里程约为75.5万千米，其中国家级公路为1.6万千米，年客运量约为450万人次，货运量约为310万辆。目前，南非针对公共交通拟定了相应规划，快速公交（BRT）已在约堡等大城市建立并投入运营，未来计划实施铁路、出租车、公交车交通体系的一体化。

②铁路

南非铁路网与公路网一同组成了完善良好的陆路交通，铁路总里程为3.41万千米，占非洲铁路总里程的35%，居世界第11位。南非的国家运输集团（Transnet）基本承包了国内的铁路货物运输，同时也是非洲南部最大的铁路运营商，在非洲17个国家有经营业务，雇员有2.5万人。此外，南非计划将铁路发展为多形式的体系化工具，既开设价格低廉、针对低收入群体的城市列车，也在大城市间规划高铁，发展高端铁路运输。

③空运

南非航空运输业比较发达。南非现有民航机场27个，最大的10座机场均位于约堡等主要城市，占全国航空客运量的

98%。每周有超过600架的国内航班和70架国际航班,与非、欧、亚、南美四大洲的部分国家直接通航。约堡的国际机场年均客运量为2400万人次,也是非洲最大的国际机场。截至2019年年中,南非共计有注册飞机15988架。

④水运

三面环海的地理位置使得南非具有发展海运的天然优势,南非政府充分挖掘了这一优势,将南非的海运体系成功建成非洲最大且设施最完备高效的系统,也由此跻身国际上海运发达的国家之一。南非商船共计近千艘,总吨位为75.5万吨,年港口吞吐量约为12亿吨,承载了其96%的出口。德班港是非洲最繁忙且吞吐量最大的港口,年处理集装箱达120万个,吞吐货物达4500万吨。理查德湾港承载了南非大部分的煤炭出口量,由此成为世界范围内最大的煤炭出口港。

(4) 国际关系

①基本对外政策

南非基本的外交政策是在尊重主权、平等互利和互不干涉内政的基础上,同一切国家保持发展双边友好关系,奉行独立自主的全方位外交。以非洲特别是南部非洲为外交政策的基本立足点和核心关注点,在巩固周边基础上倡导"非洲复兴",致力于在非洲事务方面发挥领导作用。努力调解非洲地区冲突,推动非洲民主进程和人权发展。积极参与地区特别是南部非洲一体化进程,推动加强非盟建设,参与制定并积极实施非洲发展新伙伴计划。南非在国际组织中表现活跃,是联合国、非盟、英联邦、二十国集团、不结盟运动、金砖国家、世界卫生组织等70多个国际组织或多边机制的成员国。

②同欧美的关系

近年来南非与西欧、北欧国家领导人互访频繁,政治经济关系良好。欧盟是南非最大的区域贸易、投资及援助伙伴,对南非的投资超过南非全部外国直接投资的50%,双方签署了与贸易、发展、合作相关的协议。2007年5月双方正式签署"南非—欧盟战略伙伴关系联合行动计划"，并设置南非欧盟峰会、南非—北欧首脑会议等多项合作机制。2016年6月，双方签署经济伙伴关系协定，南非产品进入欧盟市场的准入条件进一步更新，有助于双方未来的持续合作。

南非与美国为伙伴关系，在经济与军事领域签有关税条约、防御互助条约和军事协定等，南非领导人也多次访美。美国与南非在经贸往来上彼此均有重要地位，美国是南非第二大贸易伙伴与最大的投资来源国，南非是美国在撒哈拉以南的非洲区域中最大的出口国，也是美国主导推出的"非洲经济增长与贸易机会法案"的第二大受惠国。

③同俄罗斯的关系

南非与俄罗斯一同为金砖国家，双方签署了军事合作协议，建立了政府间联合委员会。1999年曼德拉总统访俄，双方成为友好合作伙伴，从双边、地区和全球三方面规划两国未来关系的发展方向。2006年9月，俄总统普京访南，双方成为战略伙伴。此后，俄总理弗兰德科夫、总统普京与南总统祖马均对对方国家进行过国事访问或出席过金砖国家领导人会晤。

④同非洲国家的关系

南非在南部非洲区域中，外交的首要目标是维护地区安全与发展、推动地区一体化，以非洲为立足点，在外交上持续发挥自身大国作用。南非持续促进"非洲发展新伙伴计划"的实施，在外交多边场合为非洲国家代言，并重视联合国同非盟之间合作的持续紧密。2020年2月，南非担任非盟轮值主席国期间呼吁加强洲内合作，以提高非洲国家与非洲在国际事务中的参与度。南非与非洲国家经贸合作也呈现快速增长趋势，高层互访频繁。南非在地区其他国家有广泛且规模大的投资，对其他国家的经济增长起到了重要作用，非洲的其他国家也是南非的第三大出口目的地。

⑤同亚太、中东的关系

南非与日本建有部长级"南非—日本伙伴论坛"。日本是南非的第四大贸易对象，同时为南非提供了大量的投资和援助。南非与印度外交关系良好，1997 年两国成为战略伙伴，成立了双边联合委员会。2005 年亚非峰会，南非与印度尼西亚共同主持。南非主要与印度、新加坡、澳大利亚、越南、缅甸、泰国、印度尼西亚等亚太国家都有不同程度的外交联系。

南非与中东的沙特阿拉伯、伊朗等国家在国防与能源等领域持续推进经贸往来与国家间合作，同时希望与所有中东国家加强合作。南非关注中东的和平问题，希望各方停止使用武力、以和平谈判解决问题，大力谴责以色列在巴以冲突中滥用武力、杀害无辜平民。同时强烈批评伊战，称对伊战争给多边主义造成了沉重打击，主张以联合国为主导，做好战后重建工作。

⑥同中国的关系

1998 年 1 月 1 日，中国与南非正式建交。两国的高级官员联系密切，双边关系健康发展，各领域合作不断深化和扩大。两国近年在国际和地区的事务中持续推进合作，也受到中南两国元首的亲自关心和推动。由于南非越发重视南南合作，两国的经贸与政治关系得以产生更多的实质性进步，中南关系的重要性进一步提升。

2. 目前与中国的产业合作简述

南非是非洲最大、最重要的经济体，属于金砖国家之一。通过"21 世纪海上丝绸之路"，可实现中非贸易便利化。同时，南非具有丰富的矿产资源，正在加快基础设施建设，中非合作空间巨大，同时南非是中国在非洲经贸往来最频繁的国家、最大的贸易伙伴，中国则是南非最大的进口和出口对象。中国主要从南非进口的是资源性产品，出口的则主要为机电设施、纺织和鞋帽等。2019 年两国贸易总额为 424.7 亿美元，同比下降

2.5%。其中，中国自南非进口 259.2 亿美元，同比下降 5%，对南非出口 165.4 亿美元，同比增长 1.8%。

目前，南非经济发展的重点是工业化和基础设施，中国恰恰对此有着充分的经验与比较优势。由于中国已经在钢铁、建材、日用品等产品的生产线上积累了充分的技术，有高性价比生产线，中国可借此机会切合南非经济发展重点，在技术和人员上开展广泛合作。具体到领域，包含核电、港口、近海油气资源、水产养殖等。

海洋经济：南非拥有 2798 千米的海岸线，但南非水产养殖的产量却并不匹配其绵长海岸线带来的海洋资源优势，出产量不足类似国家 0.1‰，占世界比重极低，仅为 0.00003%。2013 年，南非水产养殖产量约为 4000 吨，仅贡献了非洲总量的 1%，考虑到南非的经济地位与丰富的海洋资源，目前水产养殖的低水平意味着其海洋经济有极大的发展潜力。自 2014 年起，两国领导人便多次表达在未来着重拓展海洋经济合作的意愿。

当下，中国"一带一路"倡议和海洋强国战略持续推进，中南两国在海洋产业领域迎来了巨大的合作机遇。对南非海洋产业发展现状的分析发现，在港口运输与临港工业、海洋的油气资源、渔业、旅游等领域，南非具有良好的区位条件和资源优势，发展基础较好，开发潜力巨大。中南双方在上述领域具有较强的互补优势和多样化的发展途径。

能源合作：2010 年两国能源部门签订了《中华人民共和国政府与南非共和国政府关于能源领域合作的谅解备忘录》，两国正式开启广泛的能源合作。2015 年，中国国家电网公司和南非电力 Eskom 国有公司签订战略合作备忘录，两国最大的国有电力企业正式开展国际合作。中国国家电网既有在电力技术上的积累、又有长期深耕海外投资的经验，非常适合同南非这种现阶段仍以火力发电为主且设施较为老旧的国家开展合作，激发其可再生能源、输电配电、电力设备、智能电网等领域的长期潜能。此外，南非国家电力公司也从国家开发银行得到了 5 亿美元的贷款支持，用于在南非国内建设电站等基础设施。

科技合作：2016 年 10 月，在中国—南非政府间科技合作联委会第六次会议暨中南双边国家委员会科技分委会第六次会议上，双方代表确定了未来两国在科技领域如何开展后续深入合作的相关事项。两国计划在 2017 年开展多领域的联合研究，如新能源、水、农业与粮食、健康、大数据等领域，共同支持 1—2 个大数据相关的旗舰联合研究，共建首个矿冶国家级联合实验室，组织两国青年科学家进行交流，并不断促进中南科技园的合作与发展。

根据《中国—南非政府间科技合作联委会第 7 次会议纪要》，2019 年中南双方将继续开展联合研究项目和旗舰项目征集工作。联合研究项目支持领域包括新材料和先进制造技术、信息通信和人工智能、环境及自然资源可持续管理和绿色技术、健康和农业领域生物技术、传统医药、采矿和冶金、空间科学和天文学，拟支持项目数为 15 个。旗舰项目支持领域方向为生物技术，拟支持项目数为 1 个。

3. 该国产业优势与劣势分析

（1）优势产业

①制造业

制造业是南非国内最重要的产业之一，在经济总量中占据极大比重。2019 年制造业总量达 3838 亿兰特，占南非当年 GDP 的 12.0%。南非的制造业种类繁多且全面，同时拥有先进而成熟的技术积累。冶金与机械、化工、运输设备、食品、纺织品与服装制品等部门是南非制造业着重发展、实力突出的领域，其中，冶金和机械业是制造业支柱。2010 年，南非开启了新产业政策行动计划，将产业目标着眼于促进其国内的经济特区和工业园区进一步加速发展，优化产业结构，增强制造业在国际上的竞争力。近年来，在不断优化下，南非国内的汽车制造、农产品加工等针对出口世界的新兴产业发展较快，传统的纺织、服装等行业变得缺乏竞争力。

②矿业

南非是世界范围内矿业产值的第五大国，丰富的资源储备与产量使矿业成为其经济的支柱，资源的出口占出口总额的近1/3。具体而言，南非是世界上铂金产量最高的国家，且是世界上多种矿产如铂金、黄金、煤炭的主要出口国，分别为全球第二大、第三大与第六大国家。Sibanye公司是南非最大、世界前十的黄金生产商，也是全球最大的铂族金属供应商。凭借世界先进的矿业技术，如采矿机械、选矿设备、矿井通信和安全保障、冶炼和加工、深井开采等，南非的矿业企业也已打入欧洲、拉美和非洲多个国家的市场。2019年，矿业产值为2262亿兰特，占GDP的7.1%。

③农林牧渔业

南非可耕地约占土地面积的13%，农业较发达，其农业品出口占非矿业出口总量的15%。2019年农林牧渔业增加值达到691亿兰特，占GDP的2.2%。南非是全球第九大羊毛生产国，并且花卉、水果、红酒、罐头食品、烟酒饮料等产品均在国际上十分畅销。玉米是南非最主要的农作物，产值约占全部农作物的40%。南非作物预估委员会预计，因为天气干旱，农户播种较晚，2016年南非可能收获778万吨玉米，比2015年的995万吨减少约22%。旱灾结束后，2017年南非的玉米产量翻了一番，达1649.8万吨，增长112%，体现出南非农业较强的恢复力。南非2019—2020财年玉米产量预估为1051万吨。

④通信网络

南非电信发展水平居世界前列，电讯和信息技术产业发展较快。南非共有500万部固定电话、2900万移动电话用户，互联网普及率达到52%，用户为2858万。TELKOM公司作为南非主要的固定线路通信经营商，同时也成为非洲最大的电信公司，该公司已在约翰内斯堡和纽约两地上市。DIDATA 和 DATATEC 是南非前二的信息技术公司，在卫星直播和网络技术上的竞争力较强，其服务已拓展到海外，在英美市场中占一席之地。MIH 公司同样是卫星直播服务公司，已垄断撒哈拉以南的非洲绝大多数国家的服务。

⑤旅游业

南非是世界著名的旅游胜地，是非洲接待国际游客最多的国家，自然和人文旅游资源极为丰富，拥有发展旅游业得天独厚的禀赋。在过去的十年中，南非的旅游业在其国内诸产业中发展最为迅速，也是世界上旅游业增长速度第三快的国家，产值占 GDP 约 9%，有 140 万旅游业人员。有分析机构预计到 2028 年，南非旅游业总量将达 5986 亿兰特，占 GDP 约 10.1%。南非旅游业的基础设施建造完备，有 700 多家大宾馆、2800 家中小旅馆及 10000 多家餐馆，并且南非还拥有全球最高蹦极设施。在 2016 年全球旅游与休闲最佳奖项中，开普敦被评为非洲最佳城市。2019 年，南非接待全球和中国游客数量分别为 1021 万人和 93171 人。2018 年，中国游客在南非的消费额同比增长了 69%，成功促进了南非的旅游业发展。

（2）弱势产业

①纺织业

自 21 世纪中叶南非纺织业达到顶峰以来，其增长一直远低于其整体潜力。该行业在 2016 年实现了 10.7 亿美元的纺织品和服装出口，但同时也在服装进口上花费了 29.2 亿美元，将近一半的纺织品需从中国进口。2017 年主要进口商品包括纺织制品、皮革制品、羽绒制品等，进口额达到 31.21 亿美元，占进口总额的 6.8%，同比增长 3.8%。此外，由于技术和产能限制，尽管南非国内对冬夏服装需求量大，但国内生产线只能满足约 60% 的需求。工艺、花纹、价格上与进口产品的差距致使其依赖于海外进口服装。

南非长期干旱导致更多农民从灌溉土地转向旱地棉花种植，气候问题是纺织业面临的主要挑战。此外，美国等主要出口市场的经济波动也威胁着该行业目前的微薄利润率。从中国进口的廉价纺织品继续给本地纺织品定价带来压力。

②食品加工业

南非是食品生产大国和贸易大国。据联合国商品贸易数据库统计，2017 年南非食品贸易额达到 154.2 亿美元，同比 2016 年（140.6 亿美元）增长 9.7%。目前南非当地市场对食品的要求越来越高，对包装食品的需求也急剧增加，随着南非人口的增加以及国内中等收入人群的不断壮大，主要体现在乳制品、烘焙食品、膨化食品、糖果甜食、调味品及佐料、果蔬制品及加工肉制品方面，食品加工业的进一步发展遇到挑战。

③机电设备业

南非系资源大国，但许多机电产品大量依赖进口，民用机电并不发达。南非国内的成套机电设备与家用电子产品需求依赖于进口，进口额占其进口总额的 40%。中国相对发达的机电设备业则恰好有效地满足了一部分南非的设备需求，无论是高档商品还是普通的中低档商品，南非均自中国有较大进口量。

（3）下一步可能的合作

新冠疫情的突然冲击对南非国内连年走低的经济形势造成了进一步的影响，财政赤字与国内失业率不容乐观。为促进南非经济持续发展，政府将投资基础设施作为其下一个阶段的重点任务，已决定在能源等六大优先领域开展相关的基础设施投资，并鼓励外国投资者一同参与基础设施投资。在长期同非洲国家的合作中，中国已资助和承建了非洲近 1/3 的基础设施，包括 80% 的通信设施、1 万逾千米的公路、6000 逾千米的铁路、70 逾座电厂以及多座机场港口等。在未来，中南两国可通过基础设施领域合作共建"一带一路"，为中南全面战略伙伴关系发展注入新动力。

2019 年 10 月，中国国务委员兼外长王毅同南非国际关系与合作部长潘多尔举行会谈，并交流了两国未来进一步产业合作的方向。中南两国将在产能、工业园、农业、科技、海洋经济、传统火电与清洁能源等领域持续务实合作，在合作中助力南非的再工业化进程。

当前，在拉马福萨政府的领导下，南非疫情已经有所好转，企业复工复产有序推进，在线教育、人工智能、数字金融等新业态、新动能逐步崭露头角。最近，南非政府出台了经济重建和恢复计划，提出了加大基础设施建设投资、加速再工业化进程等一系列经济刺激举措。2021 年，非洲大陆自贸区已正式启动运营，2023 年是中南建立外交关系 25 周年，作为中非经贸关系领头雁的中南双边经贸合作迎来新的增长契机。

（十二）法国："一带一路"框架下合作前景广阔

1. 国家基本情况

在 2020—2021 年"一带一路"投资友好指数测算中，法国总指数为 37.04，其中宏观环境友好指数为 31.74，人力资源友好指数为 34.06，基础设施友好指数为 36.54，制度环境友好指数为 37.82，金融服务友好指数为 44.37。

表 8.15　　　　　　　法国投资友好指数及各指标得分

	投资友好指数	宏观环境友好指数	人力资源友好指数	基础设施友好指数	制度环境友好指数	金融服务友好指数
得分	37.04	31.74	34.06	36.54	37.82	44.37

法国位于欧洲西部，作为欧洲国土面积第三大、西欧面积最大的国家，其国土总面积为 63.28 万平方千米，其中欧洲本

土面积为 55.17 万平方千米。法国北邻比利时、卢森堡，东北与德国接壤，东部与瑞士相邻，东南与意大利交界，南部毗邻摩纳哥，西南紧邻西班牙和安道尔，西北隔拉芒什海峡与英国相望。法国的四周分别濒临地中海、大西洋、英吉利海峡和北海四大海域，其中地中海上的科西嘉岛是法国最大的岛屿。其首都巴黎是欧洲大陆最大的城市，也是世界上最繁华的都市之一。

法国作为世界第六大经济体，政治、社会、法律制度健全，市场体系完善，基础设施发达，在核电、航空航天、农食产品、制药、奢侈品等多个行业都具有核心竞争力，是一个高度发达的资本主义国家。法国作为欧洲四大经济体之一，同时也是联合国安理会五大常任理事国之一，是欧盟和北约成员国、申根公约和八国集团成员国，在人均收入、对外贸易、双向投资、科技发展、文化教育、社会保障等多个领域都居世界前列，其国民的生活水平较高并且享有良好的社会保障制度。

法国作为全球最重要的外国直接投资目的地之一，已经连续 15 年及以上成为欧洲工业领域最大的外资目的国。根据法国商务署 2020 年 6 月发布的《2019 年在法外商投资年报》，按投资项目数量统计，中国在 2019 年依旧是在法国投资最多的亚洲国家，来自中国的 65 个投资项目在法国创造并保留了 1364 个工作岗位，分别增加 14% 和 27%。而 2019 年外商在法国设立的世界/欧洲总部项目中，来自中国的项目占比也高达 28%。但是总体而言，法国外国投资的主要来源还是欧盟成员国和美国。

2. 法国与中国的产业合作概述

（1）中法经贸互补性强，合作潜力巨大

法国是中国在欧盟中的第四大贸易伙伴、第四大实际投资来源国和第二大技术引进国，而中国则是法国的第六大贸易伙

伴国、亚洲第一大贸易伙伴国。自中法建交的 50 多年来，两国政治互信不断加强，经贸合作领域不断拓宽。2019 年 3 月 26 日中国国家主席习近平访问法国，两国元首签署了《中法联合声明》，宣布支持中国和欧盟为促进中国"一带一路"倡议同欧盟欧亚互联互通等对接所做的工作。2019 年 11 月，法国总统马克龙访华，两国共达成经贸成果 23 项，包括 2 项政府间协议和 21 项商业协议，合同总额共计 125 亿美元，涉及核能、航空航天、农业、生物医药等领域。

根据中国海关统计，2021 年中法双边货物贸易额为 850.74 亿美元，同比增长 27.6%；其中，中国对法国出口 459.41 亿美元，同比增长 24.3%，出口主要商品有机电产品、纺织品及原料和家具杂项制品、贱金属制品、化工产品、运输设备、塑料橡胶等；中国自法国进口 391.33 亿美元，同比增长 31.8%，进口主要商品有运输设备、机电产品、化工产品、食品饮料烟草等。

根据法方统计，截至 2019 年年底，中国已成为法国第七大出口市场和第六大进口来源地。除传统双边合作外，两国在"一带一路"倡议、第三方市场合作等领域的合作也给双方企业提供了新机遇。中国对法国投资涉及领域众多，主要集中在制造业、农副产品、机械设备、信息工程、电信运营等，投资总体上呈现出主体多元化、形式多样化的特点。

（2）经贸合作稳步发展

大项目持续推进。在核能、航天等传统的合作领域中，台山核电站 2 号机组商用、空客天津总装线产能提升了 50%；2021 年，首架空客 A350 客机在空客天津宽体飞机完成和交付中心完成交付；中方全部交付达飞海运集团订购的液化气动力集装箱船；国际热核聚变实验堆（ITER）项目标段一（TAC1）等项目实验的顺利进行等事实，均可以看到中法在传统领域的合作基础得到进一步夯实。

农业合作成效显著。2021 年 12 月 13 日，中法双方签署了非洲猪瘟（ASF）区域化管理协议，双方将会承认对方非洲猪瘟区域化管理防控体系，中欧地理标志、地方特色优势农业产业相关的合作在稳步推进。

新兴领域合作扎实推进。其一，在农业食品、金融、汽车等新兴合作领域，中方放开对法国牛肉、禽肉的禁令，吸引了大批法国畜牧和肉类加工企业与华合作；中方在巴黎成功发行 40 亿欧元的主权债务；雷诺与江铃成立合资公司将联手布局中国新能源汽车市场。其二，中法联合发布了第三批工业合作示范项目，积极推进智能制造、绿色制造、教育培训等领域的合作示范项目，持续进行应对气候变化、对生物多样性进行保护以及绿色低碳转型等领域的合作。

"一带一路"基础设施联通取得新进展。中欧班列"长安号"（西安—巴黎—北非三国）在西安国际港站发车，并且新开通了浙江金华至法国杜尔日的专线。中欧班列在当前海运价格飙升、航空货运不畅的情况下，对维护中法、中欧产业链、供应链的稳定有强大的支撑作用。

（3）中远海运助力法国经济发展

中远海运拥有集装箱、散货、邮轮与杂货船队，其业务涉及海上丝绸之路的船舶运输、陆上丝绸之路跨亚欧大陆的海铁联运以及"一带一路"沿线港口码头投资，是世界上最大的航运公司。

近年来，中远海运对法国港口的进出口量增长具有重大影响，在法国的箱数呈递增态势，直接助力了当地经济的发展。而随着中法产业链关系的日益紧密，积极的连锁效应也不断显现，如中远海运的业务涉及码头操作、驳船、火车运输及仓储等内陆延伸服务。两国贸易量的增大不仅直接提升了当地各行业的商业氛围，还有效带动就业率的增长。同时，中远海运在法国的具体运营中也高度重视对当地员工与青年的职业培训，鼓励有才华的年轻学生、有专业技能的当地员工参与到两国合作项目中来。这充分激活了两国企业的各自优势，并为两国未来的合作打造了坚实的人才梯队。

在推进第三方市场合作方面，法国勒阿弗尔港对两国推进第三方市场合作、开拓非洲市场的区域优势逐渐显现。从2015年7月开始，港口对非洲的货物运输量明显增加；在2018年，中远海运面向北非的运输服务已达约8万标准箱，产品囊括了茶叶、箱包等各类货物。

另外，中远海运曾在春节期间邀请当地市民到中国远洋货轮过大年，使更多的法国民众对中国文化与中国元素有所了解，获得了民众积极的响应与一致好评。这有助于两国在各领域交流更加紧密，可以为两国务实合作营造积极氛围。

3. 法国产业优势及劣势分析

（1）产业优势

法国在许多高科技领域如核能、高速铁路、航空航天、精密仪器、医药、能源开发等方面都处于世界领先水平，拥有世界领先的技术和成果，是最发达的工业国家之一。2021年法国国内生产总值约为2.94万亿美元，人均GDP约为4.33万美元，是欧元区第二大经济体，其主要优势产业分析如下。

①航空航天工业发达

法国的航空工业基础雄厚、技术先进，目前已经形成了结构比较完整的教学、科研、设计和生产基本配备的航空航天体系，知名大企业包括空客、赛峰、达索、泰雷兹等。其中，空客在2019年创下客机交付数量新纪录，力压其美国竞争对手波音公司，成全球最大飞机生产商；而赛峰集团在航空航天推进、飞机起落架、机载设备及布线、惯性导航、战术无人机、生物识别、爆炸物检测等领域均处于领先地位。

航空工业是法国出口贡献率最高的产业。根据法国航空航天工业协会数据，2018年该行业总营业额达654亿欧元，同比增长1.2%。其出口额为440亿欧元，基本保持稳定，占总营业额的85%。民用飞机销售占总额（504亿欧元）的77%，军用飞机交付总额为150亿欧元。

②核电领域居世界领先地位

法国主要依靠核能作为其能源供应，接近80%的电力都靠核能提供，在核电领域上优势非常显著。法国在役核电机组数量和总装机容量仅次于美国，人均核发电量居世界第一。法国阿海珐（AREVA）公司在芬兰建设的世界首座第三代压水核反应堆（EPR）电站已完全突破了技术障碍；在中国建设的广东台山1号机组2018年12月进入商业运营，2号机组2019年9月正式投入商业运行。这些项目的实施，将进一步巩固法国在核电领域的优势地位。

除了第三代核电技术的开发，法国还积极推进第四代核电技术（G4）和可控热核聚变能（ITER）的研究，并计划于2035年前后完成对第四代反应堆的开发。此外，法国在对民用核电站提供相配套的原料供给、核废料处理等服务方面也具有极强的技术优势。目前，中法正在推进阿海珐和中国核工业集团（CNNC）签署的建造乏燃料处理厂项目。

③法国高铁TGV是欧洲高速列车的先驱

早在1981年，法国就有了高速列车。2007年，巴黎至斯特拉斯堡高铁线进行试行通车时，创下了最高时速574千米的纪录。由于法国高铁在欧洲运营得最早，其多项标准一度成为欧洲高铁技术的基础，进而对欧洲高铁网络的发展具有巨大的影响。欧洲有很多列车都是法国出产，如行驶于法国和比利时、荷兰之间的高速列车"大力士"、法国和英国之间的"欧洲之星"等。

法国高铁在信号系统、弓网、牵引技术上处于世界领先地位。其一，目前欧洲标准ERTMS是法国主导的，并且法国的三大信号商占据世界上40%的市场份额。其二，直流牵引、励磁同步牵引、异步交流牵引以及永磁同步牵引四代牵引技术均由法国开发，法国也是目前唯一能够将永磁同步牵引技术用于运营车辆的国家。

④汽车制造业发达，产值占法国制造业的16%

标致雪铁龙、雷诺是世界知名汽车制造商，两大公司目前加大了在汽车产品类型、发动机、汽车安全性能以及节能环保方面的研究力度。其中，标致雪铁龙公司的直喷型发动机（HDI）及与之配套的微粒过滤系统（FAP）在业界知名，而雷诺公司每年投资1000万欧元用来提高汽车主动和被动的安全性能，加大在汽车设计以及安全性方面的投入。

以瓦雷奥（Valeo）、佛吉亚（Faurecia）为代表的法国汽车零配件制造商是法国乃至欧洲汽车行业的重要支柱，在汽车动力总成、节能减排和电子新能源等方面具有独特经验和技术优势。

⑤医药产业历史悠久、技术先进

医药产业作为法国经济的重要支柱之一，同时也是出口创汇较多的行业之一，约有1/3的药品向全球120多个国家和地区出口。代表性企业如赛诺菲—安万特集团（Sanofi-Aventis），依靠其世界级的研发组织、开发创新的治疗方案，在心血管疾病、血栓形成、肿瘤学、糖尿病、中枢神经系统、内科学和疫苗七大治疗领域均居领先地位，承接了世界100多个国家的业务。

⑥环保产业处于世界领先水平

威立雅环境集团（Veolia）是全球三大水务集团之一，专注于废弃物管理、水务服务、能源管理的三大环境服务及以可持续发展为中心的核心领域，为各国政府机构、工业企业和城市提供全面高效的解决方案和服务。2019年，威立雅为1亿居民提供饮用水，为6700万居民提供废水处理服务，生产能源近4500万兆瓦时，回收再利用废弃物5000万吨。

苏伊士环境集团（Suez Environnement）是世界知名环境集团，处于世界领先水平，致力于可持续发展，可以为用户在水务和垃圾处理等公共事业中提供新兴管理方案。

⑦农食产品加工业多领域在全球居领导地位

法国是欧盟最大的粮食生产国，也是世界第二大农产品出口国、欧盟最大农业生产国和农副产品出口国、世界和欧盟第二大葡萄酒生产国、欧盟第二大和世界第五大牛奶生产国、世界最大甜菜生产国以及欧盟最大油料生产国。

2019年法国葡萄酒产量占全球总产量的17%，居世界第二；牛肉产量居欧洲第一；牛奶、黄油和奶酪产量居欧洲第二；人造巧克力产品、水果和蔬菜产量居欧洲第三。欧洲前100家农业食品工业集团中就有24家在法国，世界前100家农业食品工业集团有7家在法国。法国的农副产品出口居世界第一，占世界市场份额的11%。

⑧时尚和奢侈品产业已成为全球品牌的标杆

法国奢侈品企业营业额占全球1/4，其中皮具、珠宝、服装、配饰、化妆品、葡萄酒及烈酒、生活艺术品等各领域的奢侈品享誉全球。全球前100家奢侈品企业中，有10家为法国企业，包括路威酩轩、爱马仕、香奈儿、迪奥等。

（2）产业劣势

工业资源相对匮乏，原材料严重依赖进口。虽然法国地理位置优越、自然资源丰富，但工业资源相对匮乏。法国的铁矿蕴藏量高达10亿吨，然而由于其品位低、开采成本高，所需的铁矿石大部分还是依赖进口。另外，煤储量已接近枯竭，所有煤矿均已关闭，绝大部分的石油、天然气和煤依赖进口；同时有色金属储量很少，也几乎全部依赖进口。

工业空心化程度严重。"后工业社会模式"将高附加值的服务业摆在核心位置。20世纪70年代，法国提出"后工业社会模式"，认为未来的经济发展将步入"后工业时代"，因此只需要将具有高附加值的产业留在国内，其他产业应随着全球化的浪潮分包转移，于是高附加值的服务业成为法国后工业社会的生活方式。欧盟统计局数据库数据显示，2019 年法国服务业占 GDP 的份额达到历史最高（78.85%），制造业份额则降至 19.47%。

同时，法国的大型制造业企业在国际市场的竞争力很大程度上取决于政府的支持，而政府对制造业的支持力度却较小，加上新冠疫情防控措施的冲击，法国的工业面临巨大危机。获得政府的支持逐渐减少的同时，这些企业还面临国内市场份额被外来竞争者瓜分、国外市场竞争力不足的两难困境。

2021 年法国商品的贸易逆差达到 847 欧元，相当于 GDP 的 3.4%，是 2005 年贸易逆差的 3.5 倍。从进口方面来看，原材料进口额激增的主要是能源和工业产品这部分。因为在法国能源转型的过程中，风能等可再生能源发电不力，加上核电事故频发，多座核反应堆被关闭，导致法国不得不增加化石能源进口量。从出口方面来看，造成法国贸易逆差创纪录的原因在于疫情期间航运需求的减少，导致航空制造业的出口额创新低。2021 年，法国航空制造业的出口额仅恢复到疫情前 57% 的水平。尽管法国航空制造业巨头空客公司在 2021 年交付了 611 架飞机，比 2020 年增加了 8%，但仍比疫情暴发前减少了约 1/3。另外，欧洲能源库存告急及俄欧地缘政治态势的加剧演变，也将给欧洲能源的供给带来较大的风险。

4. 相向而行，共同努力

尽管仍未正式加入"一带一路"倡议，但法国是最早表达参与"一带一路"合作意愿的欧洲国家之一。2021 年，中法贸易额就已经超过了 800 亿美元，创历史新高；两国双向投资快速增长，在农业方面的合作成效显著，中方自法国进口农产品总额同比增长了 40%；在新兴领域方面，中法合作稳步推进，首届人工智能研讨会和农业科技合作研讨会先后举行，首份联合实验室项目征集指南也如期发布。

"一带一路"倡议可为两国的合作搭建桥梁，使合作模式更成熟、更可持续，同时推动了两国企业互利共赢、能够充分发挥各自优势。对法国企业而言，"一带一路"提供了平台来让他们进一步发掘潜力；对中国企业而言，"一带一路"框架的务实合作给予了中国企业更多"走出去"的机遇。

总的来看，法国将会继续抓住中国扩大对外开放的契机，进一步进入中国市场，扩大对华农产品的出口。一方面加强在航空、航天、民用核能等传统领域的合作，另一方面也会拓展科技创新、金融等领域的合作。在下一阶段，中法双边合作将会继续覆盖多个领域，目前两国已经签署了在航空、能源、第三方合作市场等领域的一系列务实合作协议，未来将继续拓展深化在核能、航空航天等传统领域的战略合作。同时，法中两国将继续走深走实在工业领域的合作，释放更多在农业、医疗卫生、可持续发展等领域合作的潜力。

（十三）荷兰：充分发挥区位优势，双边关系高水平发展

1. 国家基本情况

在 2020—2021 年"一带一路"投资友好指数测算中，荷兰总指数为 40.79，其中宏观环境友好指数为 30.55，人力资源友好指数为 35.35，基础设施友好指数为 48.61，制度环境友好指数为 51.18，金融服务友好指数为 37.85。

表 8.16   荷兰投资友好指数及分指标得分

	投资友好指数	宏观环境友好指数	人力资源友好指数	基础设施友好指数	制度环境友好指数	金融服务友好指数
得分	40.79	30.55	35.35	48.61	51.18	37.85

荷兰，地处欧洲西北部，北临北海，毗邻德国、比利时，纬度与中国黑龙江省相近，总面积为41528平方千米。地势平坦是荷兰地貌最为显著的特征。荷兰实行君主立宪制，国王为国家元首，内阁总理为政府首脑。由于荷兰政党数量较多，选票较为分散，政府多以联合政府的形式组成，政局总体平稳。完善的法律体系、成熟的文官系统和相对稳定的公务员队伍，也使得荷兰政治、经济、社会各领域保持平稳发展。

荷兰2021年国内生产总值GDP达8600亿欧元，人均超过4.9万欧元，是欧盟平均水平的1.5倍。荷兰是西方发达国家之一，在投资政策上是全球最开放的国家之一，也是欧洲最具投资环境的国家之一，是一个典型的外向型经济体，它拥有发达的经济、良好的区位、完善的基础设施、先进的物流网络、完善的中介组织，语言环境和人才优势明显，税收体系优惠，金融、法律、会计等服务业水平较高，投资环境较为成熟和稳定。

荷兰政府对外资总体上持欢迎和鼓励的态度，除涉及国防安全等少数领域外，其他行业和部门均对外资开放。近年来，为吸引包括来自中国在内的投资，荷兰政府持续加大招商引资力度，推出了一系列优惠措施，其中包括派遣人员所得税减免、研发创新企业工资税减免、研发企业利润所得税减免、高技术移民便利等。另外，荷兰政府注重针对外国投资者的居住、休闲娱乐和子女教育等软环境的建设，一直不断地改善综合投资环境。

荷兰于1972年5月与中国缔结外交关系，自20世纪末以来，中国同荷兰的双边关系发展得十分顺利。荷兰是中国在欧洲最重要的经济贸易伙伴，非常重视同中国的发展关系。

2. 与中国的产业合作："一带一路"倡议给荷兰物流业注入新活力

尽管荷兰尚未与中国签署共建"一带一路"合作文件，但

"一带一路"倡议实实在在促进了双方合作。中欧班列可持续性明显，将带来更多发展机遇。2021 年 6 月 4 日，"江苏号"（荷兰蒂尔堡—中国南京）中欧班列线路正式开通。这趟列车满载 100 个标准集装箱，从南京货运中心尧化门站启程，由新疆阿拉山口口岸出境，途经哈萨克斯坦、俄罗斯等国家，向荷兰运送了防疫物资、电子产品、汽车配件、日用品、医疗器械等货物。而在 2022 年，75008 次国际班列总价值 2050 余万元，运载特灵聚甲醛树脂粉、化成箔、橱柜、电缆等高附加值商品的 59 个集装箱，到达南京龙潭港的专用铁路集装箱站，这是中欧班列"江苏号"首次返程班列，也是中国东部仅有的一条中荷双向对开中欧班列。

本次返程列车的首航，将极大地推动以江苏为首的中国东部与北布拉邦省及荷兰的商贸交流，促进中荷两国的经贸合作，推动江苏"一带一路"交汇点建设，推动南京周边地区的工业发展，为适应中国运输结构调整、降低国际物流成本起到了积极作用。据江苏省交通运输厅统计，截至 2022 年 1 月，江苏中欧（亚）班列已有 182 列，较 2021 年增加 104.6%。其中，去程 107 列，较 2021 年增加 40.45%；回程 75 列，较 2021 年增加 492.47%，返航率达到 41.2%，"江苏号"中欧班列的发展势头保持良好。

中欧班列作为一条贯穿欧亚的交通运输枢纽，对中国的经济发展起着举足轻重的作用。中欧班列在 2021 年经过俄罗斯，并未因新冠疫情而受到影响。根据统计，2021 年 1—9 月，该线路的集装箱运输量较 2020 年增加 47%，达到 56.87 万个标准箱，超过 2020 年的总运输量。2020 年，中欧班列的载重达到 2462.4 万吨，与 2016 年相比增长了 7.9 倍。首趟中欧班列于 2011 年 3 月由重庆出发，至今中欧班列的开行班次已经达到 40000 多次。

中欧班列作为一条国际物流通道，毫无疑问十分成功。它能很好地解决中欧之间物流运输空运成本高、海运时间长等问题，还具有绿色、高效、稳定等优势，从而为我国的物流运输开辟了一条快捷的道路。此外，在当前疫情形势下，中欧班列发挥了巨大的作用，在海路受阻、空路中断的条件下，中欧班列仍能源源不断地为世界抗击疫情和保障国际产业链、供应链稳定做出重大贡献。

2018年6月22日，针对中荷两国"一带一路"将如何推动两国经贸合作为两国人民造福的问题，"一带一路"荷兰研究发展中心与"一带一路"欧中促进会合作举办了首届"'一带一路'中荷经贸论坛"研讨会。荷兰同中国签订《关于加强第三方市场合作的谅解备忘录》，是中国第三大欧盟贸易伙伴。

中荷之间的双边投资近几年呈现出繁荣景象。中国是荷兰投资的第二大来源地，而荷兰则是欧盟对中国的第三大投资国，两国的贸易额一直维持在700亿美元左右的高位。荷兰在"一带一路"倡议中的积极作用，使其经济得到了极大的发展，并在整体上实现了资源的优化配置，贸易总量得到了迅速增长。中荷之间的经贸关系，在双方从政府到民间的良好合作意向的指导下，已经取得了许多合作成果，双方的合作范围也越来越广泛。

3. 荷兰产业优势及劣势分析

（1）产业优势

荷兰拥有发达的经济水平、良好的地理区位、完善的基础设施和先进的物流网络，是世界上拥有最具开放性的投资政策的国家之一。虽然荷兰只有40000多平方千米的国土面积，但在这种环境下，仍是全球第二大农产品出口国，仅次于美国。英国退出欧盟后，荷兰将会是欧盟第五大经济体，同时也是投资环境最好的国家，它的产业优势如下。

①经济实力雄厚，贸易地位领先

荷兰是传统贸易强国，其国际贸易的领导地位是非常牢固的。食品、化工、机械制造业是荷兰工业的三大主要产业。荷兰的工业制成品主要用于外销，其石油制品、化工产品、电子产品、纺织机械、食品加工机械、港口设备、运输机械、挖泥船、温室设备等，在世界范围内具有很强的竞争力。

荷兰是全球最大的农产品和食品出口国之一，也是全球最大的牛奶和乳制品生产国。在荷兰，食品和饮料业是规模最大的制造行业，其产值在 2019 年为 148.88 亿欧元，相当于国内生产总值的 1.5%。另外，荷兰的机械制造业（例如 Stork 公司）和包装行业也比较成熟，它们为食品行业提供了各种先进的设备和产品。Stork 公司主要从事食品、饮料、烟草等行业的机械及配套设备的研发，是全球最先进的机械加工公司之一。

在荷兰，化学工业是第二大制造行业，具有区域聚集的特征。根据荷兰 FDI，化工产业间接占据荷兰国内生产总值的 10%，在基础化工、食品配料、涂料及高性能材料等方面处于世界领先地位，产品涵盖石油化工、合成橡胶、聚酯纤维等。

在荷兰，机械制造产业是第四大制造行业。荷兰达夫（DAF）在欧洲的中型及重型货车市场占据着主要份额，荷兰制造的零件是德国汽车业的主要产品。荷兰福克航空公司是世界航空技术领域的领军公司，主要从事航空结构、电子系统、起落架、飞机终生维护等领域，生产过"福克 100"等支线飞机。荷兰同时也是全球范围内的造船强国，它的建造范围包括拖轮、渔船、挖泥船、气罐船、快艇、冷藏船等其他特殊船只。另外，荷兰港口设备的制造技术先进、自动化程度高，包括港口起重机、装卸设备、码头运输车辆、舷梯、升降机、称重机和储运设备等。

②农产品加工技术领先，销售网络完善

荷兰农业以畜牧业和园艺业为主体，其农业生产的集约化和专业化程度较高。荷兰的农业产值中，畜牧业占据了 40% 以上；花卉园艺作为园艺业的主导，其产品主要用于外销。荷兰的花卉园艺产业，依托一流的海、陆、空物流体系，将种植者与消费者的市场紧密相连。

荷兰是全球第二大农业出口国，仅次于美国。荷兰中央统计局及瓦赫宁根大学的数据表明，荷兰农产品 2019 年出口总额为 945 亿欧元，较 2018 年增加 4.6%，而农产品贸易顺差为 305 亿欧元，占商品贸易顺差的 55%。荷兰的农产品外销主要为园艺（如鲜切花、植物、球茎花卉和苗木等）、肉类、乳制品、蛋类、蔬菜、水果等。德国是荷兰最主要的农业合作伙伴，比利时、英国、法国、意大利等国家也与荷兰农产品出口联系密切，中国位居第六，且增长速度最快。

③地理位置优越，物流网络先进

荷兰的物流业十分发达，由于其地理优势，已经形成了发达的海、陆、空运输网络。作为欧洲的货物分拣中心之一，荷兰占据举足轻重的地位，在全球的物流绩效表现上位居第三。从荷兰出发的货物可以在两天之内到达欧洲的主要市场，主要是鹿特丹港和阿姆斯特丹史基浦机场两大货运中心的功劳。

荷兰的公路运输系统非常发达，与德国、比利时、法国、卢森堡等国家都有高速公路连接，人员和商品可以在边界上畅通无阻地流动。荷兰的轨道交通与邻近的德国、比利时和法国等国家接轨，能够便利地进行联系。

在空运系统方面，阿姆斯特丹史基浦国际机场作为欧洲四大主要航空交通中心，已与近 100 个国家的 332 个机场建立了直航。在鹿特丹、埃因霍温、马斯特里赫特和莱力斯塔等城市，有 4 个由中央政府管辖的机场，其主要功能是服务来回于欧洲各国之间的低成本航班；在登海尔德和埃因霍温，有 2 个军民两用机场；除此之外，还有 12 个由省级政府管理的小型民用机场。

在海运系统方面，荷兰作为欧洲最主要的海上枢纽之一，除了鹿特丹港这一欧洲大港外，还拥有阿姆斯特丹港、泽兰港等，一天之内便可从阿姆斯特丹或鹿特丹到达欧洲95%的高盈利空间的消费市场，与邻近国家的港口建立了有效的连接。鹿特丹港作为荷兰乃至欧洲的第一港口，有着完备的基础设施，是西欧地区最大的散货、原油和集装箱集散地，1961—2004年，鹿特丹港的吞吐量牢牢占据全球港口榜首。鹿特丹港拥有全球最先进的ECT集装箱码头，能够实现无人作业的装卸活动，70%的深水船集装箱卸货工作都在这里进行，每年的装卸量可达1400万标准箱。

鹿特丹港2019年的吞吐量约为4.694亿吨，居全球第11位、欧洲首位。在此登记或停靠的船只航线达500余条，与世界各地1000多个港口相连，货物运输量占据荷兰全部港口货运量的80%。其中，鹿特丹港25%的集装箱吞吐量来自中国。

④重视研发和创新，知名企业云集

在2019年全球创新指数（GII）排名中，荷兰位居第四。荷兰在政府层面和企业层面都十分注重科技创新，无论是化工、食品、机械、电子等传统产业，还是环保、新能源、生命科学、新材料等新兴产业，荷兰都处于全球领先地位，拥有壳牌、飞利浦、帝斯曼、联合利华、阿克苏·诺贝尔、喜力等国际知名企业。

（2）产业劣势

荷兰国土面积狭小，人口稠密。荷兰的国土面积为4.1万平方千米，差不多是中国福建省的1/3大。荷兰的商业运营、租金和人力成本因土地资源的匮乏而变得昂贵，荷兰首都阿姆斯特丹的租金在其中是最高的，平均月租达到了22.83欧元/平方米。荷兰人口密集，人口密度为406人/平方千米，如果在此基础上将水域排除在外计算，人口密度则达到了497人/平方千米。由于资源人口的限制，荷兰没有发展出大规模的制造业，在现有的制造业中，也大量应用了自动化生产。

荷兰地势平坦，自然资源贫乏。荷兰境内的大部分土地为平原，将近 1/4 的面积都在海平面以下，自然会遇到地势低洼、潮湿、光照不足的问题。荷兰地处盛行西风带，常年有西风吹拂，且靠近大西洋，具有明显的海洋性气候特征。所以，荷兰在缺少水力和动力资源的情况下，必须依靠风力来驱动工业。

荷兰国土面积较小，其自然资源较为缺乏，除了天然气和少量的石油之外，其他自然资源寥寥无几。荷兰工业和农业所需大部分原料都来自进口，这也导致了原料和能源成为荷兰最重要的进口货物。此外，荷兰还大量进口油类、油脂作物、化工产品和交通运输设备等。正是由于自然资源条件匮乏，所以荷兰非常重视知识领域的创新研究。在荷兰，拥有独立的研究机构的企业约有 5000 家，能够不断地对制造过程和产出成果进行创新。

由于经济依赖对外贸易，新冠疫情使当地产业受重创。荷兰的花卉业享誉全球，是荷兰的支柱产业，世界上 35% 的花卉出口量都来自荷兰。新冠疫情的暴发给荷兰花卉产业带来了空前打击。由于物流运输受阻以及成本上升，荷兰政府取消了公共活动，花卉出口和国内市场销售额都大幅下降，花卉价格相比之前下降了 50%，70%—80% 的鲜花被迫毁掉。除花卉业外，疫情下荷兰海运行业的中转时间增加，且越来越难预测，部分船运公司为节约取道苏伊士运河的过境费，而选择绕道非洲大陆，使得交货时间要延长 5—6 日，运输效率有所下降。

4. 未来中荷将开展更多互利合作

中荷之间的贸易往来可以追溯到 17 世纪初。中华人民共和国成立以后，双方的经贸关系得到了进一步的发展。特别是中荷两国的双边贸易，自 20 世纪 80 年代起迅速增长，1983 年贸易额仅为 2.7 亿美元，2019 年则达到 851.5 亿美元。中国是荷兰的十大贸易合作伙伴之一，中荷两国的双边贸易总额在 2021 年达到了创纪录的 1164.5 亿美元，首次突破千亿美元大关，较

2020 年增长 26.9%，成为中国对欧盟的第二大贸易伙伴国，且荷兰对中国的出口额在 2020 年增长 14.2% 的基础上，又同比增长 9.6%。

"一带一路"倡议为中欧深化经贸合作提供了契机，中荷也希望在"一带一路"建设中继续深化互惠合作。荷兰在农业及农业技术、港口物流及管理上都具有全球领先水平，其与中国的战略伙伴关系主要立足于五大重点领域：农业和园艺、生命科学和健康、物流和电子商务、智能和绿色运输、垃圾处理和再循环经济。

中国与荷兰的合作关系为两国人民带来了切实的利益，两国的广阔合作前景依然有待挖掘。一方面，中国将加强与荷兰的港口、物流、海关等领域的合作，加强经贸往来，促进技术交流，助力建设高效畅通的亚欧大通道；另一方面，为了适应中国的消费和产业升级的需要，中国将大量进口荷兰的优质农产品和高新技术产品。同时，双方还开展了设备供货、设计咨询等三方合作，并将在今后的工作中不断合作升级。

参考文献

中文文献

戴稳胜、罗煜，2020，《"一带一路"投资友好指数报告（2019）》，中国社会科学出版社。

邓纯东，2019，《治国理政思想专题研究文库"一带一路"倡议研究》，人民日报出版社。

国务院发展研究中心"一带一路"课题组，2018，《"一带一路"经济走廊：畅通与繁荣》，中国发展出版社。

何予平、秦海菁，2019，《全球化中的技术垄断与技术扩散》，科学出版社。

红旗出版社编辑部，2018，《中国方案》，红旗出版社。

贾利军，2015，《国际垄断资本主义下的技术创新》，社会科学文献出版社。

孔庆峰、董虹蔚，2015，《"一带一路"国家贸易便利化水平测算与贸易潜力研究》，《国际贸易问题》第 12 期。

雷小华，2022，《中国—东盟建立对话关系 30 年：发展成就、历史经验及前景展望》，《亚太安全与海洋研究》第 1 期。

李丹，2017，《"去全球化"：表现、原因与中国应对之策》，《中国人民大学学报》第 3 期。

刘卫东等，2017，《"一带一路"倡议的理论建构——从新自由主义全球化到包容性全球化》，《地理科学进展》第 11 期。

马赛、黄昊，2019，《"一带一路"扩大中法合作机遇》，《光明日报》3月27日第12版。

马文秀、乔敏健，2016，《"一带一路"国家投资便利化水平测度与评价》，《河北大学学报》（哲学社会科学版）第5期。

聂凤英、张学彪，2018，《"一带一路"国家农业发展与合作：西亚北非十六国》，中国农业科学技术出版社。

孙聆轩、林建，2017，《世界经济地理》，石油工业出版社。

王春林、武卉昕，2011，《文化的社会学论析》，黑龙江大学出版社。

翁诗杰、王鹏，2021，《构建中国—东盟命运共同体的四梁八柱》，《中国社会科学报》5月13日第4版。

许利平、吴汪世琦，2020，《中国与东盟数字经济合作的动力与前景》，《现代国际关系》第9期。

曾铮、周茜，2008，《贸易便利化测评体系及对我国出口的影响》，《国际经贸探索》第10期。

张亚斌、刘俊、李城霖，2016，《丝绸之路经济带贸易便利化测度及中国贸易潜力》，《财经科学》第5期。

朱光超，2021，《国际电力发展概览》，中国水利水电出版社。

邹晓琴、肖挺，2004，《绿色壁垒对我国农产品国际贸易的影响》，《经济研究参考》第87期。

英文文献

Portugal-Perez, Alberto, John S. Wilson, 2012, "Export Performance and Trade Facilitation Reform: Hard and Soft Infrastructure", *World Development*, Vol. 40, No. 7.

Shepherd, Ben, John S. Wilson, 2009, "Trade Facilitation in ASEAN Member Countries: Measuring Progress and Assessing Priorities", *Journal of Asian Economics*, Vol. 20, No. 4.

Dai, Wensheng, Jui-Yu Wu, Chi-Jie Lu, 2014, "Applying Different Independent Component Analysis Algorithms and Support Vector Regression for IT Chain Store Sales Forecasting", *Scientific World Journal*.

Neto, Delfim Gomes, Francisco José Veiga, 2013, "Financial Globalization, Convergence and Growth: The Role of Foreign Direct Investment", *Journal of International Money and Finance*, No. 37.

Felipe, Jesus, Utsav Kumar, 2012, "The Role of Trade Facilitation in Central Asia", *Eastern European Economics*, Vol. 50, No. 4.

Kejar, Katja Zajc, 2011, "Investment Liberalisation and Firm Selection Process: A Welfare Analysis from a Host-Country Perspective", *The Journal of International Trade & Economic Development*, Vol. 20, No. 3.

Buckly, Peter J. et al. , 2007, "The Determinants of Chinese Outward Foreign Direct Investment", *Journal of International Business Studies*, Vol. 38, No. 4.

Lu, Sheng, "Impact of the Trans-Pacific Partnership on China's Textiles and Apparel Exports: A Quantitative Analysis", *The International Trade Journal*, Vol. 29, No. 1.

Shepherd, B. , J. S. Wilson, 2009, "Trade Facilitation in ASEAN Member Countries: Measuring Progress and Assessing Priorities", *Journal of Asian Economics*, Vol. 20, No. 4.

Dai, Wensheng, Yuehjen E. Shao, Chi-Jie Lu, 2013, "Incorporating Feature Selection Method into Support Vector Regression for Stock Index Forecasting", *Neural Computing and Applications*.

Dai, Wensheng, Jui-Yu Wu, Chi-Jie Lu, 2012, "Combining Nonlinear Independent Component Analysis and Neural Network for the Prediction of Asian Stock Market Indexes", *Expert Systems with Applications*.

Wilson, J. S. , C. L. Mann, O. Tsunehiro, 2003, "Trade Facilitation and Economic Development", *World Bank Economic Review*, Vol. 17, No. 3.

戴稳胜，中国人民大学统计学博士，澳大利亚墨尔本大学精算中心博士后。现任中国人民大学财政金融学院教授、博士生导师，中国保险研究所互联网保险研究中心主任，国家发展与战略研究院、国际货币研究所、长江经济带研究院高级研究员。主持、参与包括国家自然科学基金项目、国家社科基金项目、北京市哲学社会科学重大项目在内的30多项研究，发表各类专业论文60多篇，出版专著、译著16本。目前研究领域集中于人民币国际化、宏观风险管理等领域。

罗煜，中国人民大学财政金融学院教授，国家发展与战略研究院"一带一路"研究中心副主任，欧亚研究院副院长。主要研究方向为货币金融、商业银行、金融科技。毕业于中国人民大学，获经济学博士学位，曾先后在芬兰赫尔辛基大学、英国伦敦政治经济学院、美国伊利诺伊大学香槟分校、芝加哥大学访学（联合培养）。